これがほんとの

お菓子の
きほん

藤野貴子

成美堂出版

はじめに

食いしん坊の私が初めて作ったお菓子は、りんごのクランブル。
確かまだ小学校低学年の頃でした。
母が載った雑誌を見て、りんごとバターと砂糖、パン粉で作りました。
「お菓子って、こんなに簡単に作れるんだ!」
それ以来、学校から帰ってきてはゼリーを作ったり、ホットケーキを作ったりと、
毎日のおやつ作りが始まったのです。
そして、父が私の作ったビスコッティを美味しい美味しいとパクパク食べてくれたとき、
人に食べてもらうお菓子はこんなにもお互いを幸せにするんだなぁ、と、
お菓子作りの喜びを感じたのです。
だから、私はお菓子を作り続けているのかもしれません。

この本は初めてお菓子を作る人はもちろん、
お菓子作りが大好きで何度も作っているけれど、なんだか上手に出来ない方や、
憧れのお菓子が作れるようになりたいと思っている方に向けて、
写真とポイントをたくさん詰め込んでいます。
基本のお菓子から、少し頑張って憧れのケーキを作ってみよう! と
ステップアップしていける、おうちで作れるレシピ本です。

ある程度、お菓子作りをしていると、その人のくせが出ます。
いつも混ぜ過ぎてしまう。混ぜ過ぎるのが不安で、しっかり混ぜられていない。
泡立てが足りないなど。また、道具を生かせていなかったりもします。
泡立て器やボウルなどは私たちの手の先です。
そう思って使ってあげることで、その特徴が生かされるのです。

私はお菓子屋さん出身ではなく
レストランのデザート、テイクアウト菓子で経験を積みました。
設備が整っていなく、狭いキッチン、そして手際を求められるので、
ほかのレシピとは違う方法、アプローチをしていることもあります。
でも、どのレシピも効率よく、おいしく作れるものになっています。

さて、これからお菓子を作るにあたって、お菓子作りをシンプルに考えてください。
このお菓子を作るのに何をしたいか。
生地をどう混ぜたいのか、どんなメレンゲにしたいのか、と次のステップを想像するのです。
例えば、バターに粉を混ぜ合わせたいのであれば、
方法にこだわらず、バターと粉があるところを狙って切り混ぜればいいのです。
この行為は何のためにやっているのかな？　と想像することでスムーズに進みます。

お菓子作りは難しいと思っている方も多いと思います。
そうすると、その焦りがお菓子に伝わってしまいます。
それがいちばんのNGポイントです。
作りたいお菓子のイメージトレーニングをして、リラックスして作る準備をしてください。
そうしたら、あとは楽しむだけ！　にこにこの楽しいお菓子ができ上がりますよ。

最後にとても大切なこと。
お菓子には正解、不正解はありません。
今回は上手にできる方法しか書いてありません。
不正解とか失敗とか、ネガティブな言葉や例を載せるのはやめました。
同じレシピで同じように作っても、
私が作るショートケーキとみなさんが作るショートケーキは表情や味わいが違います。
けれど、それがお菓子作りのいちばん楽しくて面白いところです。

例えばガトーショコラ。検索をすると山のようなレシピが出てきます。
「どれが本物なの！？」と戸惑ってしまいそうですが、みんな本物です。
だって、ガトーショコラは「チョコレートのお菓子」という意味なのですから。
どうです？　少し肩の力が抜けたのではないですか？

パラパラっと本をめくってみて、なんとなくお菓子を作ってみる。
そんな時間がみなさんの日々に加わったら、
そして、その相棒にこのレシピ本がなってくれたら、この上なく幸せです。

お菓子作りのお供として何度も戻ってきてくれる、
みなさんの教科書になれますように。

藤野貴子

目次

第1章
スポンジ生地のお菓子

第2章
バター生地のお菓子

第3章
シュー生地のお菓子

第4章
タルト生地のお菓子

第5章
折り込みパイ生地のお菓子

第6章
クッキー生地のお菓子

本書について

・✿ ✿ ✿ マークは難易度を表しています。★✿✿…初級、★★✿…中級、★★★…上級
・計量単位は、小さじ1＝5㎖、大さじ1＝15㎖、1カップ＝200㎖です。
・卵はMサイズを使用。Mサイズ1個は正味50g、卵黄20g、卵白30gを基準としています。
・生クリームは動物性脂肪分で乳脂肪分45％のもの、バターは食塩不使用のものを使用。塩は粗塩(精製していない塩)を使用。
・オーブンは機種によって加熱温度、加熱時間、焼き上がりが異なります。表記の時間を目安に、様子を見ながら調整してください。
・電子レンジは出力600Wのものを使用しています。500Wの場合は1.2倍、700Wは0.8倍の時間を目安に加熱してください。
・冷やし固める時間はあくまでも目安です。様子を見ながら調整してください。

難易度別もう一つの目次

[✱ ✿ ✿]

お菓子作りを始める前に

① レシピをよく読む

　作りたいお菓子が決まったら、最初の作業はレシピをしっかり読み込むこと。材料表を確認して、レシピはさっと目を通しただけで始めてしまうと、大切なポイントを見落としていたり、材料の準備が違っていたりと、思わぬところで手間取って、それが失敗の原因となりかねません。お菓子作りでいちばん大切なのは、段取りよく作業を進めること。頭の中に手順がきちんと入っていて、作業の流れがしっかりイメージできるのが理想です。そのためには、レシピを3〜4回読んでも多すぎることはありません。

② キッチンを片付け、冷蔵庫にスペースを確保する

　材料や道具を置く場所、生地を休ませる場所、焼き上がったお菓子を冷ます場所など、お菓子作りには意外とスペースが必要です。効率よく作業が進められるように、キッチンを片付けてスペースを確保しましょう。

　お菓子にとっての危険ゾーンが冷蔵庫。冷やし固めるデザート以外に、タルトやパイ、クッキーなども、生地作りの段階で冷蔵庫を使うことがよくあります。扉を開けたら「冷蔵庫が満杯」ではアウト!! さらに、冷蔵庫では臭い移りと乾燥からお菓子を守らなければなりません。あらかじめ庫内を整理し、十分なスペースを用意しましょう。

③ 材料と道具を用意する

　作業途中であわてて材料や道具を用意していると、その間に生地の状態が変化してしまい、失敗につながることもあります。道具はすぐ使えるように水滴や汚れがないかを確認し、清潔なものを手に取れるところにまとめて用意します。材料もすべて揃えます。作り方の途中で湯せんが必要な場合は湯を、氷水で冷やす場合は氷も用意しておきます。

④ 材料を正確に計量する

　材料はデジタルスケール(p.231)を使って、材料表の分量通りにきちんと計量します。家庭で作るお菓子はそれぞれの材料が少量なので、数g違うだけで味や食感が変わってしまいます。正確な計量はお菓子作りの基本中の基本です。計量後の材料は、常温のもの、冷蔵庫に入れるものなど作るものによって扱い方が違うので、レシピを確認しましょう。

　材料をはかるときは、使う順番によってどのような容器に入れておけば便利かを考えます。泡立ててから他の材料を加えていく卵などは、直接ボウルに入れてはかれば動作に無駄が出ません。薄力粉と強力粉を混ぜたり、ベーキングパウダーを一緒に加えるときは、重ねて計量して一緒にふるうと効率的です。バターを電子レンジでやわらかくするなら耐熱ボウル、湯せんや氷水に当てて作業する場合はステンレス製ボウルなど、熱伝導率も考慮して容器を選びましょう。

⑤ 型や天板の準備をする

　でき上がった生地が取り出しやすいように、型や天板には紙を敷き込んだりバターを塗ったりします。作った生地をすぐ焼けるように、道具を用意するタイミングで型や天板の準備をしておきましょう。

⑥ 室温をチェックする

　作業場の温度も材料や生地に少なからず影響を与えます。お菓子作りで常温というと、大体20 〜 25℃を想定しています。キッチンは室温が上がりやすいので、暑い季節は冷房を入れ、逆に暖房を入れる季節は暖房を切るなど、こまめに室温をチェックして、お菓子作りに適した環境を整えるようにしましょう。

⑦ レシピ通りに作る

　お菓子作りはテンポよく進めていくことが何よりも大切です。レシピを熟読して作業の流れが頭に入ったら、各工程で必要な道具や材料、作る順番、ポイントなどを付箋などにメモして作業台の横に貼っておくとよいでしょう。本を見ながらよりは無駄な動きが少なくなり、気持ちにもゆとりができるはずです。そして、この本でお菓子作りをはじめる方も、これまでいろいろ作ってきた方も、まずはレシピ通りに作ってください。分量を増減したり、指定の時間を短縮したり、行程を端折ったりせず、甘さを控えたいと思っても砂糖の分量はそのままに、生地を30分休ませるとあれば30分、卵を2回に分けてとあれば2回に分けて加えてください。どの材料も工程も、すべて「おいしいお菓子」を作るためのものです。1回で上手にできなくてもあきらめないで、繰り返し作ってみてください。たとえ失敗したとしても、それを楽しむ余裕をもてるとベストです。

4つの基本材料を知る

お菓子の基本材料——小麦粉、卵、砂糖、バターの特徴と役割を知っておくことは、
お菓子を失敗なく、おいしく作るために大切なことです。

[小麦粉]

　小麦粉は水を加えて練り混ぜると弾力と粘りを持つ生地になります。これは、小麦粉特有の2種類のたんぱく質が「水」と「練り」によって網目状組織のグルテンを形成するからです。このグルテンはお餅のような粘弾性をもっていて、生地の骨格になります。卵などの気泡を囲み、焼けば膨らみ、焼成によって水分が蒸発すると骨格として残り、生地が凹んだり縮んだりしないように支えます。このグルテンの弾力を生かしてのびのある生地作りをするのが折り込みパイ生地。一方、よく膨らんでふっくらとした生地にするために、混ぜ方や配合を工夫してグルテンの形成を必要最小限に抑えるのがスポンジ生地やバター生地です。

　小麦粉に含まれるでんぷんも、生地作りに重要な働きをします。でんぷんは水分とともに加熱すると糊のようになります。これを糊化といいます。糊化したでんぷんはグルテンの内側に入り込んで網目状の骨格の穴を埋め、気泡を保護する壁になります。さらに焼成によって水分が蒸発して固まり、ふわふわ食感の生地が生まれます。シュークリームの生地が大きく膨れるのも、小麦粉の糊化によるものです。

　小麦粉はたんぱく質の含有量によって少ない方から薄力粉、中力粉、強力粉に大別され、量が増えればグルテンの形成も多くなります。スポンジ生地には薄力粉、パイ生地には薄力粉と強力粉を合わせるなど、どのような生地にしたいかに応じて粉を使い分けます。

[卵]

　卵にはお菓子作りにとって重要な特性があります。その一つが卵白の起泡性。攪拌すると空気を抱き込みメレンゲ状に泡立つのは卵白の最大の特徴です。この細かい気泡が熱で膨張し、その膨張力によって生地全体が大きく膨らみ、ふんわりとした軽い食感が生まれます。よく膨らませたい生地には、卵白をしっかり泡立てて均一できめ細かい気泡を作ることが肝心です。泡立て方が足りなかったり、泡立て過ぎて気泡をつぶしてしまうと、焼いたときに十分に膨らまず、すぐに沈んでしまったりします。

　卵白は、どろっと粘りのある濃厚卵白と、さらっと水っぽい水様卵白に分かれています。新鮮なものは濃厚卵白が多く、日が経つとともに水様卵白の割合が増えます。濃厚卵白はコシが強く泡立ちにくいのですが、できた気泡はきめ細かく、崩れにくいメレンゲになります。水様卵白は表面張力が弱いためすぐに泡立ちますが、コシが弱く、メレンゲの安定性はあまりよくありません。風味の上でも、鮮度のよい卵白を使うことをおすすめします。

　加熱するとたんぱく質が固まる卵の熱凝固性を利用したのが、プリンやカスタードクリーム。卵白の完全に固まる温度は約80℃。一方、卵黄は65〜75℃。この温度差を利用して、砂糖など加える材料や加熱時間を調整してクリーム状や固形状にしています。

　卵黄には混ざりにくい水と油を結びつける乳化という作用があります。この乳化作用によって、バター生地はなめらかに混ざり合います。さらに卵黄独特のコクと風味は、他の材料では得られない重要な要素です。

[砂糖]

　砂糖には甘味をつけるだけでなく、生地をふんわり
しっとりさせる、つやを出す、焼き色をつける、腐敗を防
ぐなどの特性があります。なかでも重要なのが、泡立て
た卵白の気泡の安定性を高める作用。卵白に砂糖を加
えて泡立てると、砂糖が卵白の水分を吸着して気泡が
壊れにくくなります。ただし砂糖は加える量とタイミング
がポイントで、最初から大量に加えてしまうと、泡立ちを
妨げてしまいます。数回に分けて少量ずつ加えて卵白が
取り込む空気の量を制限しながら泡立てることで、きめ
の細かいしっかりとしたメレンゲを作ることができます。
　砂糖には素材に含まれる水分を引き寄せる吸水性
と、水分を保つ保水性があります。焼き菓子の生地は焼
成中に水分が蒸発しますが、砂糖が入っていることで
水分が保たれて、しっとりとした生地に仕上がります。
　焼き上がりの香りや色も砂糖と関係があります。卵や
小麦粉、バターなどの材料に含まれるたんぱく質が砂
糖と一緒に160℃以上に加熱されると、メイラード反応
と呼ばれる一種の化学反応が起こります。この反応に
よって褐色の成分がてきて焼き色になり、独特の香りも
生まれます。
　砂糖には数多くの種類がありますが、お菓子作りで
は基本的にグラニュー糖を使います。ただし、レシピに
よっては溶けやすさや仕上がりの食感などを考慮して、
粉糖や上白糖を使う場合もあります。

[バター]

　バターには三つの性質があります。一つ目は攪拌する
と気泡を抱き込むクリーミング性。卵白ほどではありま
せんが、空気を含んで白っぽくなったバターは、生地を
ふんわりと膨らませます。シュガーバッター法と呼ばれる
製法で作るバター生地は、この性質を利用しています。
二つ目はグルテンの形成を妨げるショートニング性。こ
れを利用してさくさく、ほろほろとしたタルト生地やクッ
キー生地を作ります。三つ目は外部からの力で形が自
由に変わる可塑性。バターは13〜18℃になると切れ
ずに薄くのびるようになります。この性質を利用するの
が折り込みパイ生地です。バターはいったん溶けてし
まうと元の状態には戻らず、これらの特性も失われてし
まうので、温度管理には気をつけましょう。さらにバター
は酸化が早く、風味も著しく悪くなります。「お菓子の味
はバターで決まる」ともいわれますので、鮮度のよいバ
ターを使ってください。保存する場合は、酸化が早いの
で空気に触れないように密閉して冷蔵庫で。1か月以上
の長期保存は冷凍庫へ。

お菓子作りの準備のポイント

何事も準備が大切。お菓子作りもきちんと準備ができていれば、
途中で作業を中断することなくスムーズに進み、失敗も少なくなります。

POINT 1 | 正しい計量の仕方を知る

材料の計量から始まるお菓子作り。材料の分量だけでなく、温度や長さなども含めてきちんとはかることが失敗を防ぐことにつながります。

➡ デジタルスケールの正しいはかり方

水平な場所に置き、はかる前に表示を0(ゼロ)にします。材料をじかに置くか、紙やラップを敷いてその上に置いてはかります。ボウルなど容器を使う場合は、あらかじめ容器をはかりにのせて風袋機能(p.231参照)で目盛を0にしてから、材料を容器に入れてはかります。

ADVICE

☑ **計量カップを使うときは**

水平な場所に置き、目盛りと同じ高さに視線を合わせて、真横から計量する。斜め上から目盛りを見ると、正確にはかれないので気をつけて。

➡ 計量スプーンのはかり方

◎ 粉類をはかるときは

① 粉類は押しつけずに山盛りすくい、スプーンの柄などで上をスーッとなでる。

② 粉類は上面を平らにしてすりきりではかる。

◎ 大さじ½の場合には

① 粉類はすりきりにしてから、半量を取り除く。

② 大さじ½をはかる。⅓、¼などの場合は等分して除く。

覚えておくと便利!

◎ 大さじ、小さじ、計量カップの重量早見表

	小さじ1	大さじ1	1カップ
薄力粉	3g	9g	110g
強力粉	3g	9g	110g
グラニュー糖	4g	12g	180g
粉糖	3g	9g	100g
上白糖	3g	9g	130g

	小さじ1	大さじ1	1カップ
コーンスターチ	2g	6g	100g
ベーキングパウダー	4g	12g	150g
ココアパウダー	2g	6g	90g
バター	4g	12g	180g

	小さじ1	大さじ1	1カップ
牛乳	5g	15g	210g
生クリーム	5g	15g	200g
はちみつ	7g	21g	280g

※参考文献『七訂食品成分表2019』(女子栄養大学出版部)

卵はお菓子のおいしさの決め手ともなるもの。自分自身がおいしいと思える卵、そして新鮮な卵を選ぶことが大切です。

→ 卵黄と卵白に分ける

1 小さい容器を2つ用意する。卵を台の角などに軽く打ちつけて殻に割れ目を入れる。

2 容器の上で卵を縦にして持ち、両手の親指を当てて殻をそっと開く。殻の隙間から卵白を容器に落とす。

3 殻を傾けるなどして卵白をすべて落とす。カラザ(白い部分)は卵白の容器に入れ、もう一方の容器に卵黄を入れる。

POINT 卵黄を割った殻から殻へ移す方法もありますが、これをやると殻に卵黄が引っかかって破れてしまうことがあるので、片方の殻に卵黄を入れた状態で卵白を落とします。

こんなときは

◎ 上手にできない
卵黄だけをすくいとる

上手く分けられない場合は、卵を容器に割り入れて、卵黄だけすくい取って別の容器に移します。

◎ 失敗した!
スプーンを使ってリカバー

殻が入ったり、卵白の方に卵黄が少し混ざったりした場合は、スプーンでそっとすくい取ります。

◎ 余った卵白は?
ラップに包んで冷凍保存

卵白が残ったら、小さめの容器に大きめのラップをかけてくぼみを作り、そこに卵白を入れて茶巾包みにして輪ゴムなどでこぼれないようにきつくしばります。重量をはかってラップに日付とともにメモして冷凍庫に入れ、凍ったら冷凍用保存袋に移して保存します。1か月は保存可能ですが、新鮮なうちに使うなら、1週間～10日を目安に。使うときは、冷蔵庫に移して解凍します。

→ 卵のサイズについて

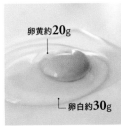

卵黄約**20**g

卵白約**30**g

(Mサイズの卵)

卵にはさまざまなサイズがありますが、どのサイズも卵黄の重量はほぼ20gで、卵白の量で重量が変わります。本書ではMサイズの卵を使い、材料表には使用する個数と目安となる重量を表記しています。レシピによってはMサイズでは対応できない重量があるので、各サイズの重量を知っておくとよいでしょう。なお、卵の重量の構成割合は、卵白約60%、卵黄約30%、卵殻約10%といわれています。

→ 計量の仕方

材料表に溶き卵とあるときは、卵黄と卵白を溶き混ぜてから計量します。Mサイズで対応できない重量の場合は、新たに卵を溶いて足す以外に、冷凍保存している卵白や余った卵黄を加えて調整してもよいでしょう。また、家にLサイズの卵しかなくて、レシピには卵3個と書かれている場合は、卵黄3個にMサイズ3個分の卵白約30g×3＝90gを、Lサイズの卵白ではかって加えます。

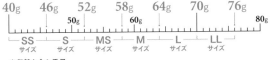

40g	46g	52g	58g	64g	70g	76g
		50g		60g		80g
SS サイズ	S サイズ	MS サイズ	M サイズ	L サイズ	LL サイズ	

※卵殻を含む重量

POINT 3 | バターの扱いを知る

バターにはお菓子作りに重要に特性があります。この性質を十分生かせるように、作りたい生地に合わせて準備の仕方を変えます。

➡ お菓子に使うバターの状態は実にさまざま

◎ 冷やして使う

別立てのスポンジ生地やタルト生地、パイ生地などに使う冷えたかたいバターは、あらかじめバターを1cm角に切って冷蔵庫で冷やしておきます。残ったバターは50g分ずつ切り分け(下記「計量の仕方」参照)空気に触れないようにラップを密着させて包み、さらに冷凍用保存袋や密閉容器に入れて冷凍保存します。使う前日に冷蔵庫に移して解凍します。

◎ 常温に戻す

バターは1cm厚さに切って耐熱ガラスのボウルに入れ、電子レンジで温めます。時間は機種のワット数で異なるので、10秒単位で加熱し、そのつど指で押すなどして確認します。

↓

やわらかすぎはNG

ベタベタとしてあまり力を入れなくても指が入るのはやわらかすぎです。

ADVICE

冷蔵庫から出したバターを室温において戻す方法もありますが、この場合、常温(20〜25℃)に戻るまで1時間ほど(夏場は30分)かかります。この間にバターは温度変化だけではなく、乾燥や雑菌の付着、品質劣化などをおこしやすくなります。これを防ぐため、そして作業の時短化も含めて、電子レンジを利用する方法をおすすめします。

☑ 計量の仕方

製菓でよく使われるバターはひと塊450g(約1ポンド)。1フィンガー(人差し指分)=約1cmが50g。または、目分量で3等分して1ブロック150gの見当をつけ、それを3等分すれば50g。計量の際は、全体量からまずこのような目分量で適宜切り出して、+−を調整する方法がおすすめです。

◎ クリーム状のバター

常温に戻したバターをゴムべら、泡立て器で練り混ぜ、マヨネーズのようななめらかな状態にしたもの。ポマード状ともいう。

◎ 溶かしバター

電子レンジまたは湯せんで完全に溶かしたもの。上澄みのみを取り分けたものが「澄ましバター」。

◎ 焦がしバター

溶かしたバターをさらに加熱し、褐色に色づくまで焦がしたもの。

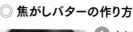

↓

◎ 焦がしバターの作り方

① 小さな片手鍋にバターを入れて中火にかけ、軽く混ぜながら溶かす。

② 表面に泡が上がってきたら火を弱める。泡が小さくなり音が静かになると徐々に焦げてくるので、好みの焦げ色で火を止める。

③ 火から下ろし、すぐ鍋底を氷水につけて冷ます。

POINT 4 | バニラビーンズは種を取り出す

バニラはお菓子作りに多用される香料。褐色のさやから種を取り出す方法からさやの利用法まで解説します。

1 バニラビーンズのさやを縦に切り開く。

POINT 写真は1本丸ごと切り開いていますが、家庭で一度に1本使うことはほとんどありません。レシピにある使用量でカットして種を取り出してください。

2 さやの中にある種(黒い粒)をナイフの刃先でしごいて取り出す。

3 生地に種を混ぜ込む、牛乳にさやと種子を一緒に入れて煮出すなど、レシピに従って使う。

☑ バニラビーンズのさやの活用法

バニラビーンズのさやは、一度使っただけではその香りが失われることはありません。煮出すなどした後のさやは捨てず、丁寧に洗って水気をしっかり拭き取れば再利用できます。ドライフルーツと一緒に洋酒に漬け込んだり、牛乳などに加えて煮出せばやさしい香りを移すこともできます。さらに、再利用したさやを洗ってしっかり乾燥させれば、まだまだ香りが楽しめます。そのまま砂糖に入れておけば、バニラが香るバニラシュガーになります。非常に手間と時間をかけて作られる貴重なバニラを、十分使い切ってください。

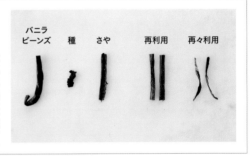

バニラビーンズ　種　さや　再利用　再々利用

POINT 5 | ゼラチンは水にふやかしておく

本書ではゼリーやババロアなどを固める際に板ゼラチンを使います。液体に加えたときに均等に溶けるように、水に浸けて戻しておきます。

1 たっぷりの冷水に20分ほどつけてふやかす。

POINT 板ゼラチンを数枚使う場合は、水に1枚ずつ入れます。まとめて入れると、くっついてはがれなくなります。水が温かいとゼラチンが溶けて1枚当たりの分量が変わってしまうので、必ず冷たい水を使います。夏場は水温が上がるので、氷水にします。

2 ふやかしたゼラチンは、水気をしっかり絞って使う。

ふやかした板ゼラチン。

☑ 粉ゼラチンの場合

分量の水にふり入れて軽く混ぜ、10分ほどおいてふやかします。このとき、必ず水に粉ゼラチンを加えること。ゼラチンに水をかけると混ざりにくく、ムラになってしまうので気をつけてください。

➡ 生地がすぐ流せるように、型に合った準備をしておく

◎ 丸型 ※直径15cmの型で説明。

1 市販の丸型専用の敷き紙を用意する。またはクッキングシートで底用に直径15cmの円形、側面用に幅8cm(型の高さ＋1〜2cm)、長さ50〜52cm(型の円周＋重なり分3〜4cm)の帯を各1枚作る。

2 型の底に底面用の敷き紙を敷き、側面用は型の側面にくるりと沿わせ、重なり部分をバターなどで留める。

POINT 底面、側面どちらから敷いても構いません。

3 丸型の敷き込みの完成。

◎ セルクル(直径15cm) ※レアチーズケーキ(p.180)で使用。

1 セルクルの片面にラップをピンと張って貼りつける。ラップ面を下にする。

POINT ラップがはがれそうな場合は、輪ゴムなどで留めるとよいでしょう。

2 側面用にクッキングシートで幅6cm(型の高さ＋1〜2cm)長さ50〜52cm(型の円周＋重なり分3〜4cm)の帯を作り、セルクルの側面にくるりと沿わせる。

> ☑ **敷き紙について**
>
> 型に敷き込む紙は、クッキングシートなどから切り出して用意するのが一般的ですが、入手しやすくなっている市販品を利用するとよいと思います。敷き紙制作の手間と時間を別の作業に活用してください。

◎ 角型

1 クッキングシートを側面も合わせた型のサイズに1〜2cm加えた正方形に切る。紙の中央に型を置き、底面、高さに合わせて折り目をつける。

2 折り目でしっかり折り込む。

3 型に入れ、四隅の角になる部分を三角形に折り込むようにして広げて敷き込む。

4 角型の敷き込みの完成。

◎ パウンド型

‥‥ 切り目 ── 折り目

 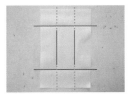  

1 クッキングシートを側面を合わせた型のサイズに1〜2㎝加えた長方形に切る。紙の中央に型を置き、底面、高さに合わせて折り目をつける。

2 折り目でしっかり折り込み、四隅の角の部分に切り込みを入れる。

POINT 底面の折り目より少し深く切り込むことで、台形をしている型に沿って紙が広がってぴったり納まります。

3 型に入れ、切り目の左右の紙を中央の紙の外側に重ねて折り込み、型に合わせて敷き込む。

4 パウンド型の敷き込みの完成。

◎ 紙製の丸型 ※ガトー・ショコラ(p.170)で使用。

刷毛で内側に型用バターを塗る。底面は全体に塗り、側面は上部を1cmあけて塗る。

POINT 側面の縁から下1cm幅を塗らずにおくのは、焼成時に膨らんだ生地がその部分にひっかかって下に落ちないようにするため。

◎ フラワーケーキ型

刷毛で内側に型用バターを塗る。凹凸のある模様がきれいに出るように、少し厚めに塗る。

◎ クグロフ型（陶器）※ビスキュイ・サヴォワ(p.48)で使用。

1 刷毛で内側に型用バターを塗り、茶こしで打ち粉(強力粉。p.22参照)を少し多めにふる。

POINT 打ち粉をふると、型離れがさらによくなります。

2 型を傾けて回しながら、ふり入れた打ち粉を型の内側にまんべんなくまぶす。

型をポンポンとたたいて余分な粉を落として準備完了。

☑ **型用バター**

型に塗るバターは、ムラなく均一の厚さに塗れるように、常温バターよりやわらかくしたものを使います。

POINT 7 | 天板の準備は大きく2つ

生地を流し込んで焼く場合、生地を絞り出すなどして焼く場合など、天板を使う際の準備方法を紹介します。

➡ 生地を流すときの準備 ※ロールケーキ用天板を使う。

 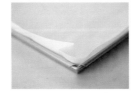 

① 天板の底面に側面の立ち上がり分を加えたサイズの純白ロール紙を用意する。天板に敷き込み、四隅を折り込んで角に合わせる。

② 天板の敷き込みの完成。

➡ 生地を絞るときの準備

◎ ガイド線を描く

① クッキングシートを天板の底面に合わせてカットし、生地を絞る大きさに応じてガイドラインをサインペンなどで書く。シュークリーム(p.81)の場合は直径5cmのセルクルを使って円を12個書く。

② シートを裏返して天板に敷き、四隅をマグネットで留めて生地を絞る。
POINT マグネットは焼成する前にはずします。

◎ 型紙を使う

① 生地を絞るときの大きさをそろえるために型紙を作る。A4サイズの紙に直径5cmの円を6個、間隔を空けて描く(パソコンで円を作ってプリントすると、同じ大きさ、間隔にできて便利。特に色を塗る必要はない)。これを2枚用意する。

② 天板に2枚の型紙を並べてその上にクッキングシートを重ね、四隅をマグネットで留めて生地を絞る。
POINT マグネットは焼成する前にはずします。

POINT 8 | オーブンの予熱は本稼働で行う

家庭用オーブンの予熱機能では、設定温度に達すると加熱が休止し温度が下がってしまうため、本書では予熱を本稼動で行います。

オーブンを使う際は、必ず予熱が必要です。予熱とは、あらかじめオーブンの庫内を温めておくこと。予熱が不十分だと熱量不足で焼きムラができたり、焼き色がつかなかったりと、仕上がりに大きく影響します。予熱は、焼く20分以上前から指定の温度で行います。その際、オーブンの予熱機能を利用すると、設定温度に達した後の待機中に温度が下がってしまう場合があるので、使うまでの間も本稼動させて予熱をします。

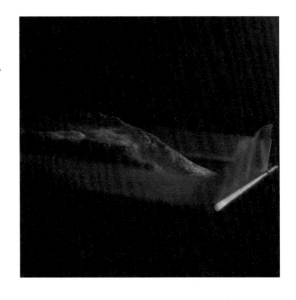

お菓子作りの基本テクニック

いざやってみると正しい方法がわからない、ということも多いのではないでしょうか。
ここでは、お菓子作り全般に関わる基本的なテクニックについて解説します。

TECHNIQUE 1 | 粉をふるう

小麦粉などの粉類は、ふるいにかけてから使います。ふるうことで粉の塊がほぐれ、空気を含んでふんわり軽くなります。

→ 1種類の粉をふるう

1 ボウルの外にこぼさないように気をつけながら、生地の上にまんべんなく広がるようにふるう。配合が変わってしまうので、こぼれた粉は集めて加える。

2 こし残った粒は、指先でつぶして目を通す。

→ 複数の粉をふるう

ベーキングパウダーやココアパウダーなど加える量が少ない粉類は、小麦粉と一緒にふるい入れる。ココアパウダーにダマが多い場合は、小麦粉にじかに茶こしでふるって加える。

TECHNIQUE 2 | 湯せんにかける

材料を入れたボウルを湯につけて温めることを湯せんといいます。ゆっくりと温度が上がるので、デリケートな材料の温度調節に最適です。

→ 卵を泡立てる

鍋に湯せん用の湯を沸かし、60℃くらいになったら火を止める（指をつけて熱いと感じるくらい）。卵を入れたボウルを重ね、卵を最も泡立ちやすい人肌（36〜38℃）に温める。作業中に湯の温度が低くなったらボウルをのせたまま弱火にかける。

POINT ボウルの底が湯につかっていなくても大丈夫です。

→ チョコレートを溶かす

1 鍋に湯せん用の湯を沸かし、60℃くらいになったら火を止める（指をつけて熱いと感じるくらい）。チョコレートを入れたボウルを重ね、チョコレートが均一に溶けるように、大きく混ぜながら溶かす。

2 途中で湯の温度が低くなったら、チョコレートを入れたボウルをはずして鍋の湯を再加熱する。湯の温度が上がったら火を止め、ボウルを戻してチョコレートを溶かす。

☑ **バターと一緒に溶かす場合**

ブラウニー(p.166)のようにチョコレートをバターと一緒に溶かす場合は、火を止めた湯せんでは溶けきらないので、弱火にかけて湯せんをします。このとき、ボウルの底が鍋底に当たって熱くなり、チョコレートが焦げてしまわないように、先にバターを入れ、その上にチョコレートをのせて湯せんにかけます。

TECHNIQUE 3 | 混ぜる

「混ぜる」といっても、作るお菓子によって、さらに材料の状態によって混ぜ方は違い、使う道具も変わります。

➡ 材料や生地の状態で混ぜ方はいろいろ

◎ すり混ぜる

泡立て器でボウルの底をこすりながら、ぐるぐる回して混ぜる。

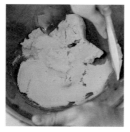

ゴムべらで生地や材料をボウルの底や側面にすりつけるようにして混ぜる。

◎ 卵を数回に分けて混ぜる

① ふんわりとするまで混ぜたバターに、分量の半分の溶き卵を加えてよく混ぜ合わせる。

② バターと卵がしっかり混ざり合ってから、残りの卵を加えて混ぜる。

◎ 切るように混ぜる

① ゴムべらでボウルの側面に散った粉などをきれいに拭って生地に混ぜる。

② ゴムべらを、へらの面を垂直にしてふるい入れた粉の中央に切り込むように差し入れる。

③ 片手でボウルを手前に回しながら、ゴムべらを手前にまっすぐ引く。

④ ゴムべらがボウルの側面に当たるまで動かす。
POINT このとき、ボウルの側面に当たったゴムべらとボウルを回す片手の親指の位置が一緒になっているのがベスト。

⑤ さらにボウルを回しながら、ゴムべらをスッと引き上げ、②からの一連の動きを繰り返し、練らないように混ぜる。手首を返したりせず、だ円を描くようにゴムべらを動かして混ぜていく。
POINT ゴムべらを引き上げたとき、ボウルを回す手とゴムべらを持つ手は交差しています。左右の手を同時にバランスよく動かすことが大切です。

⑥ 粉の残っているところにゴムべらで切り込み、ボウルを手前に回しながら混ぜるを繰り返す。粉気がなくなり、なめらかになれば混ぜ終わり。

20

TECHNIQUE 4 | 泡立てる

生地の膨らみや仕上がりを左右する大切な作業の一つ。必要な状態に効率よく泡立てられるように、道具の使い方などを確認しましょう。

➡ 泡立て器とハンドミキサーを利用する2つの方法

◎ 手で泡立てる

1 ボウルを傾けて卵白を一か所に溜める(液溜まり)。泡立て器を左右に動かし、卵白のこしをきる。

2 手首の力を抜いてスナップをきかせながら、卵白に空気を混ぜ込むように泡立てていく。

3 卵白にボリュームが出てきたら、泡立て器をさらに大きく動かす。卵白の中を通って空中にふり上げ、斜め後ろに打ちつけるような感じでだ円を描くように動かし、卵白に空気をたっぷり含ませる。

☑ 泡立て器の持ち方

作業台に置いた泡立て器の柄を、上から握ります。握りしめると手首が固定されてしまうので、力を抜いて、親指と人差し指以外は柄に添える感じで持ちます。

◎ ハンドミキサーで泡立てる

生クリームを泡立てる際は、本体をまっすぐ持ち、羽根を材料の真ん中に入れてスタートする。ハンドミキサーの位置は固定して動かさず、ボウルを手前に回しながら泡立てる。羽根がボウルの側面や底に当たるとボウルの表面が削れてクリームに金気臭がしたり、色がグレーっぽくなってしまうこともあるので、当てないように気をつける。

POINT 円を描くようにハンドミキサーを動かすと早く泡立ちますが、大きな気泡ができてきめが粗くなります。気泡が小さくまるまで時間がかかってしまうため、ハンドミキサーは動かさず、できるだけ均一の細かい気泡を作っていきます。

卵白を泡立てるときなど、中身の量が少ない場合はボウルを傾けて液溜まりを作り、羽根が浸るようにするとよい。

TECHNIQUE 5 | 生地をのばす

生地は用途に応じてのばす大きさや形は違ってきますが、共通するのは均一の厚さにすること。のばすときのポイントを覚えましょう。

➡ のばし始めは

冷蔵庫から出したばかりの生地はかたいので、いきなりめん棒を転がしてのばすのではなく、10分ほど置いて常温に戻してから、めん棒を少しずつずらしながらグッグッと押しつけてつぶし、1cmくらいの厚さにする。

➡ 両手の位置は

両手は生地の幅に合わせてめん棒の上に置き、両手に力を均等に入れて前後に何度か往復させてのばしていく。どちらか一方の力が強いとめん棒が傾いて、生地がゆがんでしまうので注意する。

POINT 利き手に力が入りやすいので、意識してのばすようにします。

➡ 生地を動かす

作業台と生地の間に隙間がなくなると、のばしにくくなる。そのつど打ち粉をしていると分量外の粉が増えて配合が変わってしまうので、打ち粉は最小限にして、めん棒をかけるたびに向きを変えるなどして生地を動かす。

☑ 打ち粉とは

生地が作業台やめん棒に貼りつくのを防ぐためにふる粉を「打ち粉」といいます。主に、粒子の細かい強力粉を使いますが、生地作りに使った粉を利用しても構いません。薄く均一にふれるよう、茶こしを使います。容器に粉と茶こしをセットにして用意し、すぐふれるように作業する近くに置いておきましょう。

TECHNIQUE 6 | 休ませる・こす・切る

お菓子作りではまだまださまざまな作業を行います。ここでは、生地を休ませる、生地をこす、生地のスライスについて説明します。

➡ 休ませる

こねて作った生地は、小麦粉に含まれるたんぱく質から作られるグルテンを落ち着かせ、作業中にやわらかくなってしまったバターを引き締めるために、しばらく冷蔵庫に入れて冷やす。これを「生地を休ませる（ねかせる）」という。休ませる時間は、各レシピに従う。

➡ こす

プリンやアイスクリームなど、液状の生地を作るときに行う作業。こし器の細かい網目を通すことで、卵の殻やカラザ、ダマなどが取り除かれ、口当たりのなめらかな生地になる。

➡ 切る

スポンジなどやわらかい生地を均一の厚さにスライスする際は、専用のカットルーラー（p.233）を使う。同じ高さの2本の棒を生地の手前と向こう側に平行に置き、このカットルーラーに沿ってケーキナイフをスライドさせてまっすぐ横に切る。カットルーラーにナイフを押しつけ過ぎると、ナイフがたわみ、生地もつぶれて切り口がゆがんでしまうので注意する。

7 | 塗る

ケーキの組み立てやデコレーションなどで行う「塗る」という作業は、お菓子の仕上がりに関わる大切な作業です。

➡ 2タイプの刷毛を使い分ける

◎ しみこませるには

毛が抜ける心配のないシリコン製の刷毛でシロップを塗る。刷毛をこするように動かすと生地が崩れるので、シロップを含ませた刷毛を生地表面に軽くポンポンと打ちつけるようにして染み込ませていく。

◎ 熱々の状態には

加熱してあつあつの状態で塗るナパージュは、熱に強いシリコン製の刷毛を使う。

◎ やわらかい生地には

発酵させてやわらかいパイ生地は、傷つけないようにしなやかで細かい作業に向く天然毛の刷毛を使う。

➡ 2タイプのパレットナイフを使い分ける

◎ 回転台にのせて塗る（詳しくはp.32〜33を参照）

1 回転台にのせたケーキの上面にクリームを適量置き、回転台を回しながら、水平に持ったパレットナイフ全体を使って塗り広げる。側面に落ちたクリームはそのままにする。

POINT 人差し指をパレットナイフの上にのせ、その他の指で柄を支えるように持ちます。手首には力を入れず、左右に動かしながら塗り広げます。

2 パレットナイフを垂直に立てて、回転台を回しながら上面から落ちたクリームを側面に厚さを均一に塗る。クリームが足りないところはボウルからクリームをすくって足す。

POINT 何度も塗り直すとクリームがぼそぼそになるので、なるべく手早く塗ります。

3 側面からケーキの縁に沿ってクリームがはみ出した状態になっている。これを内側に倒すようにならす。回転台を回して、ケーキの周囲に落ちたクリームをかき取る。これで下塗り終了。冷蔵庫でしばらく冷やし、同じ要領で本塗りをする。

◎ 広い面に塗る

広い面に塗り広げるときは、アングルパレットを使うと特に四隅の処理がしやすい。パレットナイフを細かく動かすと生地にダメージを与えてしまうので、できるだけ大きくのばす。

☑ 作業中のパレットナイフは

ひと塗りするたびに、パレットナイフに残ったクリームをボウルの縁で拭い、乾いた布巾できれいに拭き取ります。

➡ 網にのせて焼く

スポンジケーキやバターケーキ、タルトなど、生地を底付きの型に入れて焼くものは、必ず天板に耐熱性の網を重ね、その上に型をのせてオーブンに入れます。網を使うことで熱が型の底まで回るようになり、火の入りがよくなります。その結果、スポンジケーキやバターケーキはふんわりと

よく膨らみ、タルトはカリッと香ばしい生地に焼き上がります。網を使って焼くのと、使わないで焼くのとでは、おいしさが大きく違ってきます。網は型がのるサイズで構いません。セルクルやタルトリングなど底板のない型は、天板に直接置いて焼くので、網は必要ありません。

➡ オーブンのくせを知る

オーブンは機種によって、焼成温度や焼成時間を同じにしても、焼き色のつき方や焼き具合が違ってくることがあります。原因はさまざまですが、これらの違いは「くせ」と表現されています。このくせに大きく関わっているのが、タイプの違う二つの加熱法。一つは、庫内に熱風を循環させて加熱するコンベクション(対流)式。もう一つは、発熱しているヒーターや、高温に温められた壁面から放射される赤外線で加熱する輻射(放射)式です。コンベクションタイプのオーブンでは、熱風の拭き出し口付近や熱風が溜まる庫内の四隅は焼き色が濃くなります。一方の輻射式タイプは、赤外線が直接当たるヒーターの真下や、奥の壁面近くが焼き色が濃くなります。焼きムラを少なくするには、型を置く場所や向きを変えて均一に焼き色がつくように調整する必要があり、そのために、焼成の途中で天板の前後を入れ替えます。ただし、この入れ替えは表面に焼き

色がつき始めてから。設定の焼成時間の⅔を過ぎてからにします。オーブンのくせはこれだけではありません。表面は焼けているのに内側は生焼けなのは上火が強いため。アルミホイルを被せるなどで対応します。クッキーなどの裏面が焦げつくのは下火が強すぎるのが原因。天板を2枚重ねるなどして下からの熱量を和らげます。家庭用のオーブンは庫内が狭く、扉を開けると庫内に溜まっていた熱風があっという間に逃げて温度が下がってしまいます。そこに生地を入れると、この生地が熱を奪い庫内の温度はさらに下がります。熱風を逃がさないためには、扉の開閉は素早く行い、焼成中はむやみに扉を開けないことが鉄則です。オーブンは同じ機種でも個々にくせが違います。取扱説明書を改めて読んだり、毎回焼き上がりについてメモを取るなどして自分のオーブンのくせを知ることが、上手に焼くための大切なポイントです。

➡ 焼き上がりの見極め方

レシピにある設定時間はあくまでも目安です。その日の気温、作業場の室温、生地の状態、オーブンのくせなどで、焼き上がりのベストなタイミングは微妙に変わってきます。それを見極めるのは、あなた自身。オーブンの中の変化をしっかり観察して、焼き色や感触、生地から聞こえてくる音で焼き上がりを決めましょう。

◎ 手で触る

焼き上がった表面を手で軽く触り、適度な弾力があってシュワッと音がすれば焼き上がり。

◎ 焼き色を見る

バターケーキは、中央の割れ目部分がしっかりきつね色になっていれば焼き上がり。チョコレートケーキなど焼き色では見極められない場合は、盛り上がった部分の端から中央に向かって斜めに竹串を刺し、何もついてこなければ焼き上がり。

➡ 冷ますときには

ケーキは焼き立てを食べることもありますが、基本的には冷まします。作業台などにじかに置くと熱がこもって冷めにくいので、熱を効率よく逃すように脚の付いているケーキクーラーを使います。

第1章

スポンジ生地の
お菓子

スポンジ生地には、作り方の違う2種類のタイプがあります。
一つは、全卵を泡立てて作る"共立て法"。
もう一つは、卵白と卵黄を別々に泡立てる"別立て法"です。
これらの生地が上手に作れるようになると、作れるお菓子の幅が広がります。

［共立て法］で作る
スポンジ生地

＊＊＊

卵を湯せんにかけ、
焦らずしっかり泡立てる

さまざまなホールケーキのベースとなる、お菓子作りの基本の生地。
卵を湯せんで温めながら泡立てて空気を含ませ、
その卵の起泡力でふんわりやわらかいスポンジ状に焼き上げます。
細かく均一な気泡を作ることで、きめ細かくしっとりとした食感に仕上がります。

材料(直径15cmの丸型1台分)

卵 ⋯⋯ 2個(100g)
上白糖 ⋯⋯ 60g
薄力粉 ⋯⋯ 60g
A { バター(食塩不使用) ⋯⋯ 15g
　　牛乳 ⋯⋯ 15g

準備

・卵は常温に戻す。
・直径15cmの丸型(底抜けタイプ)に市販の丸型専用敷き紙を敷き込む(p.16参照。a)。
・鍋に湯せん用の湯を沸かす(p.19参照)。
・耐熱容器にAを入れ、ラップをかけずに電子レンジ(600W)で20秒ほど加熱してバターを溶かす(b)。そのまま湯せんで温めておくか、使う直前に電子レンジで10秒ほど再加熱する。
・天板に付属の網または脚付きの網をセットする(p.24参照)。
・オーブンを170℃で本稼動させる(p.18参照)。

焼き時間 170℃／約30分

ADVICE

全卵(卵黄と卵白)は卵白だけに比べて泡立ちにくいため、湯せんで卵がいちばん泡立ちやすい35〜40℃に温めます。このとき砂糖を加えて、できた気泡を壊れにくくします。時間は少しかかりますが、焦らずしっかり泡立てて、きめ細かく強い気泡を作りましょう。そして、薄力粉を加えたら気泡をつぶさないようにさっくりと混ぜます。初心者の頃は生地を触り過ぎる傾向にあるので「混ぜ過ぎない」を意識するとよいでしょう。一方、お菓子作りに慣れてくると気泡をつぶすのを恐れてしっかり混ぜられず、粉が残っていたりするので、慣れている人ほど「しっかり混ぜる」を意識しましょう。

卵を泡立てる

① 深めのボウル(大)に卵を割り入れ、ハンドミキサーをまっすぐ立てた状態で中央に入れて、最低速で溶きほぐす。

POINT 卵白のどろりとした部分がなくなるまで混ぜます。

② 上白糖を加え、最低速で砂糖が溶けるまで混ぜる。

POINT 濃厚な甘みと吸湿性をもつ上白糖を使うことで、仕上がりがコクのある味わいとしっとりとした食感になります。

上白糖が溶けた状態。

POINT 卵に溶け込んだ砂糖は、気泡を壊れにくくする働きをします。

③ ②のボウルを湯せんにかけ(p.19参照)、ハンドミキサーの最高速で泡立てる。ミキサーを持つ手は動かさず、ボウルを手前に回しながら泡立てていく。

POINT 卵は温めることによって泡立ちやすくなります。コンロの火は消した状態で泡立てます。

ある程度泡立ってきたらボウルを傾けて生地溜まりを作り、常にミキサーの羽根が卵液につかっている状態にする。

POINT 最高速で泡立ててたっぷり空気を取り込み、一気にボリュームを出します。

全体が白くもったりとして、羽根の跡が筋状に残るようになってくる。

POINT 泡立て始めと比べるとボリュームが3〜4倍に増え、気泡も小さくなってきます。

p.28へ →

きめを整える

4 すくい上げると生地がとろとろとリボン状に流れ落ち、ボウルの中で折り重なってしばらく消えずに残る状態まで泡立てる。

POINT 長く泡立てているとコシがなくなりきめが粗くなってしまうので、湯せんにかけてから1〜2分でこの状態にします。落ちる速度が速く、リボン状にならなければ泡立て不足です。

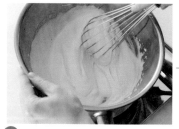

5 泡立て器に持ち替えて、全体を大きく混ぜて気泡のきめを整える。

POINT 生地をよく見ると、大きな気泡が残っているのがわかります。ここでは泡立てるのではなく、この不安定な大きな気泡をつぶし、壊れにくい小さな気泡にそろえてきめを整えます。

気泡が細かく均一になり、すくい上げた生地がリボン状に落ち、ボウルの中で折り重なってしばらく消えない状態になればよい。

粉を合わせる

6 ボウルを湯せんからはずし、薄力粉をふるい入れる。

POINT 薄力粉は空気を含んでふんわりと軽いほうが混ざりやすいので、直接ふるい入れます。

7 片手でボウルを手前に回しながら、泡立て器をふるい入れた粉の中央に入れて手前に引くように動かし、ボウルの側面まできたら上に持ち上げながら生地をすくい上げ、表面にのせるようにして落とす。

POINT このとき、生地をすくい上げた泡立て器とボウルを回す手の親指の位置が一緒になるようにします。ワイヤーが何本もある泡立て器はゴムべらよりすくった生地の分散が早いので、最小限の回数で混ぜることができます。

粉気がなくなるまで繰り返す。泡立て器のワイヤーの間を通すように生地を混ぜると、手早く均一に混ぜることができる。

POINT 卵を十分泡立てていれば、粉を加えて混ぜても気泡はつぶれずにふんわりとしています。

バター液を加える

8 温めておいたAをいったんゴムべらの平らな面で受けて、全体に散らすように広げる。

POINT 溶かしバターを直接加えると、その部分の気泡がバターの油脂でつぶれ、生地の底にバターが沈んで混ざりにくくなってしまいます。気泡をつぶさず手早く混ぜ合わせるために、生地表面にまんべんなく流し入れます。

9 泡立て器で生地を底から大きく返すようにしてさっくりと混ぜる。

溶かしバターの筋が見えなくなり、もったりとしてつやがあり、持ち上げた生地がリボン状に落ちる状態になれば生地の完成。

POINT 最後に、ゴムべらでボウルの底に混ぜ残りのバターがないことを確認しましょう。

型に入れる

⑩ 準備した型に生地を一気に流し入れる。型の中央一点に落とすように流し入れ、ボウルに残った生地はゴムべらで拭い落とす。
POINT ボウルに最後まで残った生地、ゴムべらに残った生地は気泡がつぶれて膨れにくくなっているので、火の通りのよい型の縁に入れるか、中央に入れてゴムべらの先で軽く混ぜて他の生地になじませます。

⑪ 生地を入れた型を、作業台に低い位置(5cm高さくらい)から1回落とし、生地の中の余分な空気を抜く。
POINT 空気を抜くことで大きな気泡がつぶれてきめが揃い、穴が開いたり、生地上面へこんだりするのを防げます。

焼く

⑫ 天板の網の上に置いて170℃のオーブンで約30分焼く。焼き上がったら再び低い位置から1回落として生地の中に残る水蒸気を抜き、冷めてから起こる焼き縮みやサイドのくびれを防ぐ。
POINT 焼き上がりは全体が膨らんでドーム状になります、いちばん膨らんでいるところを軽く手で押さえると、シュワッと音がすれば焼き上がりです。台に落として生地内に溜まっている余分な蒸気を抜くことで、へこみやくびれを防ぎます。

冷ます

⑬ ケーキクーラーの上にひっくり返して置き、型をはずして粗熱を取る。

⑭ 上下を返し、さらに冷ます。
POINT 敷き紙はデコレーションで使うまではがしません。生地は半日〜1日おいた方が、生地が落ち着いて味もなじみます。保存するときは、保存袋などに入れて乾燥を防ぎ、冷蔵庫または冷凍庫で保存します。

[共立て法]で作るスポンジ生地Q&A

Q よく膨らまず、生地がかたくて目が詰まっています。

A 卵の泡立て不足と混ぜ過ぎが考えられます。泡立てが足りないと、気泡が少ないのでふっくらと焼き上がりません。一方、粉を加えてから混ぜ過ぎるとグルテンが過剰に形成されるので生地はかたくなります。

Q オーブンから出したら上が凹んで縮んでしまいました。

A 焼きが足りないと起こるケース。けれど、十分に膨らんで高さもあるのに凹んでしまったら焼き過ぎです。いずれにしても、焼き時間を足りなければ3〜5分長く、焼き過ぎは3〜5分短くして様子をみましょう。

Q 表面は焼けているのに、中が生っぽいのはなぜでしょう。

A 温度が高いか上火が強いことが考えられます。焼成温度を10℃程下げるか、上面に焼き色がついてきたらアルミホイルで覆うなどしてください。オーブンのクセを知って、うまく調整しましょう。

ショートケーキ

★★☆

真っ白なシャンティイクリームと真っ赤ないちごで仕上げる「ケーキ」の代表格。
美しくデコレーションして、誕生日や記念日を彩りたいですね。

材料(直径15cmの丸型1台分)

スポンジ生地(直径15cmの丸型。p.27参照) …… 1台
◎シャンティイクリーム
　生クリーム(乳脂肪分45%) …… 300g
　粉糖 …… 30g
いちご(小粒) …… 1パック
粉糖(いちごシロップ用) …… 15g
粉糖(デコレーション用) …… 適量

ADVICE

クリームを塗る際は一気に塗らず、下塗り→本塗り→表面を整える、の3段階に分けたほうがきれいに仕上がります。途中でクリームがボソボソしてきたら、泡立てていない生クリームを加えてゴムべらでなじませましょう。多く加えすぎると水分がボウルの底にたまりますが、その場合はもう一度泡立てれば大丈夫。

準備

・ボウルにシャンティイクリーム用の生クリームを入れて粉糖を加え、使うまで冷蔵庫で冷やしておく。
・スポンジ生地はまわりの敷き紙をはがす(a)。
・いちごはヘタを取り、形のよい、大きさのそろったものを飾り用に取り分ける(約½量)。
・残りのいちごは縦3等分にスライスし、ボウルに入れて全体にいちごシロップ用の粉糖をふりかける。そのまま5〜10分おくといちごから汁気が出てくる。これをいちごシロップとして使う(b)。
・絞り袋に直径1.5cmの丸口金をセットする(p.238参照)。

組み立て準備

1 スポンジ生地を作業台に置き、2cm厚さのカットルーラーを生地の手前と向こう側に平行に置く。このカットルーラーにケーキナイフを添わせて生地をまっすぐ横に切る。上側の生地も同じ要領で切り、2cm厚さの生地を計2枚とる。

POINT ルーラーを当てて切ると、均一な厚みにまっすぐ切れます。いちばん上の生地(上面に焼き色がついた部分)は使わないので、余ったクリームを包んでオムレツなどに。

2 八分立てのシャンティイクリームを作る。生クリームと粉糖を入れたボウルの底を氷水に当て、ハンドミキサーの最高速でおじぎをするようにしなやかに曲るツノが立つまで泡立てる(p.217参照)。

組み立てる

3 下側のスポンジ生地を回転台にのせ、いちごシロップを刷毛に含ませて、生地の上面をポンポンと軽く打つようにして全体に塗っていく。

p.32へ →

④ ②のクリームをゴムべらで2すくいして③の中央に置き、パレットナイフをクリームの上にのせて、回転台を手前にゆっくり回しながら、平らに塗り広げる。塗り終わったら、ナイフに残ったクリームをボウルの縁でぬぐい、乾いた布巾できれいに拭き取る。

POINT ほぼ平らになっていればよく、あふれたクリームが多少側面に落ちてもOK。素早く塗り広げます。

⑤ スライスしたいちごを④の上面全体に隙間なく並べる。

POINT いちごのでこぼこや向きは気にしなくて大丈夫。隙間を作らずに、まんべんなく並べることが大事です。

⑥ 再びクリームをゴムべらで2すくいして⑤の中央にのせ、④と同じ要領で、いちごがすっかり隠れるように平らに塗り広げる。ナイフに残ったクリームはボウルの縁でぬぐい、乾いた布巾できれいに拭き取る。

下塗りをする

⑦ もう1枚のスポンジ生地をのせ、生地が水平になるように、中央を手のひらで軽く押さえてなじませる。

⑧ ③と同じ要領で、いちごシロップを刷毛に含ませて上面全体に塗る。いちごシロップが足りないときは、シロップ(p.216参照)を加えて混ぜて使う。

⑨ 残りのクリームの約¼量を使って下塗りをする。まずクリームをゴムべらですくって⑧の中央に置き、パレットナイフをクリームの上にのせ、回転台を手前にゆっくり回しながら、軽くなでるようにナイフを左右に動かして上面全体に塗り広げる。余分なクリームは側面に落とす。

POINT パレットナイフの長さを生かすと、先端だけで塗るより、早く平らに塗り広げられます。

⑩ パレットナイフを立てて側面に当て、回転台を回しながら、側面にこぼれたクリームをならす。

POINT 側面を塗るときは、ナイフの先端が回転台に当たるくらいに深く立てます。一気に塗り広げられ、ムラもできにくくなります。

⑪ 回転台を回しながら、側面のクリームの厚みが均一になるようにさらに塗り広げる。

⑫ 下塗りの完成。冷蔵庫に約30分置いて冷やし、クリームを落ち着かせる。

本塗りをする

⑬ 残りのクリームをゴムべらでたっぷりひとすくいして下塗りしたケーキの中央にのせ、本塗りをする。回転台を回しながら、まず、上面のクリームを平らに塗り広げる。余分は側面に落とす。

⑭ パレットナイフを立てて側面に当て、回転台を手前に回しながら、側面のクリームを平らに塗り広げる。クリームが薄い部分には、ボウルに残っているクリームをパレットナイフで少し取って足し、均一な厚さに塗る。

⑮ 再び上面をパレットナイフでスーッとなでてクリームの表面をなめらかにする。

表面を整える

⑯ パレットナイフを立てて軽く側面に当て、ナイフを動かさずに回転台をぐるりと一周させて、側面をなめらかにする。

⑰ 上面の周囲に立ち上がったクリームを中央に集めるようにならす。

POINT 角が丸くならないように注意。外側から中央に向かってナイフを平行に動かしてなじませるのがコツで、こうすると角が鋭角になり、美しく仕上がります。

⑱ 最後に生地と回転台の間にパレットナイフを浅く差し入れ、回転台を回してまわりに落ちたクリームをかき取る。かき取ったクリームはボウルに戻す。

デコレーション

⑲ 口金をセットした絞り袋に残ったクリームを入れて上面の周囲に絞り出し、クリームの先端を口金で軽く押さえてつぶす。

POINT クリームのツノをきれいに立てるのは難しく、ツノの高さもそろえにくいもの。先端をつぶして粉糖をふると簡単で、見た目もきれいです。

⑳ クリームの内側にいちごを隙間なく並べる。

㉑ 粉糖を茶こしでふってでき上がり。

パン・ド・ジェーヌ

★☆☆

アーモンドをたっぷり使った共立てタイプのスポンジケーキ。
口当たりはソフトですが、しっとりきめ細かくてコクもあるリッチな味わい。

材料(直径15cmのフラワーケーキ型1台分)

◎共立てスポンジ生地
　マジパンローマッセ(→p.228) …… 135g
　卵 …… 2個(100g)
　グラニュー糖 …… 15g
　薄力粉 …… 35g
　ベーキングパウダー …… 1g
　溶かしバター(p.14参照) …… 40g
　ラム酒 …… 3g
型用バター(p.17参照) …… 適量
アーモンドスライス …… 適量

準備

・マジパンローマッセは常温に戻す。
・卵は常温に戻して溶きほぐす。
・直径15cmのフラワーケーキ型に型用バターを刷毛で厚く塗り(p.17参照)、アーモンドスライスをまんべんなく貼りつける(a)。
・ベーキングパウダーは薄力粉と合わせておく。
・天板に付属の網または脚付きの網をセットする(p.24参照)。
・オーブンを170℃で本稼働させる(p.18参照)。

焼き時間 170℃／約40分

ADVICE

作り方の基本は共立てスポンジ生地と同じですが、パン・ド・ジェーヌはマジパンを混ぜ込みます。かたいマジパンは粒が残りやすいので、まず手でちぎり、さらにハンドミキサー、ゴムべらと順に使って、徐々に細かくつぶしていくのがポイントです。また、型に塗ったバターが薄いと、アーモンドが貼りつきません。型用バターは、刷毛目がはっきりわかるくらいに厚く塗ります。

1 マジパンローマッセを細かくちぎってボウルに入れ、溶き卵を少しずつ加えて、ハンドミキサーの最高速でマジパンをつぶしながら混ぜ合わせる(b)。

POINT 最初にマジパンをしっかりつぶしておかないと、粒が残ってしまいます。かたいマジパンがよくつぶれるよう、ハンドミキサーの最高速で混ぜ合わせます。

2 ゴムべらに持ち替え、ゴムべらをボウルの底に押しつけようにしてマジパンの粒をつぶしながらさらに混ぜる(c)。

3 マジパンの粒がなくなったらグラニュー糖を加え、ハンドミキサーの最高速で、全体が白くもったりして、すくい上げるとたらたらと流れ落ちてその形がしばらく消えないくらいまで泡立てる(d)。

4 合わせた薄力粉とベーキングパウダーをふるい入れ、ゴムべらに持ち替えて、底からすくうように大きく返して混ぜ合わせる。粉気がなくなったら、溶かしバターを加えてムラなく混ぜ、ラム酒を加えてさっと混ぜ合わせる。

5 型の中央からアーモンドがはがれないようにゆっくりと生地を流し入れる(e)。

6 天板の網の上に置いて170℃のオーブンで約40分、中心がドーム状に膨らんで割れ目ができ、その割れ目がきつね色になるまで焼く(f)。焼き上がったらすぐに型からはずし、ケーキクーラーの上に置いて冷ます。

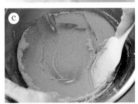

ブッシュ・ド・ノエル

★★☆

薪（ブッシュ）をかたどったクリスマスケーキ。
クリスマスに燃やした薪の灰が
厄除けになるとの言い伝えから
この形になったとも。

材料(長さ約20cmのもの1台分)

◎共立てココアスポンジ生地
　卵 …… 3個(150g)
　上白糖 …… 90g
　薄力粉 …… 50g
　ココアパウダー …… 15g
　バター(食塩不使用) …… 25g
　牛乳 …… 25g
◎3色のバタークリーム
　バタークリーム(アングレーズソースタイプ)
　　アングレーズソース
　　　卵黄 …… 2個(40g)
　　　グラニュー糖 …… 50g
　　　牛乳 …… 150g
　　バター(食塩不使用) …… 220g
　製菓用スイートチョコレート(カカオ分55〜65%)
　　 …… 100g
　食用色素(液体。青色・黄色) …… 各少量
ラズベリージャム …… 50g

準備

・p.27を参照して共立てスポンジ生地の準備をする。ココアパウダーは茶こしで薄力粉にじかにふるい入れて合わせておく。
・p.220を参照してバタークリーム(アングレーズソースタイプ)の準備をする。
・スイートチョコレートは細かく刻む(タブレットタイプの場合はそのままでよい)。
・コルネ(p.239)を2枚用意する。
・27×27cmのロールケーキ用天板に純白ロール紙(→p.234)を2枚重ねて敷き込む(p.18参照。a)。
・天板に付属の網または脚付きの網をセットする(p.24参照)。
・オーブンを200℃で本稼働させる(p.18参照)。

a

焼き時間：200℃／10〜12分

ADVICE

ブッシュ・ド・ノエルはたっぷりのバタークリームで仕上げるケーキ。クリームがおいしくないと味わい半減。デコレーションもうまくいきません。きちんと乳化させたなめらかなクリームを作るのが第一です。仕上げる際は、適度なかたさがないと形が崩れやすくなるので、クリームがゆるくなってきたら、冷蔵庫で冷やして少し固めます。

ココア
スポンジ生地を作る

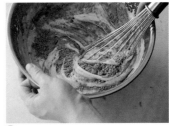

❶ ボウルに卵、上白糖を入れ、p.27の❶〜p.28の❺を参照してリボン状に落ちて折り重なるくらいまで泡立てる。
POINT 湯せん用の湯は捨てずに取っておきます。

❷ ボウルを湯せんからはずし、ココアパウダーを合わせた薄力粉をふるい入れる。

❸ 泡立て器で底からすくうようにして混ぜ合わせる。粉気がなくなってつやが出るまで混ぜたら、牛乳を加えて溶かしたバターを加えてムラなく混ぜ合わせる(p.28の❼〜p.29の❾参照)。

天板に入れる

❹ ロールケーキ用天板の中央から生地を流し入れる。

❺ カードで四隅の角まで生地を行き渡らせて全体の厚みを均一にし、最後に表面を一方向に端から端までなでて平らにならす。

❻ 少し持ち上げて天板の底を手のひらでパンッとたたき、生地の中の粗い空気を抜く。

p.38へ →

焼く

7 天板の網の上に置いて200℃のオーブンで中央が膨らむまで10〜12分焼く。

8 焼き上がったら天板からはずして敷き紙をつけたままケーキクーラーの上にのせ、下側の紙を引き抜いて生地の上にかぶせて冷ます。

POINT 生地が薄くて表面積が大きいので、そのまま冷ますと蒸気が抜け過ぎてしまいます。下側の紙で覆って、乾燥を防ぎます。

3色の
バタークリームを作る

9 p.220を参照してベースとなるバタークリーム（アングレーズソースタイプ）を作る。

10 スイートチョコレートをボウルに入れ、湯せんにかけて溶かす（p.19参照）。完全に溶けたら湯からはずして常温に冷ます。

POINT チョコレートの温度が高いと、ベースとなるバタークリームが溶けてしまうので、必ず常温に冷まします。

11 **9**を50gほど取り分けて、残りを大きめのボウルに移し、**10**のチョコレートを加え（少量を残しておく）、ムラなく混ぜ合わせて色の濃いチョコレートバタークリームを作る。

12 取り分けた50gのバタークリームは、⅓量に青色と黄色の食用色素を加えて緑色のバタークリームを作る（写真左下）。⅔量には**11**でボウルに残しておいたチョコレートを少量混ぜて色の薄いチョコレートバタークリームにする（写真右下）。

POINT 緑色の食用色素はないので、青色と黄色を混ぜて緑色にします。少しずつ加えて色を調節しながら混ぜましょう。

巻く

13 上になった生地の底についている紙をはがし、生地の上面にクリームを塗る。まず、手前から約10cmのあたりに濃い色のクリームをのせ、アングルパレットナイフで向こう側に塗り広げる。

14 足りないところにクリームを足しながら、向こう側の2〜3cm幅は薄く、手前から10cmくらいのところは少し高くなるように全面に塗り広げ、最後に手前の少し高いところを軽くなでて平らにする。

POINT 向こう側の2〜3cm幅は、巻いたときにクリームがあふれないよう、塗り方を薄くします。手前から10cmくらいのところはひと巻きめにあたる部分。少し高くしておくと巻きやすくなります。

15 手前から約5cmのところに、ラズベリージャムを真横に並べるようにスプーンでひとすくいずつのせていく。

⑯ ジャムを端までのせたらすぐに巻く。まず紙ごと両手で手前を持ち上げ、生地の手前側をジャムにかぶせる。

⑰ 両手の指先で生地を押さえ、そのままジャムを巻き込むようにひと巻きする。

POINT この最初のひと巻きが芯になるので、ゆるくならないように注意。

⑱ 生地の端を巻き込んだら両手で紙を持ち、紙を向こう側に押して生地を転がして巻いていく。

POINT 紙で巻けば、広い面積に均一にやさしく力が加わり、生地がつぶれません。ゆっくりでよいので、両手の力加減をそろえてまっすぐ動かしましょう。

⑲ さらに生地を転がし、紙が完全にはずれるまで向こう側に引っ張って紙をはずす。

⑳ はずした紙を生地にかぶせ、紙の上から軽く両手で押さえて形を整える。

㉑ そのまま紙でくるりと生地を包み、冷蔵庫で1時間ほど冷やす。

デコレーション

㉒ 生地の一方の端を少し切り落とし、その端から約5cmあたりを斜めに切って2つに分ける。長いほうの生地は両端をまっすぐ切り落として断面をきれいにする。短いほうの生地は垂直の面に色の濃いクリームを塗り、斜めの断面を上にして、長いほうの生地にのせる。

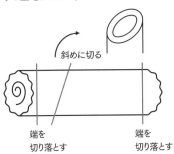

斜めに切る

端を切り落とす　　端を切り落とす

[コルネ]

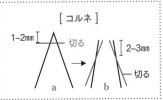

1~2mm 切る

2~3mm 切る

a　　b

㉓ 全体に色の濃いクリームをパレットナイフで塗り、色の薄いクリームをコルネに入れて、3つの断面に渦巻き状に細く絞り出す。さらに色の濃いクリームにフォークで筋をつける。

㉔ 最後につたをデコレーションする。緑色のクリームをコルネに入れ、まず先端を1~2mm切って(a)、つたがからむように細く絞り出す。次に、コルネの先端を少しつぶして平らにし、両脇を斜めに浅く切り落とし(長さ2~3mm。b)、つたのところどころに葉の形に絞り出す。

ダミエケーキ

***

カットすると、断面に市松模様（ダミエ）が現れて思わず歓声が！
2色の生地で作る目にも楽しいチョコレートケーキです。

材料(直径15cmの丸型1台分)

◎共立てスポンジ生地

卵……2個(100g)
上白糖……60g
薄力粉……60g
バター(食塩不使用)……15g
牛乳……15g

◎共立てココアスポンジ生地

卵……2個(100g)
グラニュー糖……60g
薄力粉……50g
ココアパウダー……10g
溶かしバター(p.14参照)……10g

◎チョコレートクリーム

製菓用ミルクチョコレート
(カカオ分33〜40%)……120g
生クリーム(乳脂肪分45%)
……300g

シロップ(p.216参照)……適量
ナパージュ(p.225参照)……適量
製菓用ミルクチョコレート
(飾り用。カカオ分33〜40%)
……適量

準備

・直径15cmの丸型(底抜けタイプ)に市販の丸型専用の敷き紙を敷き込む(p.16参照)。

・p.27を参照して共立てスポンジ生地の準備をする。ココアスポンジ生地のココアパウダーは茶こしで薄力粉にじかにふるい入れて合わせておく。

・チョコレートクリーム用のミルクチョコレートは細かく削る(タブレットタイプの場合はそのままでよい)。

・飾り用のミルクチョコレートはピーラーで薄く削る。

・天板に付属の網か脚付きの網をセットする(p.24参照)。

・オーブンを170℃で本稼働させる(p.18参照)

焼き時間：170℃／約30分×2

ADVICE

ダミエケーキは2種類のスポンジ生地を組み合わせて作ります。組み合わせるのはそう難しくありませんが、接着があまいと、クリームを塗る際に生地がずれることが。ナパージュは接着剤。たっぷりと塗りながら生地を重ねてしっかりと接着させます。

1 p.27〜29の要領で共立てスポンジ生地とココアスポンジ生地を作り、型に流し入れて天板の網の上に置いて170℃のオーブンで約30分焼き、型からはずして冷ます(a)。

POINT ココアスポンジ生地と共立てスポンジ生地の違いは、ココアパウダーが加わることと、牛乳が入らないこと。ココアパウダーを薄力粉に合わせておけば、作り方の要領は同じ。型は共立てスポンジケーキを焼いた後、再び敷き紙を敷き込んで使います。湯せん用の湯は捨てずに取っておきます。

2 **1**の敷き紙をはがして台に置き、2cm厚さのカットルーラーを生地の手前と向こう側に平行に置く。このカットルーラーにケーキナイフを添わせて生地をまっすぐ横に切る。上側の生地も同じ要領で切り、それぞれ2cm厚さの生地を計2枚とる(p.31の**1**参照)。

3 **2**の4枚すべてを、直径10cmの丸形抜き型で抜き、それを直径7.5cmの丸形抜き型で抜き、その中心を直径3cmの丸形抜き型で抜く(b)。

POINT 生地の中心と抜き型の中心が合っているかを確認してから抜く。位置がずれると後で組み替えたとき、きちんと収まらなくなってしまいます。

4 **3**をばらして組み替え、外側から白、黒、白、黒のものを2枚、黒、白、黒、白のものを2枚作る(c)。

5 大きめのバットに外側が白い生地を1枚置き、上面にシロップを打ってナパージュを塗る。その上に外側が黒い生地を1枚のせ、同様にシロップを打ってナパージュを塗る(d)。残り2枚も同様にしながら色が交互になるように重ね、最後に全体にナパージュを塗って冷蔵庫で冷やす。

POINT 色が交互になるように重ねることで、切り分けたときの断面が市松模様になります。ナパージュを塗るのは接着のためですが、酸味を加える役割も。

6 チョコレートクリーム用のミルクチョコレートをボウルに入れ、湯せんにかけて溶かす(p.19参照)。完全に溶けたら、湯からはずして常温まで冷ます。

POINT チョコレートの温度が高いと、後で合わせる生クリームが分離するので、必ず常温まで冷まします。

7 別のボウルに生クリームを入れてボウルの底を氷水に当て、七分立てにする(p.217参照)。

8 **7**に**6**を加え、ハンドミキサーの最高速で、すくい上げるとリボン状に流れ落ちて折り重なり、その形がしばらく消えないくらいまで泡立てる(e)。

POINT 作業をしているうちにどんどんかたくなっていくので、最初はゆるめにします。

9 回転台に**5**をのせ、チョコレートクリームの半量をのせて、p.32の**9**〜**12**の要領で下塗りをする。塗り終えたら、冷蔵庫で冷やしてクリームを落ち着かせる。

10 クリームを少し泡立ててツノがピンと立つくらいのかたさにし、p.33の**13**〜**18**の要領で、本塗りして表面をなめらかに整える(f)。最後に飾り用のチョコレートを上面にたっぷりのせる。

[別立て法]で作る
スポンジ生地
＊＊＊

卵白を丁寧に泡立てて、
きめ細かくしなやかなメレンゲを作る

卵白に砂糖を加えてツノが立つまで泡立てたメレンゲに、
溶きほぐした卵黄を加えて作るスポンジ生地。
気泡が壊れにくくかたさもあるので、絞り出して焼いても形を保つことができます。
焼き上がった生地はきめがやや粗く、さっくり軽い食感になります。

材料(直径15cmのシャルロット1台分)

卵黄 …… 3個(60g)
◎メレンゲ
  卵白 …… 3個分(90g)
  グラニュー糖 …… 90g
薄力粉 …… 90g
粉糖 …… 適量

準備

・卵黄は常温に戻す。
・天板は2枚用意する。
・天板に合わせてカットしたクッキングシートを2枚用意し、1枚には20×5cmの長方形を3つ、もう1枚には直径15cmの丸型(底抜けタイプ)を当てて内径で円を2つ、それぞれ間隔を空けてサインペンなどで書く。これらを裏返して各天板に敷き、四隅をマグネットで留める。
・絞り袋に直径1cmの丸口金をセットする(p.238参照)。
・オーブンを180℃で本稼働させる(p.18参照)。

焼き時間 180℃／約12分

ADVICE

かたさがありコシもあるので、絞り出したり薄く流してシート状にし、ロールケーキに利用することも多い生地です。ふんわりときれいに焼き上げるには、状態のよいメレンゲを作り、その気泡をつぶさないように、混ぜ過ぎに注意して手早く作業を進めましょう。ここでは、シャルロット(p.46)用に生地を焼き上げます。オーブンのサイズなどで側面用と蓋・底用の生地が一度に焼けないときは、側面用の生地を先に焼いてください。天板が1枚しかない場合は、天板に側面用を、蓋・底用はまな板などにクッキングシートを広げて絞り出し、先に側面用を焼き、オーブンから出して天板の生地を入れ替えてすぐ焼くとよいでしょう。

卵黄を溶きほぐす

1 卵黄にメレンゲ用のグラニュー糖大さじ1を加え、泡立て器でよく溶きほぐす。

POINT グラニュー糖が水分を吸うと卵黄が固まりダマができやすくなるので、加えたらすぐ混ぜること。

メレンゲを作る

2 きれいなボウルに卵白を入れてグラニュー糖小さじ1を加え、ハンドミキサーの最高速で撹拌して溶きほぐす。

3 全体が白っぽくなり、ボリュームが出てふんわりとしてきたら残りのグラニュー糖の½量を加えて泡立てる。

POINT ハンドミキサーの羽根が、ボウルの底や側面に当たらないように注意しましょう。

4 粗かった気泡のきめが細かくなり、全体がもったりとしてきたら、残りのグラニュー糖を加えてさらに泡立てる。

5 全体につやが出て、回転しているハンドミキサーの羽根の跡が筋状にはっきり残り、ハンドミキサーを持ち上げるとツノが立つ状態まで泡立てる。

6 泡立て器に持ち替えて、力強くすり混ぜてきめを整える。

POINT ボウルを少し傾けてメレンゲを1か所に溜めてしっかりすり混ぜ、大小まばらなメレンゲの気泡がきめ細かく均一になるように気泡を引き締めます。

p.44へ →

卵黄を混ぜる

7 きめが整ってつやがあり、なめらかで締まりのある泡立ち。すくうと短いツノはピンと立ち、長めのツノはピンと立った先が少しおじぎをするくらいの状態になればメレンゲのでき上がり。

POINT コシのあるしっかりとしたメレンゲを作ります。やわらかいメレンゲだとその後の混ぜる作業でだれてしまい、焼成時の膨らみが悪くなってしまいます。泡立て過ぎに注意しましょう。

8 **7**のメレンゲに**1**の卵黄を加える。

POINT 比重が小さい(軽いもの、空気を多く含むもの)メレンゲに、比重が大きい(重いもの、目が詰まったもの)卵黄を加えると、泡立て器を差し入れたり、生地をすくい上げるときに卵黄が下に沈むので、混ざりやすくなります。

9 片方の手でボウルを手前に回しながら、泡立て器を生地の中央に入れ、そのまま手前に引くように動かす。ボウルの側面までたらカーブに沿って引き上げ、ワイヤーの間を通すように生地を落とす。これを繰り返してサックリと混ぜる。混ぜ終わりは、メレンゲの白い筋がマーブル状に残る状態でよい。

POINT メレンゲをできるだけつぶしたくないので、ゴムべらと比べてメレンゲと接する面積の少ない泡立て器を使います。粉を加えてさらに混ぜるので、ここではメレンゲと卵黄がある程度なじめばOKです。

粉を混ぜる

10 薄力粉をふるい入れる。

POINT 1か所にまとめて入ると混ぜにくく、ダマにもなりやすいので、粉に空気を含ませると同時に全体に広がるように、さらさらとふり入れます。

11 ゴムべらに持ち替え、切るように混ぜる(p.20参照)。つやが出て、ゴムべらですくうと生地がまとまってゆっくり落ちるかたさになれば混ぜ終わり。生地の完成。

POINT 混ぜ過ぎると、流れるようなやわらかい生地になってしまいます。これを絞ると、だれて広がってしまい、きれいに焼けません。

生地を絞る

12 丸口金をセットした絞り袋を1ℓの計量カップなどに入れ、袋の口をカップの外に折り返して生地を流し入れる。

POINT 容器に絞り袋を入れておくと、生地をらくに入れられます。容器は何でもかまいませんが、1ℓの計量カップは高さのある筒形なので、絞り袋を支えるのにちょうどいいです。

13 全部入れたら、口金の1cm手前あたりまでカードで生地を寄せる。生地の入っているすぐ上をグルグルッとねじり、ねじったところを利き手の親指と人差し指で挟むようにして持つ。

POINT 絞り袋の中の生地が減って絞りにくくなったら、同様にカードで生地を寄せます。

口金を上に向けて持ち、口金に押し込んだ部分をのばす。利き手で持った部分をさらにねじって生地を口金の先まで送り、袋をピンと張った状態にする。

14 クッキングペーパーに書いた長方形に合わせて、端から端まで5cm長さの棒状に絞り出してつなげ、帯状にする。絞り袋をペーパーから1cmほど離してややねかせ、絞り始めで口金の幅より少し太くなったところで絞りながら手前にゆっくり移動する。絞り終わりは力を抜き、口金を絞り始めの方向に戻すようにして生地を切る。シャルロットの側面に使う幅5cm×長さ20cmの帯を3本作る。

⓯ シャルロットの蓋用の生地を絞る。クッキングシートに書いた円一つに、ラインに沿って花びら状に絞る。絞り袋をペーパーから1cmほど離してややねかせ、絞り始めで好みの大きさになったところで円心に向かってゆっくり引き、最後にスーッと力を抜いて生地を切る。

⓰ 円の中心部分に丸く絞り花形にする。絞り袋を立てて、⓯の花びら状の生地の絞り終わりにのせるように絞る。最後にクルッと口金を回して生地を切る。

⓱ もう一つの円には、シャルロットの底用に渦巻状に絞る。絞り袋を立ててペーパーから1cmほど離し、外側から中心に向かって円を描く。組み立てたときに側面の生地の厚み分があるので、書いた円よりひと回り小さく絞る。

焼く準備

⓲ 2枚の天板の生地の上面に、粉糖を茶こしでたっぷりとふり、そのまま2〜3分おく。粉糖が溶けたら、再びたっぷりとふる。
POINT 粉糖を2度に分けてふることで、表面はカリッと、中はふんわりと焼き上がります。

⓳ マグネットをはずし、焼成中にオーブンの風でクッキングシートがあおられて生地にダメージを与えたりするので、余分な部分は切り取る。さらに、シートに残っている粉糖は取り除く。

焼く

⓴ 180℃のオーブンで生地の側面がきれいなきつね色になるまで12分ほど焼く。焼き上がったら天板にのせたまま冷ます。
POINT 側面用と蓋・底用の生地を一度に焼けない場合は、ADVICE (p.43)を参照してください。

［別立て法］で作るスポンジ生地Q＆A

Q 泡立てたメレンゲがもろもろになってしまいました。

A 泡立てすぎて水分が分離し、なめらかな状態を保てなくなっています。こうなったメレンゲは生地となじみにくく、焼き上がりの膨らみが悪くなります。卵白の泡立ては、状態をよく見ながら進めましょう。

Q 絞り出した生地がゆるんでだれてしまいました。

A 混ぜ過ぎてメレンゲの気泡をつぶしてしまったのが原因。気泡が少なくなると生地はやわらかくなり、絞った形を保つことができません。混ぜ過ぎに注意し、完成した生地はすぐに絞って焼きましょう。

Q 生地の表面に粉糖を2度ふるのはなぜですか。

A 粉糖で生地表面をムラなく覆うために2度ふります。この粉糖が膜となって水分の蒸発を抑えることで、生地はふんわりと焼き上がります。さらに焼いたときに粉糖が溶けて固まり、表面はカリッとなります。

45

シャルロット

★★☆

軽い味わいのスポンジケーキの内側にいちごババロアを詰めたひんやりケーキ。
仕上げにリボンを結んで女性用帽子(シャルロット)に見立てます。

材料(直径15cmの丸型1台分)

◎別立てスポンジ生地
　p.45の帯状のもの …… 2枚
　p.45の渦巻状のもの …… 1枚
　p.45の花形のもの …… 1枚
◎いちごババロア生地
　いちご …… 100g(正味)
　生クリーム(乳脂肪分45%) …… 75g
　牛乳 …… 165g
　卵黄 …… 2個(40g)
　グラニュー糖 …… 55g
　板ゼラチン …… 7g
◎キルシュシロップ
　キルシュ …… 20g
　シロップ(p.216参照) …… 20g
いちご(飾り用) …… 適量
リボン …… 適量

準備

・卵黄は常温に戻す。
・板ゼラチンは冷水でふやかす(p.15参照)。
・キルシュシロップの材料を混ぜ合わせる。

ADVICE

・ババロアをきれいなピンク色に仕上げるには、ベースを冷やしてからいちごのピュレを加えるのがポイント。温かいうちに加えたのでは、後で退色します。よりピンク色にしたい場合は、いちごのピュレと一緒に赤い食用色素を少量加えるといいでしょう。
・飾りのいちごは切らずに丸ごと並べてもOK。その場合は、周囲のスポンジ生地からとび出ないよう、ババロア生地を浅めに入れます。

1　ババロア用のいちごのヘタを取り、ミキサーにかけてピュレ状にする。

2　帯状の生地は長い辺の一方の端を切り落としてまっすぐにし、裏面を上にして、キルシュシロップを刷毛に含ませてポンポンとたたくようにして塗る(a)。渦巻状の生地も裏面にシロップを同様にして塗る。

3　直径15cmの丸型(底抜けタイプ)を作業台に置き、帯状の生地の表面を外に向けまっすぐの辺を下にして、型の側面に添わせるよう立てて入れる(b)。
POINT 型と生地の間にできるだけ隙間ができないよう、1枚はめ込んだら、2枚めは長さを調整してはめます。その際は溝の部分で切ります。

4　3の内側に渦巻状の生地を、表面を上にしてはめ込む(c)。
POINT 台につくまでしっかり押さえてまっすぐにはめます。入らないときは、生地の周囲を切り落としてひとまわり小さくします。ババロア生地は流れ出ないので、多少の隙間は大丈夫。

5　ボウルに生クリームを入れてボウルの底を氷水に当て、ツノがおじぎをするように曲線を描く状態まで泡立てて八分立てにする(p.217参照)。

6　鍋に牛乳を入れ、中火にかけて沸騰直前まで温める。

7　別のボウルに卵黄、グラニュー糖を入れ、泡立て器ですり混ぜる。ここに6の牛乳を加え、ムラなく混ぜ合わせる。

8　鍋に戻して弱火にかけ、「の」の字を書くように鍋底をこすりながら、とろみがついて78~80℃になるまで加熱する。すぐに火からおろしてふやかした板ゼラチンを加え、さっとかき混ぜて均一に溶かす。

9　8をボウルにこし入れてボウルの底を氷水に当て、泡立て器で大きくかき混ぜながら冷やす。やや冷たく感じるくらいになったら氷水からはずし、いちごのピュレを加えて混ぜ合わせる。

10　ゴムべらで5をひとすくいして9に加え、泡立て器でよく混ぜる。生クリームの白い筋がなくなったら残りの5を加え、底から大きく返すようにしてムラなく混ぜ合わせる。

11　4に10を流し入れ(d)、冷蔵庫に6時間以上おいて冷やし固める(e)。
POINT 6時間以上おくと、いちごの香りがよく立ちます。

12　飾り用のいちごのヘタを取り、縦に薄くスライスする。

13　11を型から取り出し、スポンジ生地の内側にいちごを少しずつずらしながら並べる。生地の側面にリボンを結び、花形のスポンジ生地を添えてでき上がり。

a

b

c

d

e

ビスキュイ・サヴォワ

✳✩✩

フランス・サヴォワ地方に伝わる焼き菓子。
薄力粉と同量のコーンスターチが入るので、ふかふかの焼き上がりで味わいもやさしい。

材料(直径15cmのクグロフ型1台分)

卵黄 …… 3個(60g)

グラニュー糖 …… 30g

◎メレンゲ

　卵白 …… 3個分(90g)

　グラニュー糖 …… 70g

薄力粉 …… 35g

コーンスターチ …… 35g

型用バター(p.17参照) …… 適量

打ち粉(強力粉。p.22参照) …… 適量

粉糖 …… 適量

準備

・卵黄は常温に戻す。

・薄力粉とコーンスターチを合わせておく。

・直径15cmのクグロフ型(→p.235)の内側に型用バターを塗って打ち粉を少し多めに茶こしでふり、型をポンポンとたたいて余分な粉を落とす(p.17参照。a)。

・天板に付属の網または脚付きの網をセットする(p.24参照)。

・オーブンを170℃で本稼働させる(p.18参照)。

焼き時間　170℃／約45分(陶器の型)

　　　　　170℃／約35分(金属の型)

ADVICE

ここでは陶器の型を使っていますが、金属製の型でもかまいません。金属製の場合は熱伝導率が高いので、陶器の型で焼くより5〜10分早く焼き上がります。35分くらい焼いたら焼き色を確認し、色が薄いようなら、さらに5〜10分焼きましょう。

① ボウルに卵黄、グラニュー糖を入れ、ハンドミキサーの最高速で、全体がもったりしてきめ細かくなるまで泡立てる(b)。

② p.43の②〜p.44の⑦を参照してメレンゲを作る。

③ 合わせておいた粉類を①にふるい入れ、ゴムべらで底から返すようにしてムラなく混ぜ合わせる(c)。

POINT 水分が少ないのでぼそぼそした感じになりますが、この状態でOKです。

④ メレンゲを泡立て器でひとすくいして③に加え、よく混ぜ合わせる。ムラなく混ざったら残りのメレンゲを加える(d)。ゴムべらに持ち替えて、片手でボウルを手前に回しながら、へらの面を垂直にして加えたメレンゲの中央に差し入れ、そのまま手前にまっすぐ引く。ボウルの側面まできたらカーブに添ってへらを引き抜き、再びメレンゲの残っているところに差し入れる。これを繰り返し、全体につやが出るまで混ぜ合わせる。

POINT だ円を描くようにゴムべらを動かしながら、切るように混ぜていきます。

⑤ 型の八分目あたりまで生地を流し入れ、ゴムべらで表面を平らにならす(e)。

⑥ 天板の網の上に置いて170℃のオーブンで約45分焼く。割れ目まできつね色に色づいたら焼き上がり(f)。型から取り出してケーキクーラーの上にのせて冷まし、冷めたら粉糖を茶こしで全体にふる。

ロールケーキ

★★☆

なめらかなシャンティイクリームと
ふんわりスポンジケーキの名コラボ。
シンプルな組み合わせだからこそ、
持ち味が際立ちます。

材料（長さ約27cmのもの1本分）

◎別立てスポンジ生地
　◎メレンゲ
　　卵白 …… 5個分（150g）
　　グラニュー糖 …… 100g
　卵黄 …… 5個（100g）
　薄力粉 …… 50g
　溶かしバター（p.14参照）…… 50g
◎シャンティクリーム
　生クリーム（乳脂肪分45%）
　　　…… 150g
　粉糖 …… 15g

準備

・ボウルにシャンティクリーム用の生クリームを入れて粉糖を加え、使うまで冷蔵庫で冷やしておく。
・卵黄は溶きほぐす。
・27×27cmのロールケーキ用天板に純白ロール紙（→p.234）を2枚重ねて敷き込む（p.18参照）。
・天板に付属の網または脚付きの網をセットする（p.24参照）。
・オーブンを200℃で本稼働させる（p.18参照）。

焼き時間　200℃／10～12分

ADVICE

フルーツを入れるときは、シャンティクリームを同様に塗った後、手前から5cmほどのところに横一列に並べて巻きます。くし形の黄桃などは、向きが互い違いになるように並べると、切り分けたときに多かったり、少なかったりということがなくなります。

1 p.43の❷～p.44の❼を参照してメレンゲを作る。

2 ❶に卵黄を加え、泡立て器で底から返すようにして手早く切り混ぜる。
POINT この段階ではだいたい混ざれば、マーブル状でもOK。

3 薄力粉をふるい入れ、ゴムべらに持ち替えて底から返すようにして全体を混ぜ合わせる。

4 粉気がなくなったら溶かしバターをいったんゴムべらの平らな面で受けて、全体に散らすように加え（a）、ムラなく混ぜ合わせる。最後に底まで均一に混ざっているか確認する。
POINT 気泡をつぶさず手早く混ぜ合わせるために、生地表面にまんべんなく広がるようにゴムべらで受けながら加えます。

5 ロールケーキ用天板の中央から生地を流し入れ、カードで四隅の角まで行き渡らせて（b）、全体の厚みを均一にする。最後に表面を一方向に端から端までなでて平らにならす。

6 天板を少し持ち上げ、下から手の平でパンッとたたいて生地の中の粗い空気を抜く。

7 天板を網の上に置いて200℃のオーブンで10～12分焼く。中心が膨らんだら焼き上がり（c）。すぐに天板からはずして敷き紙をつけたままケーキクーラーの上にのせ、下側の紙を引き抜いて生地の上にかぶせて冷ます。
POINT 乾燥を防ぐため、下側の紙で覆って冷まします。

8 完全に冷めたら、生地の側面についている紙をはがし、かぶせた紙ごと裏返して台に置く。上になった生地の底についている紙をはがす（d）。
POINT 下に敷いてある紙は巻くときに使うのではずしません。

9 八分立てのシャンティクリームを作る。生クリームと粉糖を入れたボウルの底を氷水に当て、ハンドミキサーの最高速でおじぎをするようにしなやかに曲がるツノが立つまで泡立てる（p.217参照）。

10 生地の手前から約10cmのあたりに❾のクリームをのせ、アングルパレットナイフを縦にして手前に塗り広げる。次に、ナイフを横にして向こう側に塗り広げる（e）。それから、クリームの山を徐々にならして、向こう側の2～3cm幅は薄く、手前から約10cmのあたりは少し高くなるように塗る。
POINT 巻いたときにクリームがあふれないよう、向こう側の2～3cm幅は薄く塗ります。ひと巻きめにあたる手前から約10cmを少し高くすると、巻きやすくなります。

11 下に敷いた紙ごと両手で手前を持ち上げて生地の手前を少し折り（2～3cm幅）、指先で押さえてひと巻きする（f）。これを芯にして、紙を向こう側に押して生地を転がし、巻いていく。紙が完全にはずれるまで向こう側に押してはずす。

12 はずした紙を生地にかぶせ、軽く両手で押さえて形を整える。そのまま紙でくるりと包み、冷蔵庫で1時間ほど休ませる。

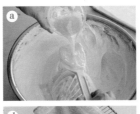

オペラ

* * *

チョコレートとコーヒーの風味が絶妙に層を織りなす贅沢な味わい。
作るには手間も時間もかかりますが、それだけのかいがある一品です。

材料(約12×12cm1台分)

◎ビスキュイ・ジョコンド生地

粉糖 …… 65g
薄力粉 …… 15g
アーモンドパウダー …… 65g
卵 …… 1個(50g)
卵黄 …… 2個(40g)
◎メレンゲ
卵白 …… 2個分(60g)
グラニュー糖 …… 15g
溶かしバター(p.14参照) …… 15g

◎ガナッシュクリーム

製菓用スイートチョコレート(カカオ分55〜65%)
…… 55g
生クリーム(乳脂肪分45%) …… 55g

◎コーヒーシロップ

インスタントコーヒー …… 7g
グラニュー糖 …… 30g
水 …… 180g
ラム酒 …… 大さじ1

◎コーヒーバタークリーム

バタークリーム(イタリアンメレンゲタイプ)
イタリアンメレンゲ
卵白 …… 20g
グラニュー糖 …… 5g
シロップ
グラニュー糖 …… 45g
水 …… 15g
バター(食塩不使用) …… 75g
インスタントコーヒー …… 2.5g
水 …… 大さじ½

◎グラサージュ・ショコラ

水 …… 85g
生クリーム(乳脂肪分45%) …… 50g
グラニュー糖 …… 90g
ココアパウダー …… 30g
板ゼラチン …… 3g

コーティングチョコレート …… 50g
ココアパウダー …… 適量
食用金箔 …… 適量

準備

・卵と卵黄を合わせて溶きほぐす。
・p.223を参照してガナッシュクリームの準備をする。
・p.220を参照してバタークリーム(イタリアンメレンゲタイプ)の準備をする。
・p.224を参照してグラサージュ・ショコラの準備をする。
・27×27cmのロールケーキ用天板に純白ロール紙を2枚重ねて敷き込む(p.18参照)。
・15×15cmに切ったクッキングシートを1枚用意する。
・オーブンを200℃で本稼働させる(p.18参照)。
・天板に付属の網または脚付きの網をセットする(p.24参照)。

焼き時間 200℃／10〜13分

ADVICE

スポンジ生地、クリーム、シロップ、グラサージュなど、たくさんの"パーツ"を組み立てていくオペラは、お菓子作りの実力が如実に現れるケーキ。一つ一つのパーツを丁寧に作るのはもちろん、パーツをすべて作ってから組み立てることも大事です。きちんとパーツを用意しておくことで、組み立て作業が落ち着いてできます。

ビスキュイ・ジョコンド生地を作る

❶ ボウルに粉糖、薄力粉、アーモンドパウダーを入れてハンドミキサーの最低速で混ぜ合わせる。溶き卵を2回に分けて加えながら、ハンドミキサーの最高速で全体が白くもったりして羽根の跡が筋状に残り、すくい上げるとたらたらと流れ落ちてその形が残るまで泡立てる。
POINT 生地に十分な空気を取り込んでおかないと、焼き上がったとき、ぽつぽつと穴が開いてしまうので、写真の状態になるまでしっかりと泡立てます。

❷ p.43の❷〜p.44の❻を参照してメレンゲを作る。ただし、ここではツノがピンと立つまで泡立てる。

❸ ❶にメレンゲの⅓量を加え、ゴムべらで全体になじむまで混ぜ合わせる。

p.54へ → 53

型に入れる

焼く

④ 残りのメレンゲを加えて切るように混ぜ合わせる（p.49の④参照）。なめらかに混ざったら、溶かしバターをいったんゴムべらの平らな面で受けて全体に散らすように加え、ムラなく混ぜ合わせる。最後に底まで均一に混ざっているか確認する。

POINT 気泡をつぶさず手早く混ぜ合わせるため、溶かしバターは生地表面にまんべんなく広がるようにゴムべらで受けながら加えます。

⑤ 天板の中央から生地を流し入れ、アングルパレットナイフで塗り広げて四隅の角まで行き渡らせる。全体の厚みを均一にし、ナイフに残った生地もゴムべらできれいに拭って加える。

POINT ロールケーキの生地はカードを使って塗り広げますが、この生地は重いので、アングルパレットナイフのほうがスムーズです。生地を入れたらそのまま焼くのもポイントで、天板をたたいたりすると、生地の気泡がなくなってうまく焼けなくなるので注意を。

⑥ 200℃のオーブンで10～13分焼く。表面全体がきつね色になったら焼き上がり。すぐに天板からはずして敷き紙をつけたままケーキクーラーの上にのせ、下側の紙を引き抜いてケーキの上にかぶせて冷ます。

ガナッシュクリームを作る

コーヒーシロップを作る

コーヒーバタークリームを作る

⑦ ガナッシュクリームをp.223を参照して作る。

⑧ 鍋にラム酒以外の材料を入れ、中火で沸かす。グラニュー糖が溶けたら火を止めてラム酒を加えて混ぜ、ボウルに移して冷ます。

⑨ p.220を参照してバタークリーム（イタリアンメレンゲタイプ）を作り、分量の水に溶かしたコーヒーを加えてムラなく混ぜ合わせる。

グラサージュ・ショコラを作る

組み立てる

⑩ p.224を参照してグラサージュ・ショコラを作る。

⑪ ⑥の側面の紙をはがして4等分に切る。耐熱容器にコーティングチョコレートを入れて電子レンジ（600W）に10秒ほどかけて溶かし、温かいうちに切り分けた生地の1枚の上面にアングルパレットナイフで薄く平らに塗る。

⑫ コーティングチョコレートの上にクッキングシート（15×15cm）を貼りつけ、固まるのを待つ。固まったらシート側を下にして、底が上になるようにひっくり返したバットに置く。

⑬ ⑫の上面にコーヒーシロップを塗る。刷毛にシロップを含ませ、端からポンポンと打つようにしてたっぷりと染み込ませる。上面全体にシロップを打ったら、ガナッシュクリームをゴムべらでひとすくいしてのせ、上面全体に塗り広げる。

⑭ 2枚めの生地をのせ、シロップを打ってコーヒーバタークリームを塗る。クリームは半量ほどを中央にのせ、パレットナイフで周囲に寄せるように塗り広げながら、周囲が少し厚くなるように塗る。

POINT 中央は高くなりやすいので、中央は少し薄く、周囲は少し厚くなるように塗ります。

⑮ 3枚めの生地をのせてシロップを打ち、再びガナッシュクリームを塗る。ゴムべらでクリームをひとすくいして中央にのせ、上面全体に塗り広げる。

仕上げる

⑯ 4枚めの生地をのせてシロップを打ち、残りのコーヒーバタークリームの約半量を中央にのせ、パレットナイフで端まで平らになるように上面全体に塗り広げる。さらに側面をスーッとこするようにして、側面にあふれたクリームを塗り広げる。

⑰ 残りのコーヒーバタークリームを中央にのせ、上面全体に均一な厚みになるように平らに塗り広げる。側面にこぼれたクリームも塗り広げ、もう一度上面の表面を軽く押さえるようにしてなめらかに整える。塗り終わったら、冷蔵庫に2時間ほど置いて安定させる。

POINT クリームは一度に塗るより、二度塗りするほうがきれいに仕上げやすいです。クリームがゆるんだときは、冷蔵庫で冷やして少しかたくしてから2度目を塗ると、塗りやすくなります。

⑱ 底についているシートをはずしてバットの上に置いた網にのせ、上面にグラサージュ・ショコラを流しかける。細い糸になるように落としながら周囲に流しかけ、それから中央に流しかける。

POINT 先に周囲にかけると、端まできれいに、一度でかけられます。

⑲ 両手で網を少し持ち上げ、前後左右に軽くゆすって余分なグラサージュ・ショコラを側面に落とす。

⑳ アングルパレットナイフの柄と先端を両手で持って真横にし、余分なグラサージュ・ショコラが向こう側に落ちるように、手前端から向こう端までスーッと一気になでて表面を平らにのばす。

POINT 押さえてしまうと、表面が波打ってつやも出なくなります。肩の力を抜いてナイフを軽く持ち、一気に1回で決めるのが大事。そうすれば、ほどよい厚さにのびてつやが出ます。

㉑ ケーキナイフの刃に食品用アルコール（→p.56）をたっぷり吹きかけて側面を切り落とし、断面をきれいにする。4面とも切り落としたら、上面の約半分が隠れるように紙を浮かせて斜めに当て、ココアパウダーを茶こしでふる。最後に食用金箔をのせて完成。

ケーキの切り分け方

きれいに仕上げたケーキも、切り分けで失敗したらがっかりです。
クリームがはみ出したり、スポンジケーキがつぶれたりしないように、
切り分け方のコツを覚えましょう。

アルコールスプレー
（ドーバーパストリーゼ77）
100％サトウキビ由来
の醸造用アルコールを
使用したアルコールスプ
レー。除菌・消臭効果
が高く、食品に直接スプ
レーできる。

1 ケーキの正面を決め、その裏側にパレットナイフ2本（あれば一方をターナーにする）をハの字になるように奥まで差し入れて持ち上げる。

POINT パレットナイフが1本しかないときは、ケーキの裏に差し入れ、少し浮かせて一方の手をケーキの底に当てて持ち上げます。パレットナイフと手はハの字になるように持ちます。

2 まな板などにケーキを移動したら、ケーキの向こう側から下ろし、パレットナイフを入れたまま全体を着地させる。パレットナイフの先端を下にグッと押しつけてしならせ、その状態で引き抜く。こうすると、**ケーキに傷をつけずにナイフが抜ける。**

POINT パレットナイフが1本のときは、ケーキの向こう側を着地させたら底に当てていた手を引き抜き、あとは同様にする。

3 刃渡りがケーキの直径よりも長い包丁を用意し、両面に食品用アルコールをたっぷり吹きかける。刃に付着したアルコールは拭き取らなくてよい。

POINT 包丁は刃が薄くて長いものがベスト。ケーキカット用ナイフもありますが、家庭用の万能包丁（ステンレス製）でOK。アルコールを噴霧すると、カットした際の滑りがよく、除菌効果もあります。

4 包丁の刃をケーキの上全体に、真上からまっすぐ当てる。まず、刃がかかるいちごを切る。いちごが動かないように軽く押さえながら、刃を小刻みに動かしてゆっくり切る。

5 いちごが切り終えたら、スポンジ部分をまっすぐ切り下ろして二等分にする。あまり力を入れず、前後にできるだけ大きくゆっくり動かす。包丁を前にスッと押し出してから、手前に引くタイミングで切るのがコツ。

6 下まで切り終えたら、そのままスポンジを横にグッと押して隙間を作り、断面から包丁を離して抜く。

POINT ここで包丁をすり上げたり、引き抜いたりすると、断面がクリームだらけになってしまいます。

7 刃についたクリームやスポンジくずなどをきれいに拭き取る。この後も、1か所切るたびに包丁の汚れを拭い、アルコールをたっぷりスプレーする。

8 切りたいサイズを決め、中心から切る位置に包丁をまっすぐ当てて、**4**、**5**の要領で切りおろす。

9 **6**の要領で切り離す。パレットナイフをケーキの下に入れ、静かに手前に引いて一切れ分を取り分け、一方の手を添えて皿に移す。

POINT ホールケーキの場合、最初に二等分してから1人分を切り分けるほうが、先端部分をシャープに切れます。

第2章

バター生地のお菓子

バター生地の一般的な製法は、バターに砂糖を加えてしっかり混ぜ、
取り込んだ空気で生地を膨らませる"シュガーバッター法"。
卵の泡立て方の違いで、共立てと別立てがあります。
ここでは、スポンジ生地(共立て法)タイプも紹介します。

［共立てシュガーバッター法］で作る
バター生地

✳ ✳ ✳

バターに空気をたっぷり含ませ、
卵は数回に分けて加える

日本ではパウンドケーキの名で親しまれているバター生地の基本形。
バターを白っぽくなるまでよく混ぜて、取り込んだ空気で生地を膨らませます。
ポイントは卵の合わせ方。溶いた卵を2回に分けて加え、
そのつど分離させないようにしっかり混ぜてバターになじませます。

◎ カトルカール

材料(17×7×高さ6cmのパウンド型1台分)

バター(食塩不使用) ······ 110g
粉糖 ······ 110g
溶き卵 ······ 110g(p.13参照)
薄力粉 ······ 110g

準備

・17×7×高さ6cmのパウンド型にクッキングシートを敷き込む
(p.17参照。a)。
・バターを常温に戻す(p.14参照)。
・溶き卵は常温に戻す。
・天板に付属の網または脚付きの網をセットする(p.24参照)。
・オーブンを160℃で本稼働させる(p.18参照)。

焼き時間 160℃／45〜55分

ADVICE

ここで紹介したレシピは、ベーキングパウダーを使わずに膨らませるトラディショナルなものです。もしかしたら"ちょっとかたくてぼそぼそしている"と感じるかもしれません。でもこれが昔ながらのパウンドケーキで、だからこそイギリスではお茶と一緒に楽しむティーケーキの一つとなっています。食べるときは、ぜひ紅茶とともに。このレシピで何度やっても膨らまない場合は、薄力粉にベーキングパウダー1gを加えて作ってみてください。これで絶対ふんわり膨らみます。1gくらいなら、味に影響はありません。

バターと粉糖を混ぜる

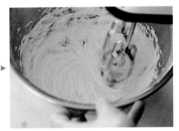

① 常温に戻してやわらかくしたバターを、ゴムべらで練って塊のないなめらかなクリーム状にする。
POINT バターをやわらかくし過ぎると、空気を抱き込む性質が失われてしまうので注意してください。とろとろではなく、ある程度のかたさがある状態が目安です。

② 大きめのボウルにバターを移して粉糖を加え、片手でボウルを手前に回しながら、ハンドミキサーの最高速で円を書くように大きく回しながら混ぜていく。
POINT 粒子が細かくさっとなじむ粉糖を使うことで、バターに空気が入りやすくなります。

黄色だったバターが白っぽくなり、全体がふんわりとするまで、空気を十分に含ませるようにして混ぜる。
POINT しっかり泡立てて空気をたっぷり含ませることで、生地がよく膨らみ、きめの細かいふっくらとした仕上がりになります。

卵を加える

③ ②に溶き卵の半量を加える。
POINT 冷たい卵を加えるとバターが冷えて固まり、卵となかなか混ざらず分離しやすくなります。卵は必ず常温に戻しましょう。溶き卵の温度が低い場合は、湯せんにかけて人肌(36〜38℃)くらいに温めると、バターとなじみやすくなります。

④ 泡立て器に持ち替え、バターと卵がなじむまでしっかり混ぜる。
POINT 溶き卵を一度に全量加えてしまうと、バターの油脂が卵の水分を受け止めきれず分離してしまいます。卵は数回に分けて加え、そのつどよく混ぜてバターになじませます。

バターと溶き卵が均一に混ざった状態。ここまでしっかり混ぜる。
POINT 混ぜ始めはするするとすべって泡立て器に絡んできませんが、混ぜ続けていると卵とバターがつながって少し重くなり、混ぜるのに力が必要になってきます。この状態になるまでしっかり混ぜます。

p.60へ →

粉を加える

⑤ 残りの溶き卵を2回に分けて加え、そのつどバターと卵がなじむまで混ぜる。

溶き卵全量を混ぜ終わった状態。かさが増え、つやが出てなめらかなクリーム状になる。
POINT これ以上混ぜてしまうと分離します。

⑥ 薄力粉をふるい入れる。ゴムべらに持ち替えて、片手でボウルを手前に回しながら、粉気がなくなるまで切るように混ぜる（p.20参照）。

型に入れる

⑦ さらに、生地につやが出るまでしっかり混ぜる。
POINT つやが出るまで混ぜることで生地を支える骨格となるグルテンができ、焼くと高く膨らみ、ふんわりとした焼き上がりになります。

⑧ 型の中央から生地を流し入れる。

⑨ 生地を均一に広げ、ゴムべらの先を使って四隅の角まで生地を行き渡らせ、表面を平らにならす。ゴムべらに残った生地も拭って加える。

焼く

⑩ 天板の網の上に置いて160℃のオーブンで焼く。

⑪ 15分ほど焼いて、生地の表面が焼き固まって膜ができたら、オーブンからいったん取り出し、生地の中央に包丁の先で突くようにして縦に1本浅い切り込みを入れる。オーブンに戻し、15分焼いたところで型の向きを反転させ、さらに15～25分焼く。中央の割れ目まできつね色になったら焼き上がり。
POINT 切り込みはまっすぐできれいな割れ目を作るためですが、入れなくてもかまいません。その場合、自然な割れ目になります。

⑫ 焼き上がったら、軍手をしてオーブンから取り出し、型に入れたままケーキクーラーにのせて冷ます。完全に冷めたら型から取り出して敷き紙をはがす。

◎ カトルカール

4つの基本材料、バター・砂糖・
卵・小麦粉を同重量で¼ずつ使う
ことからフランスではカトルカール
=4×¼と呼ばれています。

マーブルケーキ

★ ☆ ☆

白い生地に抹茶入りの緑の生地をざっくり混ぜるだけ。
カルトカールをちょっぴりアレンジするだけで、美しいマーブル模様に焼き上がります。

材料(17×7×高さ6cmのパウンド型1台分)

◎バター生地
　バター(食塩不使用) …… 100g
　粉糖 …… 100g
　卵 …… 2個(100g)
　薄力粉 …… 100g
　ベーキングパウダー …… 1g
◎抹茶ペースト
　抹茶 …… 10g
　グラニュー糖 …… 10g
　湯 …… 25g

準備

・17×7×高さ6cmのパウンド型にクッキングシートを敷き込む(p.17参照)。
・バターを常温に戻す(p.14参照)。
・卵は常温に戻して溶きほぐす。
・ベーキングパウダーは薄力粉と合わせておく。
・天板に付属の網または脚付きの網をセットする(p.24参照)。
・オーブンを160℃で本稼働させる(p.18参照)。

焼き時間　160℃／45〜55分

ADVICE

抹茶は製菓用のほうじ茶パウダーや緑茶パウダーに代えてもOK。ココアパウダーやインスタントコーヒーもおすすめです。好みのものに代えるだけで、いろいろな風味のマーブルケーキを作れます。ただし、必ず粉末状のものを使います。ジャムなどの水分があるものや粒状のものでは、火の入り方が違うので、うまく焼けなくなってしまいます。

① 小さなボウルに抹茶とグラニュー糖を入れて混ぜ合わせ、分量の湯で溶いて抹茶ペーストにする(a)。
POINT グラニュー糖を加えると、湯が少なくてもダマになりにくく、つややかなペーストになります。湯は給湯器やポットの湯でかまいません。

② p.59の❶〜p.60の❼を参照してバター生地を作り(b)、2等分する。

③ ❷の半量に❶を加え、ゴムべらでかき混ぜるようにしてムラなく混ぜ合わせる(c)。
POINT 生地を練らないように注意。

④ 白い生地(❷の残り半量)と❸の抹茶生地を、ゴムベラでひとすくいずつ交互に型に入れていく(d)。

⑤ ゴムべらに残った生地もスプーンでぬぐって加え、そのスプーンで底から大きく返すようにしてひと混ぜする(e)。四隅の角まで生地を行き渡らせ、表面を軽くかき混ぜるようにして平らにならす(f)。
POINT 生地を混ぜすぎるときれいなマーブルになりません。底から生地をすくいながら大きならせんを描くようにざっくりと混ぜるのがコツです。

⑥ 天板の網の上に置いて160℃のオーブンで焼く。15分焼いたところでいったん取り出し、生地の中央に包丁の先で突くようにして縦に1本浅い切り込みを入れる。

⑦ オーブンに戻してさらに15分焼き、型の向きを反転させてさらに15〜25分焼く。割れ目までできつね色になったら焼き上がり。型に入れたままケーキクーラーにのせて冷まし、完全に冷めたら型から取り出して敷き紙をはがす。

フルーツケーキ

★★☆

ミックスドライフルーツをたっぷりと混ぜ込んだバターケーキ。
しっとりとした生地の中にフルーツの甘みと歯触りが心地よいアクセントに。

材料(17×7×高さ6cmのパウンド型1台分)

ミックスフルーツ …… 150g

強力粉 …… 30g

バター(食塩不使用) …… 110g

はちみつ …… 18g

グラニュー糖 …… 90g

粗塩 …… 1g

卵 …… 2個(100g)

薄力粉 …… 100g

ベーキングパウダー …… 1g

ラム酒 …… 適量

準備

・17×7×高さ6cmのパウンド型にクッキングシートを敷き込む(p.17参照)。

・バターはクリーム状にする(p.14参照)。

・卵は常温に戻して溶きほぐす。

・ベーキングパウダーは薄力粉に合わせておく。

・天板に付属の網または脚付きの網をセットする(p.24参照)。

・オーブンを160℃で本稼働させる(p.18参照)。

焼き時間 160℃／45～55分

ADVICE

バターケーキにミックスフルーツなどの副材料を入れるときは、その副材料を引き立てるように作るのが鉄則。フルーツケーキの場合は、一体感を出すためにはちみつを加え、さらに粗塩を加えて味のバランスをとります。生地の中にまんべんなくフルーツが行き渡るよう、強力粉をまぶしておくこともポイントです。

1 小さなボウルにミックスフルーツを入れて強力粉を茶こしでふり入れ、全体にさっとまぶしてなじませる(a)。

POINT ミックスフルーツをそのまま加えると、生地の底に沈んでしまいます。粉をまぶしておくことで粉が滑り止めとなり、生地の中にまんべんなく留まります。

2 ボウルにクリーム状にしたバター、はちみつ、グラニュー糖、粗塩を入れ、ハンドミキサーで全体がふんわりとするまで混ぜる。これに溶き卵の半量を加え、泡立て器に持ち替えてしっかり混ぜる。バターと卵がなじんで均一に混ざったら残りの溶き卵を加え、つやが出てなめらかなクリーム状になるまで混ぜる(p.59の1～p.60の5参照)。

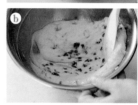

3 1のミックスフルーツを加え、ゴムべらで押さえつけるようにしながら全体に混ぜ込む(b)。

4 ベーキングパウダーを合わせた薄力粉をふるい入れ、ボウルを手前に回しながら、ゴムべらで粉気がなくなり、さらにつやが出てなめらかになるまで切るように混ぜる(p.20参照)。

5 型の中央から生地を流し入れ、四隅の角まで行き渡らせて表面を平らにならす(c)。ゴムべらに残った生地もぬぐって加える。

6 天板の網の上に置いて160℃のオーブンで焼く。30分焼いたところで型の向きを反転させ、さらに15～25分焼く。割れ目まできつね色になったら焼き上がり。型に入れたままケーキクーラーにのせて冷ます(d)。

7 完全に冷めたら型から取り出して敷き紙をはがし、ラム酒を刷毛に含ませて表面をポンポンとたたくようにしてたっぷりと吸い込ませる(e)。その後、はがした紙で覆ってラップで包み、冷蔵庫で1日休ませる(f)。

［別立てシュガーバッター法］で作る
バター生地
*＊＊

メレンゲの気泡を壊さず、
生地にきちんと混ぜ込む

バターに卵黄を加え、その後に卵白を泡立てたメレンゲを加えるバター生地。
空気をたくさん含んだメレンゲで生地はふんわり膨らみ、
やさしい口当たりで、軽くエアリーな食感が特徴です。
分離の心配もなく、安心して作業が進められる、作りやすい生地です。

◎ バニラケーキ

材料(17×7×高さ6cmのパウンド型1台分)

バター(食塩不使用) …… 90g
粉糖 …… 65g
バニラビーンズ …… 1本
卵黄 …… 2個(40g)
牛乳 …… 15g
バニラエッセンス …… 3g
アーモンドパウダー …… 90g
薄力粉 …… 45g
◎メレンゲ
　卵白 …… 2個分(60g)
　グラニュー糖 …… 25g

準備

・17×7×高さ6cmのパウンド型にクッキングシートを敷き込む(p.17参照)。
・バターは常温に戻す(p.14参照)。
・卵黄は常温に戻す。
・牛乳は常温に戻し、バニラエッセンスを加えて混ぜる。
・バニラビーンズはさやから種を出す(p.15参照)。
・天板に付属の網または脚付きの網をセットする(p.24参照)。
・オーブンを160℃で本稼働させる(p.18参照)。

焼き時間　160℃／50〜60分

ADVICE

別立て法は、バターに空気を含ませるだけでなく、空気をたくさん抱き込んだメレンゲも加えて生地を膨らませます。そのため、ツノがピンと立ち、しなやかでコシのあるメレンゲを作り、このメレンゲの気泡をつぶさないように生地に混ぜ込むことが大切です。メレンゲの一部を先に加えて混ぜるのは、生地を少しやわらかくして残りのメレンゲを合わせやすくするためです。

卵黄生地を作る

1 常温に戻してやわらかくしたバターを、ゴムべらで練ってかたまりのないなめらかなクリーム状にする。

POINT バターをやわらかくし過ぎると、空気を抱き込む性質が失われてしまうので注意してください。とろとろではなく、ある程度のかたさがある状態が目安です。

2 大きめのボウルにバターを移して粉糖とバニラビーンズの種を加え、泡立て器でよく混ぜてなじませる。

3 2に卵黄とバニラエッセンスを加えた牛乳を加え、きれいなクリーム状になるまでしっかり混ぜる。

POINT 卵黄に含まれる乳化作用をもつレシチンの働きで、分離させずに混ぜることができます。ただし、卵黄と牛乳が冷たいとバターがかたまってしまうので、必ず常温に戻したものを使います。

メレンゲを作る

4 アーモンドパウダーを加え、ムラなくなじむまで混ぜる。

5 薄力粉をふるい入れ、粉気がなくなるまでしっかり混ぜ合わせる。

6 別のボウルでツノの先がおじぎするくらいのしなやかなメレンゲを作る(p.164参照)。

p.68へ →

卵黄生地とメレンゲを合わせる

⑦ ⑤に泡立て器でメレンゲの⅓量をすくって加える。

⑧ メレンゲが卵黄生地にムラなくなじむまで混ぜる。

POINT メレンゲの一部をよく混ぜ合わせることで卵黄生地が少しやわらかくなり、残りのメレンゲを加えた際になじみやすく、気泡をつぶさずに混ぜることができます。

⑨ 残りのメレンゲを加える。

⑩ ゴムべらに持ち替えて、片手でボウルを手前に回しながら、へらの面を垂直にして加えたメレンゲの中央に切り込むように差し入れ、そのまま手前にまっすぐ引く。ボウルの側面まできたらカーブに沿ってへらを引き抜き、再びメレンゲの中央に差し入れる（p.20「切るように混ぜる」参照）。これを繰り返し、メレンゲの塊が残らないように混ぜる。

生地に、つやと粘りが出るまでしっかり混ぜる。

型に入れる

⑪ 型の中央から生地を流し入れる。

焼く

⑫ 生地を均一に広げ、ゴムべらの先を使って四隅の角まで生地を行き渡らせ、表面を平らにならす。ゴムべらに残った生地も拭って加える。

⑬ 天板の網の上に置いて160℃のオーブンで焼く。30分焼いたところで型の向きを反転させ、さらに20〜30分焼く。割れ目まできつね色になったら焼き上がり。

POINT 別立て法は、全体が均一に持ち上がって、焼き上がる最後の段階で割れ目ができるので、共立て法のように途中で切り込みを入れなくても、きれいに割れて焼き上がります。

⑭ 焼き上がったら、軍手をしてオーブンから取り出し、型に入れたままケーキクーラーにのせて冷ます。完全に冷めたら型から取り出して敷き紙をはがす。

◎ バニラケーキ
ふわっと広がるバニラの甘い香り
に、アーモンドのコクと香ばしさが
加わるリッチなバターケーキ。

69

チョコレートケーキ

✳✳✳

ベースのチョコレート生地は、
甘みを控えたビターな味わい。
ときどき当たるチョコレートの甘味と
なめらかな食感も絶妙のバランス。

材料(17×7×高さ6㎝のパウンド型1台分)

製菓用スイートチョコレート
　(カカオ分55〜65％。タブレットタイプ)
　　　　…… 115g
バター(食塩不使用) …… 70g
グラニュー糖 …… 30g
卵黄 …… 2個(40g)
アーモンドパウダー …… 40g
薄力粉 …… 55g
◎メレンゲ
　卵白 …… 70g
　グラニュー糖 …… 55g
キルシュ(あれば) …… 適量

準備

・17×7×高さ6㎝のパウンド型にクッキングシートを敷き込む(p.17参照)。
・バターはクリーム状にする(p.14参照)。
・卵黄は常温に戻す。
・鍋に湯せん用の湯を沸かす(p.19参照)。
・天板に付属の網または脚付きの網をセットする(p.24参照)。
・オーブンを160℃で本稼働させる(p.18参照)。

焼き時間　160℃／50〜60分

ADVICE

作り方の基本はp.67のバニラケーキと同じですが、チョコレート生地はかたくしまりやすいので、粉類を減らしメレンゲを多めにして生地を軽くします。ふんわりと仕上がるのはもちろん、チョコレートの風味も引き立ちます。

1 スイートチョコレート65gを湯せんにかけて溶かし(p.19参照・a)、湯からはずして常温まで冷ます。

POINT チョコレートの温度が高いと、後で合わせたときバターが溶けてしまうので、必ず常温まで冷まします。

2 ボウルにバターを入れてグラニュー糖を加え、泡立て器ですり混ぜる。ザラザラ感がなくなってなじんだら、卵黄、❶のチョコレートを順に加えてそのつどムラなくすり混ぜる(b)。

3 ❷にアーモンドパウダーを加え、さらに薄力粉をふるい入れ、底からすくうようにして粉気がなくなるまでしっかり混ぜ合わせる。

4 別のボウルでツノの先がおじぎするくらいのしなやかなメレンゲを作る(p.164参照)。

5 ❹の半量を❸に加えてよく混ぜる。全体になじんだら残りのメレンゲを加え、ゴムべらに持ち替えて、片手でボウルを手前に回しながら切るように混ぜる(p.68の❼〜❿参照)。メレンゲの白い筋が残っているくらいでスイートチョコレート50gを加え(c)、ざっくりと合わせて全体に混ぜ込む。

POINT メレンゲの泡がつぶれると膨らみが悪くなるので、残りのメレンゲを加えたら、泡をつぶさないように混ぜ合わせます。チョコレートを混ぜるときも同様です。

6 型の中央から生地を流し入れ、四隅の角まで行き渡らせて表面を平らにならす(d)。ゴムべらに残った生地も拭って加える。

7 天板の網の上に置いて160℃のオーブンで焼く。30分焼いたところで型の向きを反転させ、さらに20〜30分焼く。割れ目まで焼き色がついたら焼き上がり。型に入れたままケーキクーラーにのせて冷ます(e)。完全に冷めたら型から取り出して敷き紙をはがす。あればキルシュを表面に刷毛で塗る。

POINT 割れ目まで焼き色がついたら中まで火が通っていますが、チョコレートケーキは色がわかりにくいので、心配なときは中心に竹串を刺して確認を。抜き出した竹串に生地がついてこなければOK。

a

b

c

d

e

［共立て法］で作る
バター生地
*＊＊

バター生地とスポンジ生地のいいとこ取り。
しっとりとやわらかく、口どけよく焼き上がります。

共立てのスポンジ生地と同様に、全卵をしっかり泡立てて粉と合わせ、
焦がしバターを加えてムラなく混ぜ込みます。
カステラのようにきめ細かくふわふわしっとりとした口当たりに、
香ばしい焦がしバターの風味がよく合います。

◎ バターケーキ

材料(17×7×高さ6cmのパウンド型1台分)

溶き卵 …… 90g(p.13参照)
グラニュー糖 …… 100g
薄力粉 …… 90g
バター(食塩不使用) …… 100g
◎ブランデーシロップ
│ ブランデー、シロップ(p.216参照) …… 各25g

準備

・17×7×高さ6cmのパウンド型にクッキングシートを敷き込む
(p.17参照)。
・溶き卵は常温に戻す。
・鍋に湯せん用の湯を沸かす(p.19参照)。
・天板に付属の網または脚付きの網をセットする(p.24参照)。
・オーブンを160℃で本稼働させる(p.18参照)。
・ブランデーシロップの材料を混ぜ合わせる。

焼き時間　160℃／45〜55分

ADVICE

シュガーバッター法はバターに空気を含ませますが、こちらは卵を泡立てた気泡でふわふわの生地に仕上げます。卵は泡立ちやすくするために湯せんで35〜40℃くらいに温め、すくい上げるとリボン状に流れ落ちるくらいまで泡立てます。ここで卵をしっかり泡立てることがふわふわの焼き上がりにつながるので、辛抱強くしっかり泡立てましょう。

焦がしバターを作る

卵を泡立てる

1 小鍋にバターを入れて中火にかけ、泡立て器で混ぜながら加熱する。バターのいい香りが立ち、バター液の底が茶色くなってきたら、水を張ったボウルに鍋底をつけて焦げを止める(p.14参照)。

POINT こすことでクリアな味になるが、焦げ茶色の粒はたんぱく質の塊。旨味が詰まっているので、こさずにそのまま使うのがおすすめ。

2 深めのボウル(大)に溶き卵を入れ、ハンドミキサーの最低速で混ぜる。卵白のどろりとした部分がなくなったらグラニュー糖を加え、軽く混ぜてなじませる。湯せんにかけ(p.19参照)、最高速で混ぜながらグラニュー糖を溶かし、卵を温める。

POINT 卵は温めることによって泡立ちやすくなります。コンロの火は消した状態で泡立てます。

ある程度泡立ってきたらボウルを傾けて生地溜まりを作り、常にミキサーの羽根が卵液に浸かっている状態で泡立てる。全体が白くもったりとして羽根の跡が筋状に残るようになり、すくい上げると生地がリボン状に流れ落ち、折り重なってしばらく残る状態まで泡立てる。さらに、泡立て器に持ち替えて全体を大きく混ぜ、気泡のきめを整える。

粉を混ぜる

焦がしバターを混ぜる

3 ボウルを湯せんからはずして薄力粉をふるい入れ、左手でボウルを回しながら、泡立て器を生地の中央に入れ、そのまま手前に引くように動かす。ボウルの側面まできたらカーブに沿って引き上げ、ワイヤーの間を通すように生地を落とし、再び生地の中央に入れる。これを繰り返して、粉気がなくなり、つやが出るまで混ぜる。

4 焦がしバターを加え、泡立て器で生地を底からすくい上げるようにして、バターの筋が見えなくなるまで混ぜる。

ゴムべらに持ち替えてつやが出るまで混ぜ、生地のきめを整える。

p.74へ →

型に入れる　　　焼く

5 型の中央から生地を流し入れて均一に広げ、ゴムべらの先を使って四隅の角まで生地を行き渡らせ、表面を平らにならす。ゴムべらに残った生地もぬぐって加える。

6 天板の網の上に置いて160℃のオーブンで焼く。30分焼いたところで型の向きを反転させ、さらに15〜25分焼く。割れ目まできつね色になったら焼き上がり。軍手をしてオーブンから取り出し、型に入れたままケーキクーラーにのせて冷ます。

7 完全に冷めたら型から取り出して敷き紙をはがし、ブランデーシロップを刷毛に含ませて表面をポンポンとたたくようにしてたっぷりと吸い込ませる。その後、はがした紙で覆ってラップで包み、冷蔵庫で1日休ませる。

◎ バターケーキ

焦がしバターを加えて、こっくりとしたバターの風味をストレートに楽しめるケーキに。ブランデーシロップをたっぷり打って仕上げます。

① ボウルにバターを入れてコーンスターチを大さじ1ほど加え(a)、泡立て器でなじむまですり混ぜる。これを繰り返してコーンスターチを全量加え、さらに混ぜ合わせて全体がもったりしてきたら、ラム酒、レモン汁を加えて混ぜる。

② 別のボウルに溶き卵と粉糖を入れ、湯せんにかけてハンドミキサーの最高速で攪拌しながら温め、全体がもったりとしてすくい上げるとリボン状に流れ落ち折り重なり、その状態がしばらく残る状態まで泡立てる(p.73の②参照。b)。

③ ①に②の⅓量を加え、ゴムべらで混ぜる。ムラなくなじんだら、①の残りを加えて混ぜ合わせる。全体がなじんでとろりとなめらかになったら生地のでき上がり(c)。

④ 型の中央から生地を流し入れ、四隅の角まで行き渡らせる。ゴムべらに残った生地も拭って加える。

⑤ 天板の網の上に置いて170℃のオーブンで焼く。30分焼いたところで型の向きを反転させ、さらに約30分焼く。割れ目まできつね色になったら焼き上がり。型に入れたままケーキクーラーにのせて冷まし(d)、完全に冷めたら型から取り出して敷き紙をはがす。

サンドケーキ

★★☆

口の中でサンド(砂)のように崩れるパウンドケーキ。
水分が少ないので、たっぷりのミルクティーとぜひ。

材料(17×7×高さ6cmのパウンド型1台分)

バター(食塩不使用) …… 90g
コーンスターチ …… 90g
ラム酒 …… 小さじ2
レモン汁 …… 小さじ½
溶き卵 …… 90g(p.13参照)
粉糖 …… 90g

焼き時間　170℃／約60分

準備

・17×7×高さ6cmのパウンド型にクッキングシートを敷き込む(p.17参照)。
・バターはクリーム状にする(p.14参照)。
・溶き卵は常温に戻す。
・鍋に湯せん用の湯を沸かす(p.19参照)。
・天板に付属の網または脚付きの網をセットする(p.24参照)。オーブンを170℃で本稼働させる(p.18参照)。

ADVICE

サンドケーキはグルテンフリーのコーンスターチを使うことで、砂のように崩れる食感を作りますが、最初にバターとよくなじませないと、仕上がりが粉っぽくなってします。コーンスターチは混ぜすぎても大丈夫。少しずつ加えてはそのつどよくすり混ぜ、しっかりとバターになじませましょう。

バター生地Q&A

※共立てシュガーバター法で作るバター生地にについて説明します。

Q バターに粉糖を加えてハンドミキサーで混ぜても、白っぽくなりません。

A バターをやわらかくしすぎたことが原因と考えられます。バターはいったん溶けてしまうと、攪拌すると空気を抱き込むクリーミング性という特性を失い、いくら混ぜても空気を含むことができず、白っぽくなりません。溶けたバターは冷蔵庫で冷やし固めても元の構造には戻りません。バターに空気を含ませることができないと焼成時に十分膨らまず、その結果きめの詰まったかたい生地になります。バターは常温に戻して使いますが、常温バターのかたさは、指で押すと少しの力ですっと入るくらい(p.14参照)。泡立て器で混ぜると少し抵抗を感じるくらいの、ある程度のかたさがある状態が目安です。

Q バターに卵を加えた直後に、バターがもろもろになってしまいました。

A 原因は卵の温度。クリーム状のバターが空気を抱き込んで白っぽくなった状態に卵をなじませる作業では、バターの温度に合わせて常温に戻した卵を使います。ここで常温に戻しきれていない、あるいは冷蔵庫から出したての冷たい卵を加えると、やわらかくなっていたバターが冷えてもろもろにかたまり、分離してしまいます。卵は必ず常温に戻しましょう。

Q 卵を3回に分けて加えたのに分離してしまいました。

A 混ぜ過ぎてバター自体が分離してしまったことが原因と考えられます。卵をバターに加えたらムラなくさっと混ぜてください。ここでは空気を含ませるのではなく、バターに卵を混ぜ込むのが目的です。なめらかなクリーム状になったらそれ以上混ぜずに、次の卵を加えます。混ぜ過ぎは禁物です。

Q 分離した生地は修復できますか?

A 初期段階なら修復可能です。加える卵の量が総量の半分を超えたところから分離が起こりやすくなります。混ぜているときにもろもろしてきたら分離のサイン。ここから先は混ぜれば混ぜるほど状態は悪化し、そのまま粉を加えて焼くと、膨らみが悪く食べると油っぽくかたいものになります。生地につやがなくなりもろもろっとしてきたら、分量の粉から大さじ1〜2を加え混ぜ、水分を粉に吸収させて修復します。きれいに乳化できた生地と比べると膨らみや食感は多少劣りますが、分離した生地よりはるかにおいしく仕上がります。

Q 生地がふっくらと膨らみません。

A バターと粉糖を混ぜる段階で、十分に空気を含ませられなかったからでしょう。バター生地を膨らませるためには、クリーム状にしたバターに砂糖を加えてよく混ぜ、空気を取り込むことがいちばんのポイントです。この空気が加熱によって膨張し、生地全体を膨らませます。黄色いバターが白っぽくなり、全体がふんわりとするまでしっかり混ぜましょう。

Q なぜ割れ目ができるのですか。

A 割れ目ができるのは、使う型(パウンド型)の形が深くて狭いため。体積に対して表面積(塞がれていない部分。上面)が小さいことが影響しています。同じ生地を表面積の広い丸型で焼くと、均等に膨らんで割れ目はほぼできません。型に流した生地をオーブンに入れると、加熱によって生地に含まれる空気と水分が膨張し、生地が膨らみます。さらに加熱が続くと水蒸気が発生します。この水蒸気が生地の外に逃げようとしたとき、底と側面は型で塞がれているため上部へと向かい、火の通りが遅く生地がまだ固まっていない中央部から抜けていきます。このとき、表面積の狭い範囲に水蒸気が集中するため生地が盛り上がり、割れ目ができるのです。

第3章

シュー生地のお菓子

シュー生地が風船のように膨らみ中が空洞になるのは、
生地作りの段階で小麦粉に火を通して糊のような粘りを引き出すため。
使う道具は少なく、泡立てもなく、
基本のテクニックさえマスターできれば、気軽に作れる生地の一つです。

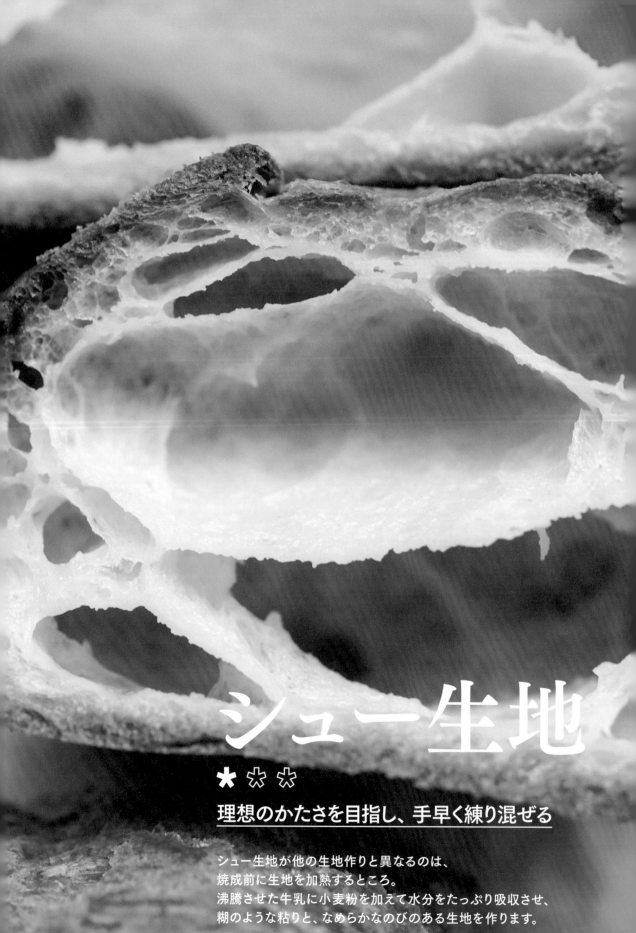

シュー生地

* * *

理想のかたさを目指し、手早く練り混ぜる

シュー生地が他の生地作りと異なるのは、
焼成前に生地を加熱するところ。
沸騰させた牛乳に小麦粉を加えて水分をたっぷり吸収させ、
糊のような粘りと、なめらかなのびのある生地を作ります。

材料(でき上がり量約350g)

牛乳 …… 120g
バター(食塩不使用) …… 50g
塩 …… 2g
グラニュー糖 …… 4g
強力粉 …… 75g
卵 …… 3個(150g)

準備

・バターは1cm角に切って常温に戻す(p.14参照)。
・卵は常温に戻して溶きほぐす。

ADVICE

シュー生地は一般的に水とバターを合わせて沸騰させ、そこに小麦粉を加えますが、ここでは水の代わりに牛乳を使います。牛乳にすることで皮自体に旨味が加わり、味が濃くパリッと焼き上がり、そのままでもおいしく食べられます。

牛乳、バターを沸騰させる

① 直径18cmくらいの深めの鍋に牛乳、バター、塩、グラニュー糖を入れ、中火にかける。

POINT バターが冷たいと溶けるまで時間がかかり、その間に水分が蒸発してしまいます。バターは溶けやすいように、細かく切って常温に戻しておきます。

② バターが溶けて表面が沸き立ってきたら火を止める。

POINT ここでしっかり沸騰させることが大切です。ただし、沸かし過ぎると蒸発によって生地に必要な水分が足りなくなり、かたい生地になってしまいます。鍋の縁まわりが沸き立ち、溶けたバターが液体の中央で500円玉くらいの円になったら火を止めます。

粉を混ぜる

③ ざるなどを使って強力粉を一度にふるい入れ、木べらでダマができないように手早く混ぜていく。

④ 粉が見えなくなるまで一気に混ぜる。

POINT 粉全体に水分を均等に含ませます。

全体がなめらかにつながってひと塊になるまで、練るようにしてしっかり混ぜる。

POINT ここでは、"生地を鍋肌に広げては集める"を繰り返しながら混ぜ、鍋の余熱で生地に熱を入れ、余分な水分をとばします。

混ぜ終わり。少しパサついているがつやがあり、マッシュポテトのような状態。

POINT 一般的には生地がひと塊になったところで火にかけて生地に熱を入れますが、加熱し過ぎると膨らまない生地になってしまうので、ここでは火を止めてベースの生地を作ります。今回の生地量なら、沸騰させた液体に加え、あつあつの鍋の中で練り混ぜることで粉には十分熱が入ります。

p.80へ →

卵を加える

5 鍋をコンロからおろし、生地が温かいうちに溶き卵の半量を入れる。

6 木べらで卵が生地になじむまで混ぜる。

POINT 始めは油分(バター)と水分(卵)なので混ぜにくいですが、木べらで生地を細かく切り分けるように動かして混ぜていると卵が生地に吸収されてなじんできます。ある程度なじんだら、へらの面を使ってしっかり練り混ぜていきます。

7 生地と卵が均一になじみ、まとまってきたら、残りの溶き卵を大さじ1ずつ加え、そのつど手早く混ぜ合わせる。

8 生地につやが出て、少しやわらかくなってきたら、溶き卵を加えるごとに生地のかたさを確認する。木べらで生地を持ち上げ、落としてみて、ボテッと固まって落ちるようだと、まだかたい。

理想的なかたさは、すくい上げた生地が2〜3秒かけて途中で切れずにゆっくりと落ち、逆三角形にへらから垂れ下がって残る状態。ちょうどよいかたさになれば、溶き卵が残っていても加えるのをやめる。

POINT 卵を加え過ぎてとろとろと流れるようなやわらかさになってしまうと、焼いても膨らまず、シュー生地にはなりません。修復はできないので、その生地はそのまま焼いて楽しみ、改めて生地を作り直してください。

生地の完成。

POINT でき上がった生地は、ほんのり温かいうちに使うこと。時間をおいて冷めてしまうとかたくて絞れなくなり、絞れたとしても膨らみが悪くなります。

シュー生地 Q & A

Q オーブンから出したらしぼんでしまいました。

A 焼いている途中でオーブンの扉を開けてしまうと、流れ込んだ外気で膨張していた生地が急に冷やされ、しぼんでしまいます。生地が十分に膨らみ、割れ目に焼き色がつくまで扉は開けないこと。

Q 焼き上がった生地に空洞がありません。

A 小麦粉をしっかり糊化させないと、膨らみが悪く空洞はできません。糊化させるには、粉と合わせる水分を高温(87℃以上)にする必要があります。そのため、鍋にバターを合わせた牛乳を沸騰させることが重要です。

Q 天板が小さくて、生地を一度に焼けません。

A 天板に絞り切れなかった生地は、クッキングシートなどに絞り出し、アーモンドをまぶして霧を吹きかけた状態でラップをふんわりとして、1〜2時間以内なら常温に置いておきます。それ以上なら冷凍を。

材料(直径5cm12個分)

シュー生地(p.79参照) ····· 350g
◎ディプロマットクリーム
　カスタードクリーム
　　牛乳 ····· 400g
　　生クリーム(乳脂肪分45%)
　　　····· 100g
　　バニラビーンズ ····· ½本
　　卵黄 ····· 8個(160g)
　　グラニュー糖 ····· 100g
　　強力粉 ····· 30g
　　コーンスターチ ····· 10g
　生クリーム(乳脂肪分45%)
　　····· 150g
粉糖 ····· 適量
溶き卵黄 ····· 大さじ1
アーモンドダイス ····· 適量

準備

・直径1.4cmの菊口金(15切)の爪をペティ
ナイフで1本ずつ起こして開き(a)、絞り袋
にセットする(生地用。p.238参照)。
・絞り袋に直径6mmの丸口金をセットする
(クリーム用)。
・天板に合わせてカットしたクッキング
シートに直径5cmのセルクル(またはコップ
など)を当てて円を12個、間隔を空けて
サインペンなどで書き(b)、シートを裏返し
て天板に敷き四隅をマグネットで留める。
・p.214を参照してカスタードクリームの準
備をする。
・オーブンを180℃で本稼働させる(p.18
参照)。

シュークリーム

★★☆

シューの表面にアーモンドダイスをまぶして
カリカリの食感をプラス。
中には濃厚なディプロマットクリームをたっぷりと。

ADVICE

・焼いている途中でオーブンを開けるのは厳禁。生地がしぼんでしまいます。火の入り方があま
い場合も、時間が経つとしぼみます。焼き時間はあくまで目安。焼き上がりは色で確認を。
・シューは横半分に切ってクリームを挟んでもOKですが、絞り込むときの倍量のクリームが必
要。味わいも重くなります。挟む場合は生クリームの割合を多くして軽い味わいにするといいでしょう。

焼き時間　予熱180℃
170℃／35～40分

p.82へ ➡

カスタードクリームを作る

① p.214を参照してディプロマットクリーム用のカスタードクリームを作り、バットに移してラップをぴったりと貼りつけ、冷蔵庫に入れておく。

シュー生地を絞る

② p.79〜80を参照してシュー生地を作る。

③ 菊口金をセットした絞り袋を1ℓの計量カップなどに入れ、袋の口をカップの外に折り返してシュー生地を流し入れる。

POINT 容器に絞り袋を入れておくと、生地やクリームをらくに入れられます。1ℓの計量カップは高さのある筒形なので、絞り袋を支えるのにちょうどよく、おすすめです。

④ 全部入れたら、口金の1cm手前あたりまでカードで生地を寄せる。生地の終わりの部分をぐるぐるっとねじり、ねじったところを親指と人差し指で挟むようにして持つ（p.238参照）。

POINT 絞り袋の中の生地が減って絞りにくくなったら、同様にカードで生地を寄せます。

⑤ クッキングシートに書いた円に合わせて直径5cmに絞り出し、最後にくるっと口金を回して生地をきる（p.238参照）。

⑥ 生地の表面に溶き卵黄を刷毛で薄く塗る。

POINT この卵黄は、次にふるアーモンドダイスをつけるための接着剤です。厚く塗ると生地の膨らみが悪くなるので塗りすぎないように。

生地の全体に霧を吹く。

⑦ すぐにアーモンドダイスをふり、軽く指で押さえて密着させる。さらに天板を両手で持ってくるくると回し、間にこぼれたアーモンドを生地の側面につける。

⑧ マグネットをはずし、生地の全体に霧を吹く。

POINT 生地が乾燥すると膨らみにくくなるので、霧を吹いて乾燥を防ぎます。この段階で冷凍保存も可能です（p.86の④参照）。

⑨ 粉糖を茶こしに入れて生地の一つ一つにふる。

POINT 粉糖をふることでカリッと焼き上がり、少し甘みも加わります。

焼く

⑩ 180℃のオーブンに入れ、入れたらすぐに170℃に温度を下げて35〜40分焼く。

生地に火が入ると膨らんで割れ目ができる。この割れ目にもきつね色の焼き色がついたら焼き上がり。天板にのせたままケーキクーラーの上に置いて冷ます。

POINT 焼き方があまいと、冷めたときしぼんでしまうので、裏面や割れ目まできつね色になっているかを確認し、色が薄い場合はさらに5〜10分焼きましょう。

ディプロマットクリームを作る

⑪ ❶のカスタードクリームを使って、ディプロマットクリームを作る(p.215参照)。

クリームを詰める

⑫ シューの底の中央に菜箸を1本差し込み、ぐりぐりと数回回して直径5mm程度の穴を開けながら、内部の生地の膜を切る。

⑬ 丸口金をセットした絞り袋にディプロマットクリームを入れ、シューの底に開けた穴に口金を差し込んで、穴から少しあふれるくらいまで絞り込む。

POINT クリームはあふれるくらいに絞り込まないと、スカスカになってしまいます。ただし、入れすぎるとシューの割れた部分からクリームがはみ出すので注意。

⑭ 底面を上にして天板に戻し、全部にクリームを入れたら、あふれたクリームを指先でぬぐい取る。

⑮ 底面を下にして並べ直し、粉糖を茶こしでふりかける。

エクレア

✱✱✱

チョコレート風味のカスタードクリームを詰めたら、
フォンダンを上がけしてキラッと輝くエクレア(フランス語で「稲妻」の意)に。

材料(長さ12cm12本分)

シュー生地(p.79参照) …… 350g

粉糖 …… 適量

◎チョコレートカスタードクリーム

　ガナッシュクリーム

　　製菓用スイートチョコレート(カカオ分55〜65%)
　　　…… 150g

　　生クリーム(乳脂肪分45%) …… 120g

　牛乳 …… 300g

　生クリーム(乳脂肪分45%) …… 75g

　卵黄 …… 3個(60g)

　グラニュー糖 …… 60g

　強力粉 …… 35g

　ココアパウダー …… 7g

◎ココア風味のフォンダン

　フォンダン(p.226参照) …… 225g

　ココアパウダー …… 10g

　バター(食塩不使用) …… 15g

　水 …… 5g

準備

・直径1.4cmの菊口金(15切)の爪をペティナイフで1本ずつ起こして開き(a)、絞り袋にセットする(生地用。p.238参照)。

・直径6mmの丸口金を絞り袋にセットする(クリーム用)。

・天板に合わせてカットしたクッキングシートに長さ12cmの直線を12本、間隔を空けてサインペンなどで書き、裏返して天板に敷いて四隅をマグネットで留める(b)。

・チョコレートカスタードクリーム用の卵黄は常温に戻し、スイートチョコレートは細かく刻む(タブレットタイプの場合はそのままでよい)。ココアパウダーは茶こしで強力粉にじかにふるい入れて合わせておく。

・ココア風味のフォンダン用のバターを常温に戻す(p.14参照)。

・オーブンを180℃で本稼働させる(p.18参照)。

焼き時間

予熱180℃
170℃／30〜40分

ADVICE

エクレアは大口を開けなくても口に入るサイズが理想。「貴婦人の人差し指の大きさに作る」ともいわれます。生地を絞り出す際は、太くならないようにスーッと一気に絞りましょう。15切の菊型の爪を開くと、エクレアにぴったりの口金になり、失敗なく絞り出せて、フォークで筋をつける必要もありません。

ガナッシュ
クリームを作る

1 ガナッシュクリームを作り(p.223参照)、バットに流し入れて冷ます。冷めたら冷蔵庫で冷やし固めてさいの目に切る。

シュー生地を絞る

2 菊口金をセットした絞り袋にシュー生地を入れ、口金の1cm手前あたりまでカードで生地を寄せる。生地の終わりをぐるぐるっとねじり、ねじったところを親指と人差し指で挟むようにして下から持つ(p.238参照)。

POINT 絞り袋の中の生地が減って絞りにくくなったら、カードで生地を寄せて同様にねじります。

3 クッキングシートに描いた線に合わせて12cm長さに絞り出す。

POINT 向こう側から手前に引きながら絞り出し、最後に向こう側にはねて生地を切ると、形よく仕上がります。

焼く

チョコレートカスタードクリームを作る

④ マグネットをはずして生地の全体に霧を吹き、粉糖を茶こしで薄くふる。

POINT 生地が乾燥すると膨らみにくくなるので、霧を吹いて乾燥を防ぎます。粉糖をふることでカリッと焼き上がり、少し甘みも加わります。この段階で冷凍保存も可能です。写真のようにラップをかけて冷凍庫に入れ、凍ったら冷凍用保存袋に移して冷凍保存します。

⑤ 180℃のオーブンに入れ、すぐに170℃に温度を下げて30〜40分焼く。膨らんで割れたところもきつね色になったら焼き上がり。天板にのせたままケーキクーラーの上に置いて冷ます。

POINT 焼き方があまいと、時間とともにしぼんでしまうので、裏面や割れ目まできつね色になっているか確認し、色が薄い場合はさらに5〜10分焼きましょう。

⑥ p.214のカスタードクリームの作り方を参照してココア風味のカスタードクリームを作り(ココアパウダーは強力粉と一緒にふるい入れる)、焼き上がったところで、火を止めて❶のガナッシュクリームを加える。

クリームを詰める

⑦ 余熱でガナッシュを溶かしながら、泡立て器でなめらかになるまで混ぜ合わせる。混ぜ終わったらバットに移し、生地にラップをぴったり貼りつけて冷蔵庫で冷やす。

POINT ガナッシュを溶かしながら混ぜることで、きめ細かくなめらかに混ざり合うので、ガナッシュは必ず冷やし固めておきます。とろりとした状態で合わせるのはNGです。

⑧ エクレアの底面の中央に菜箸を1本差し込み、ぐりぐりと数回回して直径5mm程度の穴を開けながら、内部の生地の膜を切る。同様にして底面に計3つの穴を開ける。

⑨ ❼をボウルに入れ、泡立て器でやわらかくなるまで混ぜ戻す。これを丸口金をセットした絞り袋に入れ、底面の穴に口金を差し込んで、穴から少しあふれるまで絞り込む。3か所とも絞り込んだら底面を上にして並べておく。

POINT 絞り込むのは中央が最後。こうすると端までまんべんなくクリームが入ります。

ココア風味のフォンダンを作る

仕上げ

⑩ 耐熱ボウルにフォンダンを入れ、電子レンジ(600W)に30秒ほどかけて溶かす。バターを加えてココアパウダーをふるい入れ、リボン状に流れ落ちて折り重なり、その形がすぐに消えないくらいまで練り混ぜる。

POINT フォンダンがかたいと厚くつきすぎます。この時点でかたいようであれば、水少々を加えて写真の状態のやわらかさに調整します。

⑪ エクレアの穴からあふれたクリームを指先で拭い取り、上面をココア風味のフォンダンにつける。すぐにエクレアを起こして少しの間斜めにしておき、余分なフォンダンを流し落とす。

⑫ 最後に指先でフォンダンをきり、フォンダンの面を上にして乾かす。

第4章

タルト生地のお菓子

フルーツやナッツ、クリームなどを一緒に食べるお皿として考えられたタルト。
生地には数種類あり、盛り込むものの風味や形状、
焼成の仕方によって使い分けます。
ここでは若干の塩味を含むブリゼ生地と甘みのあるシュクレ生地を取り上げます。

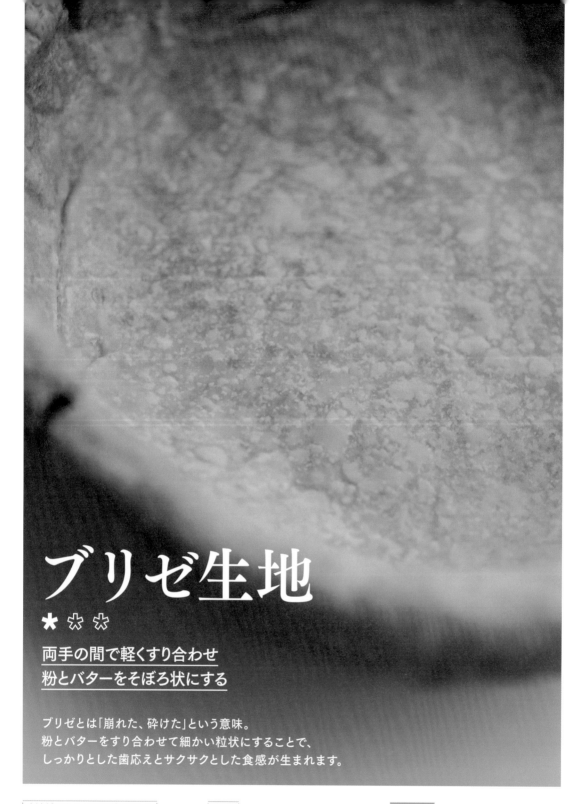

ブリゼ生地

＊＊＊

両手の間で軽くすり合わせ
粉とバターをそぼろ状にする

ブリゼとは「崩れた、砕けた」という意味。
粉とバターをすり合わせて細かい粒状にすることで、
しっかりとした歯応えとサクサクとした食感が生まれます。

|材料(でき上がり量約420g)|

強力粉 …… 125g
薄力粉 …… 125g
バター(食塩不使用) …… 125g
◎塩水
  水 …… 50g
  粗塩 …… 小さじ1

|準備|

・バターは1cm角に切り、冷蔵庫で冷やしておく(p.14参照)。
・分量の水に粗塩を混ぜて塩水を作り、冷蔵庫で冷やしておく。

ADVICE

練り込みパイ生地とも呼ばれるブリゼ生地は甘みが少なく、ほのかな塩味が特徴です。小麦粉に直接水分を加えることで、ある程度のグルテンが形成されるため形崩れしにくく、クラフティやキッシュなど液状の詰めものを流すことができます。

シュクレ生地

*☀☀

マジパンとバターをすり合わせ、
粉を加えたら練らずに混ぜる

シュクレとは「砂糖入りの、甘みのある」という意味。
先にバターと砂糖をすり混ぜ、さらに水分を加えないことで、
ほろほろ崩れるようなもろさをもつ甘い生地になります。

【 材料(でき上がり量約280g) 】

マジパンローマッセ(p.228参照)
　　……60g

粉糖 …… 20g

バター(食塩不使用) …… 80g

薄力粉 …… 120g

【 準備 】

・バターは常温に戻す(p.14参照)。

ADVICE

シュクレ生地はグルテンがほとんど形成されないため生地のつながりが弱く、アパレイユなどを流す場合は染み出さないように卵液でコーティングします。ここでは、マジパンローマッセを加えた旨味の強いリッチな生地を紹介します。

① 生地を作る［ブリゼ生地］

大切なのは練り混ぜないこと。粉とバターをすり合わせる際も、均一に混ざらなくて大丈夫。水分を加えたらざっくり混ぜ、あとは握るようにしてまとめます。練るとグルテンが必要以上に形成され、生地に粘りとコシが出てサクサクとした食感になりません。体温でバターがゆるまないように、作業は手早く進めましょう。

粉とバターを混ぜる

1 大きめのボウルに強力粉と薄力粉を入れ、手でかき混ぜる。

2 バターを加え、粉をまぶす。

3 指の腹でバターをつぶしながら、粉をまぶす。
POINT バターが溶けないように、手早く進めましょう。

4 バターが小豆大くらいになったら、両方の手のひらでバターと粉をすりあわせて粒を細かくする。

5 全体が黄色っぽくなり、ぼそぼそしたそぼろ状になれば終了。
POINT 多少のダマと、粉気が残っているくらいでOK。

塩水を混ぜる

6 **5**に塩水を回し入れる。

7 大きくかき混ぜて粉に水分を吸わせる。全体に水分がなじんだら、手でギュッギュッと握るようにしてまとめていく。
POINT 必要以上にグルテンができてしまうと焼き上がりがかたくなるので、練らずにまとめていきます。

8 全体が均一に混ざったら、ひと塊にする。ダマなどがなくひとつにまとまっているが、きれいにまとまりきらずに割れ目のある状態が混ぜ終わり。
POINT こねるなどして表面をきれいにする必要はありません。つやの出た生地は練り過ぎです。

休ませる

9 でき上がった生地をスケールで計量して3分割(160g×2と100g)する。それぞれ軽く丸めてラップでぴったり包み、冷蔵庫で30分以上休ませる。
POINT バターがゆるんでやわらかくなった生地を扱いやすくするためと、小麦粉と水分が混ざることでできたグルテンの粘弾性を弱めるために冷蔵庫で休ませます。生地は冷凍保存ができます。ラップで包み、さらに冷凍用保存袋に入れて結露と乾燥を防ぎます。保存期間は3か月。解凍は冷蔵庫で10時間以上。前日に冷蔵庫に移しておきます。

① 生地を作る ［シュクレ生地］

マジパンローマッセでアーモンドのコクと風味を加えた生地を作ります。水分は用いず、マジパンとバターでまとめるのでグルテンはほとんど形成されません。のばすときは扱いやすく、焼き縮みも少ないので空焼きの際は重しをする必要がありません。口当たりは崩れるようにもろく、何よりもおいしいタルト生地です。

マジパンと粉糖を混ぜる

1 大きめのボウルにマジパンローマッセをちぎり入れる。

2 粉糖を加え、指の腹でマジパンをつぶしながら粉糖をまぶす。

さらに、粉糖とマジパンをすり合わせるように混ぜてそぼろ状にする。

バターを混ぜる

3 バターを加え、スクレーパー（p.233。カーブ側を使う）でバターとマジパンをすり合わせるようにして混ぜる。

途中、スクレーパーについた生地をゴムべらできれいにぬぐいながら混ぜていく。

マジパンのダマを残さないように、ボウルにすりつけるようにして混ぜる。均一に混ざったら、ひとまとめにする。

粉を混ぜる

4 薄力粉をふるい入れる。

5 ゴムべらに持ち替えて、練らずにさっくり混ぜる。粉が見えなくなれば混ぜ終わり。ひとつにまとめる。
POINT 混ぜ過ぎるとグルテンが必要以上にできて、この生地らしいサクサクとした食感が失われてしまいます。

休ませる

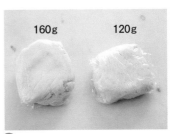

160g　120g

6 でき上がった生地をスケールで必要な量を計量して分割する（写真は160gと120g）。それぞれ軽く丸めてラップでぴったり包み、冷蔵庫で1時間以上休ませる。
POINT バターがゆるんでやわらかくなった生地を扱いやすくするために、冷蔵庫で休ませます。生地は冷凍保存ができます。ラップで包み、さらに冷凍用保存袋に入れて結露と乾燥を防ぎます。保存期間は3か月。解凍は冷蔵庫で10時間以上。前日に冷蔵庫に移しておきます。

② 生地をのばす ［ブリゼ生地］［シュクレ生地］

手から伝わる体温、めん棒を転がす摩擦熱などで、生地の温度が上がってバターが溶けやすくなります。生地にはなるべく触らないようにして、手早く作業を進めることが重要です。生地が少しでもやわらかくなったり、のばしにくくなったら、すぐ冷蔵庫で休ませます。

☑ 打ち粉をする ［ブリゼ生地］

① 作業台に打ち粉(強力粉。p.22参照)を軽くふり、その上に冷蔵庫から出したブリゼ生地を置き、さらに生地全体に薄く打ち粉をふる。
POINT 打ち粉をし過ぎると、焼き上がりの生地が粉っぽくなったりかたくなってしまうので、最小限に抑えます。

② 手のひらで表面を軽くなで、生地にふった打ち粉を全体に広げてなじませるとともに、余分な粉を落とす。

☑ 丸くのばす ［ブリゼ生地］

① ブリゼ生地の中央にめん棒をあて、体重をかけるようにして上からグッと押しつけて生地をつぶす。
POINT 冷蔵庫から出したてのかたい生地をいきなりのばすと、ひびが入ったり割れたりするので、10分ほどおいて常温に戻してから、めん棒で押しつぶして生地をゆるめます。

② 放射状に6〜8等分になるように生地を少しずつ回しながら、生地の厚さが1cmくらいになるまで同様につぶしていく。
POINT 形が丸くなるように、放射状につぶします。

③ めん棒を生地中央に当て、上に向かって転がして生地をのばし、元の位置に戻る。このとき、生地奥の縁部分はのばさずに残す。さらに、中央から下に向かってはのばさないこと。
POINT めん棒を上下に大きく転がしてのばすと、丸い形に整えにくくなります。また、生地からめん棒がコトンと落ちるまでのばすと、落とした縁部分が薄くなってしまいます。

下へはのばさない

④ 生地を⅛分(40度)ずつ回しながら、③と同様にのばしていく。
POINT 「のばしては回す」を繰り返すことで、生地が作業台にくっつくのも防ぎます。

⑤ 生地全体が2〜3mm厚さになるまでのばす。

☑ 打ち粉なしで丸くのばす［シュクレ生地］

①　厚手のポリ袋を切り開いてポリシートにする。

②　シュクレ生地を冷蔵庫から出して10分ほどおいて常温に戻し、ポリシートの間に挟む。ポリシートの上からめん棒で放射状に6〜8等分になるように押しつぶしながら、生地の厚さを1cmくらいにする。

③　めん棒を生地中央に当て、上に向かって転がして生地をのばし、元の位置に戻る。このとき、生地奥の縁部分はのばさずに残す。さらに、中央から下に向かってはのばさないこと。

④　生地を⅛分（40度）ずつ回しながらのばし、1周したらポリシートをはがして生地とシートの間に空気を入れる。

POINT　生地にシートが密着するとのばしにくくなるので、1周のばすごとにシートを片面ずつはがします。

⑤　生地を回しながら、2〜3mm厚さに円形にのばす。

のばし終わった生地。

POINT　生地がやわらかければ、冷蔵庫で休ませてから次の作業へ。ここでは丸くのばしましたが、四角くのばす場合はp.94を参照してください。

のばし方のPOINT

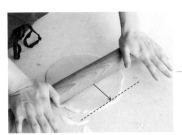

めん棒を生地の縁から落とさないこと。さらに、中央から下に向かってはのばさないこと。

ときどき生地を持ち上げて、作業台との間に空気を入れます。

作業台やめん棒に生地がくっつくようなら、作業台に残っている打ち粉を生地の表面にまぶします。それでも間に合わなければ、軽く打ち粉をします。

のばした生地が薄くなり、手で回しにくくなってきたら、めん棒に巻き取って動かします。

② 生地をのばす

☑ **四角にのばす** ［ブリゼ生地］ ※シュクレ生地は、打ち粉なしでポリシートに挟んでのばす(p.93参照)。

❶ 打ち粉をした生地の中央にめん棒を
あて、体重をかけるようにして上からグッと
押しつけて生地をつぶす。そのまま中央か
ら上、中央から下に向かって同様に生地
をつぶしていく。

POINT 冷蔵庫から出したてのかたい生地
をいきなりのばすと、ひびが入ったり割れたりす
るので、10分ほどおいて常温に戻してから、め
ん棒で押しつぶして生地をゆるめます。

❷ 縦長になった生地を90度回す。

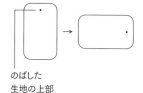

のばした
生地の上部

❸ ❶と同様に生地をつぶす。

❹ 生地を90度回しながら、生地の厚さが
1cmくらいになるまで同様につぶしていく。

❺ 生地の上下の縁部分を少し残し、そ
の間を前後にめん棒を転がしてのばす。2
～3往復したら生地を90度回し、同様に
のばす。これを何回か繰り返す。

POINT ときどき生地を持ち上げて、作業台
との間に空気を入れます。作業台やめん棒に
生地がくっつくようなら、作業台に残っている
打ち粉を生地の表面にまぶします。それでも
間に合わなければ、軽く打ち粉をします。

❻ 丸く厚みのある角の部分を、内側から
外に向かってめん棒を転がしてのばし、形
を整える。

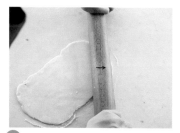

❼ 上部2か所の角を整えたら、生地を
180度回して残り2か所の角を整える。

❽ 生地を90度回し、めん棒を前後に転
がしてのばす。さらに生地を90度ずつ回し
ながら、2～3mm厚さの四角形にのばす。

のばし終わった生地。

POINT 生地がやわらかければ、トレーなど
にのせるか、厚手のポリシートに挟んで冷蔵
庫で休ませてから次の作業へ。

③ 型に敷き込む ［ブリゼ生地］［シュクレ生地］

型に敷き込んだタルト生地にはアパレイユやクリームを詰めるので、底や側面、縁が多少ガサガサしていても大丈夫。きれいに仕上げるために、生地をペタペタ触ってしまうことの方が問題です。手早く生地を敷き込むことが、タルトをおいしく作るカギ。重要なのは、生地の厚さが均一であること。火の入り方が場所によって違う生地はとてももろく、薄い部分と厚い部分の境い目が割れやすくなります。敷き込みは厚さを均一に！　これを意識して作業を進めてください。

☑ セルクルの場合　※タルトリングの場合も同じ要領で敷き込む。

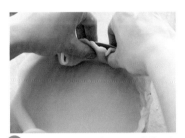

❶ 天板にクッキングシートを敷いてタルトリングをのせる。生地（ブリゼ生地）をめん棒に巻きつけ、セルクルの中心に合わせて手前から奥に向かって生地をたるませながらふんわりとのせる（シュクレ生地の場合は、p.96の❶を参照する）。

❷ セルクルからはみ出している生地を寄せながら、型の中に落とし込む。次に生地を内側に大きく折り、生地の折り目を底と側面の境にきっちり合わせて角を作る。底の角部分を指先で軽く押さえつけ、折った生地をセルクルの側面に沿わせるようにして密着させる。

❸ 余った生地を型の外側にたらし、側面にしっかり貼りつける。

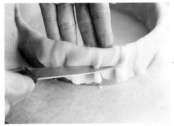

❹ 外側の生地を、型の縁から1〜2cmのところでペティナイフで切り落とす。

敷き込み完了。底面の生地はピンと張っていなくてよい。冷蔵庫で30分以上休ませる。

底面の状態。

☑ 小さなタルトリングの場合

❶ 使用するタルトリングよりふた回りほど大きい抜き型（またはセルクル）を使って生地を抜く。
※「レモンタルト」（p.108）では、直径7.5cmのタルトリングに直径10.5cmのセルクルを使用しました。

❷ 型の上に生地をのせ、はみ出している生地を寄せながら型の中に落とし込む。上記「セルクルの場合」を参照して底面の角を作り、側面に生地を密着させる。

❸ 型からはみ出した生地を、型の縁に沿ってペティナイフで切り取る。冷蔵庫で30分以上休ませる。
POINT ナイフは内側から外に向かって動かします。型の縁と平行に切ると、生地がよれてしまいます。

95

☑ タルト型に敷き込む

[ブリゼ生地]　　　　　[シュクレ生地]

1 生地をめん棒に巻きつけ、型の中心に合わせて手前から奥に向かって生地をたるませながらふんわりとのせる。

1 ポリシートに挟んでのばしたシュクレ生地は上側のポリシートをめくり、生地の下側のシートの下に手を入れて、そのまま裏返すようにして型の上にのせる。

下側のシートを取り除く。

POINT 最初に生地をのせるとき、型と生地の中心が合わずに位置がずれてしまったら、無理に動かさずにそのまま敷き込み、最後に余った生地で足りない部分を補うようにします。

2 型からはみ出している生地を寄せながら型の中に落とし込み、底面と側面に沿わせる。次に側面の生地を内側に大きく折り、生地の折り目を底面の角に押し込むようにしてきっちり合わせて角を作る。

3 底の角部分を指先で軽く押さえつけ、折った生地を型の側面に沿わせるようにして密着させる。親指の腹で内側から生地を軽く押さえ、型と生地の間に隙間ができないように貼りつける。さらに、親指を縁底に押し当てて角が浮かないように敷き込む。

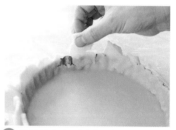

4 生地がはがれたり薄い部分は、余った生地を使ってカバーする。

5 型からはみ出した生地を、縁に沿ってペティナイフで切り取る。冷蔵庫で30分以上休ませる。

POINT ナイフは内側から外に向かって動かします。型の縁と平行に動かして切ると、生地がよれてしまいます。

④ ピケをする

オーブンで焼いている間、生地に含まれる水分が蒸発します。この蒸気を逃すための穴を開けておかないと、生地に空洞ができてデコボコになったり、生焼けの原因にもなります。ピケはこの空気穴を開けること。型に敷き込んだ生地の底全体に、フォークや竹串などの先で穴を開けてから、冷蔵庫で休ませます。

⑤ 空焼きをする

生地を型に敷き込んで、生地だけの状態で焼くことを空焼きといいます。
空焼きが必要になるのは、詰めものをしてから加熱をするかどうかで決まります。

☑ 重しをする ［ブリゼ生地］

1 型の直径＋5〜6cm四方のクッキングシートを用意し、クシャクシャと丸めて扱いやすくする。これを広げて生地に密着させ、縁までしっかり覆う。

POINT 生地にダメージを与えないように、やさしく敷き込みます。

2 重しを型いっぱいに詰め、180℃に予熱したオーブンに入れてレシピ通りに焼く。焼き上がったら、クッキングシートをめくって底生地の焼き色を確認する。

POINT 重しは型の上まで詰めます。焼き時間は各レシピを参照してください。タルトリングの場合はクッキングシートを敷いた天板に置いて焼き、タルト型は天板に付属の網か脚付きの網をセットしてその上に置いて焼きます。

3 重しをクッキングシートごとはずし、再び180℃のオーブンに入れて全体が色づくまで20分ほど焼く。焼き上がったらケーキクーラーにのせて冷ます。

POINT 重しは非常に熱くなっているので、やけどなどに注意してください。

☑ 重しをしない ［シュクレ生地］

1 型に生地を敷き込みピケをし、冷蔵庫で休ませてから、180℃のオーブンで焼く。

POINT 重しをするのが一般的ですが、本書ではブリゼ生地に比べて膨らみや焼き縮みの少ないシュクレ生地は重しなしで焼きます。そのほうが、生地の内側が均一にきれいに焼き上がり、しかも焼き時間が短くなります。

2 焼き上がったら、ケーキクーラーにのせて冷ます。

POINT 本書で紹介するシュクレ生地は、底生地の中央部分が少し膨れやすいので、膨らんできたら軍手をした手でやさしく押さえます。

ADVICE

生地が割れたり欠けたりした場合は、冷めてから残り生地を手で揉んでやわらかくして貼りつけます。ギュッと押しつけると焼き上がった生地が割れるので、なすりつけるようにして密着させます。

⑥ 型をはずす

焼きたてのタルトはとてもやわらかいので、型をはずしたり移動するのはしっかり冷めてから。割れたり壊れたりしないように慎重に行ってください。

☑ タルトリングをはずす

小さめのタルトリングの場合は、裏返してタルト台を押し出すようにしながら、型を真上に持ち上げてはずす。

☑ 底板をはずす

タルト型の底板が生地に貼りついて取れないときは、ガスコンロの火を当てて軽く温めるとはずれる。

POINT やけどには十分注意してください。

クラフティ

★★☆

焼き上がったアパレイユはモチッとしたプリンに似た味わい。
サワーチェリーの酸味がほどよく味を引き締めて、
冷やして食べるとよりおいしい。

材料(直径15㎝のセルクル1台分)

ブリゼ生地(p.88、90参照) ‥‥‥ 160g
サワーチェリー水煮(缶詰) ‥‥‥ 350g
◎アパレイユ
　卵 ‥‥‥ 1個(50g)
　グラニュー糖 ‥‥‥ 95g
　粗塩 ‥‥‥ ひとつまみ
　薄力粉 ‥‥‥ 50g
　牛乳 ‥‥‥ 250g
　キルシュ ‥‥‥ 15g
打ち粉(強力粉。p.22参照) ‥‥‥ 適量

準備

・ブリゼ生地を冷凍保存していた場合は、前日に冷蔵庫に移して解凍する(冷蔵庫解凍10時間以上)。
・クッキングシートを大板に合わせてカットし、天板に敷く。
・サワーチェリーは缶から取り出して汁気をきる。
・卵は常温に戻す。
・オーブンを180℃で本稼働させる(p.18参照)

焼き時間　タルト台：180℃／約40分
　　　　　　本体：180℃／約60分

ADVICE

焼成中にアパレイユを追加することが大事。アパレイユが足りないと焼き上がった後に中央がへこんでしまうので、一度で入らない場合は何回か繰り返し、全量を残さず入れます。アパレイユにはキルシュを加えると香りよく仕上がるのでぜひ加えてください。キルシュはさくらんぼを原料としたブランデー。サワーチェリーとは特に好相性です。

1　p.92〜93、95、97を参照してブリゼ生地に打ち粉をふって3㎜厚さに丸くのばし、直径15×高さ5㎝のセルクルに敷き込んでピケはしないで重しを入れ、180℃のオーブンで約20分、重しをはずしてさらに20分、全体が色づくまで空焼きする(a)。本体を焼くまで、オーブンはそのまま180℃で本稼動させておく。

2　アパレイユを作る。まずボウルに卵を割り入れて泡立て器でほぐし、グラニュー糖と粗塩を加えてすり混ぜる。全体にムラなくなじんだら薄力粉をふるい入れ、泡立て器を立ててぽってりとしてなめらかになるまですり混ぜる。

3　2に牛乳を少しずつ加えて溶きのばすようにしながらムラなく混ぜ、キルシュを加えてさっと混ぜ合わせる。

4　1の生地にひび割れがあったら、その部分に残っている生のブリゼ生地を貼りつけてひび割れを埋める(p.97参照)。

5　4にサワーチェリーを敷き詰め、3を中央からこぼれない程度に縁のギリギリまで流し入れる。

6　180℃のオーブンで約60分焼く。途中、15分ほど焼いてアパレイユの表面が固まったら、天板ごと取り出して中央に菜箸を刺して穴を開け(b)、その穴から残りのアパレイユを流し込む(c)。オーブンに戻してさらに45分焼く。

POINT　アパレイユは一度に全部は入らないので、焼いている途中で残りを注ぎ込みます。ただし、入れすぎると、割れてしまいます。周囲から少しにじみ出てきたらそこでストップし、10分おきに何度か繰り返して全量を入れましょう。この場合も焼き時間の目安は計約60分。

7　アパレイユが全部入り、上面がドーム状に大きく膨らんで弾力が出ていれば焼き上がり(d)。天板にのせたままケーキクーラーの上に置いて冷ます。

8　常温に冷めたら、周囲の生地をペティナイフで型に沿って削り落とし(e)、型を真上に持ち上げてはずす(f)。その後、冷蔵庫で冷やす。

タルト・タタン

★★☆

タタン姉妹が失敗から生み出したといわれるりんごのタルト。
煮詰めたりんごにタルト生地をのせて焼き、
ひっくり返して供することから「逆さまのタルト」の異名も。

材料(直径15cmの丸型1台分)

りんご …… 約1kg(6個)

◎カラメル
  グラニュー糖 …… 60g
  バター(食塩不使用) …… 50g
ブリゼ生地(p.88、90参照) …… 100g
打ち粉(強力粉。p.22参照) …… 適量

準備

・ブリゼ生地を冷凍保存していた場合は、前日に冷蔵庫に移して解凍する(冷蔵庫解凍10時間以上)。

・りんごの下ごしらえをする。まずりんごのヘタの部分と芯の部分を丸くり抜き器でくり抜き、そのまわりの皮をピーラーで一周むく(a)。側面の皮は縦にむき(b)、縦半分に切って種の部分を丸くり抜き器でくり抜く。これを縦半分に切って4つ割りにする(りんごが小さい場合は半割りでよい)。

・深さのあるバットにひとまわり大きいクッキングシートを敷き、りんごを種の側を上にして並べて入れる。

・オーブンを190℃で本稼働させる(p.18参照)。

焼き時間　190℃／約45分＋約60分＋約20分

ADVICE

タルト・タタンのりんごはペクチンによって固まるのですが、でき上がりの表情はさまざま。紅玉で作ればりんごが崩れて隙間も埋まり、ふじなら崩れにくいのでりんごの形がしっかり残ります。もちろん味わいも香りも異なりますから、いろいろな品種で作ってみると楽しいでしょう。いずれのりんごでも、左記の要領で皮をむいて種を取ると、無駄が出ず、仕上がりの形もきれいです。

りんごを焼く

1 バットにりんごを並べる。鍋にカラメルの材料を入れて強火で煮詰め、濃い茶色になったらジュワジュワ煮立った状態でりんごに回しかける。

2 190℃のオーブンで30分焼き、いったん取り出してりんごの上下を返し、再びオーブンに入れて火が通るまで15分焼く。オーブンは190℃で本稼動させておく。
POINT カラメルにつかっていないとりんごが焦げてしまうので、途中で上下を返します。あつあつなので、スプーンとフォークを使ってやけどをしないようにしてください。

型に詰めて焼く

3 直径15cmの丸型に**2**のりんごを隙間なく詰める。まずりんごを立てて型の側面に沿って並べ、中央にはりんごの種の側を上にして2〜3切れを重ねて詰める。

p.102へ →

④ 側面のりんごが傾いていたらまっすぐ
に立て直し、スプーンの背で全体を軽く押
さえてりんご同士をなじませる。

⑤ バットに残ったカラメルを流し入れる。

⑥ 天板にのせて190℃のオーブンで60
分焼く。途中でりんごが焦げそうになったら、
表面をアルミホイルで覆う。

POINT 型に詰めてさらに60分焼くことで、り
んごの果汁がしっかり煮詰まります。カラメルが
あふれてこぼれるので、天板にのせて焼くのを
忘れずに。

ブリゼ生地を
かぶせて焼く

⑦ 熱いうちにスプーンの背でりんごを上
から押さえてなじませ、表面を平らにする。
オーブンは190℃で本稼動させておく。

⑧ p.92を参照してブリゼ生地に打ち粉
をふって型の直径よりひとまわり大きく(直
径20cmらい)、3mm厚さに丸くのばす。

⑨ ⑦に⑧の生地をのせてりんごの上に落
とし込み、側面に余った生地を型とりんご
の間に押し込むようにフォークで押さえて
いく。ぐるりと一周押さえたら、上面をフォー
クで10か所ほど突いて空気穴を開ける。

POINT りんごをしっかり煮詰めておけば、汁
気が生地にしみ込むことはありません。

⑩ 190℃のオーブンで20分ほど焼く。ブ
リゼ生地に焼き色がついたら焼き上がり。
型に入れたまま冷ます。

⑪ 常温に冷めたらバットの裏面を当て
てひっくり返し、型をまっすぐ上に持ち上
げてはずす。

キッシュ

★★☆

ブリゼ生地は甘みをつけないので、塩味の具もよく合います。
野菜やベーコンで作れば、前菜にぴったりの一品に。

材料(直径15cmのセルクル1台分)

ブリゼ生地(p.88、90参照) …… 160g
ほうれん草 …… 70g
ベーコン …… 70g
しめじ(または好みのきのこ) …… 70g
バター(食塩不使用) …… 30g
粗塩、こしょう …… 各適量
◎アパレイユ
　卵 …… 2個(100g)
　粗塩 …… 2g
　こしょう …… 少々
　ナツメグパウダー …… 少々
　生クリーム(乳脂肪分45%) …… 200g
粉チーズ …… 30g
打ち粉(強力粉。p.22参照) …… 適量

準備

・ブリゼ生地を冷凍保存していた場合は、前日に冷蔵庫に移して解凍する(冷蔵庫解凍10時間以上)。
・クッキングシートを天板に合わせてカットし、天板に敷く。
・卵、生クリームは常温に戻す。
・オーブンを180℃で本稼働させる(p.18参照)

焼き時間　タルト台：180℃／40分
本体：180℃／60分

ADVICE

具の合計を210gにすれば、同じ要領でさまざまなキッシュが作れます。いずれの場合も、野菜やきのこは粗塩とこしょうできちんと下味をつけます。

1. p.92、95、97を参照してブリゼ生地に打ち粉をふって3mm厚さに丸くのばし、直径15×高さ5cmのタルトリングに敷き込んでピケはしないで重しを入れ、180℃のオーブンで約20分、重しをはずしてさらに20分、全体が色づくまで空焼きし、冷ます。オーブンは180℃で本稼働させておく。

2. ほうれん草は熱湯で色よくゆでて3〜4cm長さに切り、バター15gでソテーして粗塩、こしょうで調味する。しめじはほぐしてバター15gでソテーし、粗塩、こしょうで調味する。ベーコンは1cm幅に切って熱湯に入れ、表面が白くなったらざるにあけて水気をきる。
   POINT ベーコンはさっとゆでて臭みを取りますが、ゆですぎるとうまみが抜けるので注意。

3. アパレイユを作る。ボウルに卵を割り入れて溶きほぐし、残りの材料を加えてムラなく混ぜ合わせる。

4. ①にひび割れがあったら、残っている生のブリゼ生地を貼りつけてひび割れを埋める(p.97参照)。

5. ②を④に敷き詰めて粉チーズをふり、アパレイユを中央からこぼれない程度に縁のギリギリまで流し入れる(a)。

6. 180℃のオーブンで約60分焼く。途中、15分ほど焼いて少し表面が膨らんだら、天板ごと取り出して中央に菜箸を刺して穴を開け、その穴から残っているアパレイユを流し込む。オーブンに戻してさらに45分焼く。
   POINT アパレイユは一度に全部入らないので、焼いている途中で残りを注ぎ込みますが、入れすぎると割れてしまいます。周囲から少しにじみ出てきたらストップし、10分おきに何度か繰り返して全量を入れます。この場合も焼き時間の目安は計約60分。

7. アパレイユが全部入り、上面がドーム状に膨らんで弾力が出ていれば焼き上がり(b)。天板にのせたまま冷ます。

8. 常温に冷めたら周囲の生地をペティナイフで型に沿って削り落とし、型を真上に持ち上げてはずす。その後、冷蔵庫で冷やす。

タルト・ポワール

★★☆

こんがり焼き目もおいしい洋梨のタルト。
シュクレ生地にアーモンドクリームを詰めたら、
洋梨のシロップ漬けを美しく並べてオーブンへ。

材料(直径18cmのタルト型1台分)

シュクレ生地(p.89、91参照) …… 160g
洋梨シロップ漬け(缶詰) …… 5〜6個
◎アーモンドクリーム
　バター(食塩不使用) …… 50g
　サワークリーム …… 5g
　グラニュー糖 …… 45g
　卵 …… 1個(50g)
　アーモンドパウダー …… 60g
ナパージュ(p.225参照) …… 適量

準備

・シュクレ生地を冷凍保存していた場合は、前日に冷蔵庫に移して解凍する(冷蔵庫解凍10時間以上)。
・洋梨は缶から取り出してキッチンペーパーの上に並べ、上からキッチンペーパーで押さえて汁気を取る。
・p.222を参照してアーモンドクリームの準備をする。
・天板に付属の網または脚付きの網をセットする(p.24参照)。
・オーブンを180℃で本稼働させる(p.18参照)。

焼き時間 180℃／約45分

ADVICE

シュクレ生地は、マジパンローマッセ(アーモンドペースト)が入っているので、こんがり焼くことでうまみが出ます。上面がきつね色になったらもうひと息、少し焦げ目がつくくらいに焼きましょう。クリームや具はもちろん、タルト台もおいしく食べられます。香ばしい焼き目がおいしさの証です。

1 p.93、96、97を参照してシュクレ生地を3mm厚さに丸くのばし、直径18cmのタルト型に敷き込んで底全体にピケをし(a)、冷蔵庫で30分ほど休ませる。

2 p.222を参照してアーモンドクリームを作り(b)、150gを取り分けて冷蔵庫で30分ほど冷やす。
POINT クリームが常温のままでは洋梨をのせにくく、焼いたときに膨らんでしまうので、冷蔵庫で冷やしてかたくします。このタルトに使うのは150g。残りはラップに包んで冷蔵保存を。

3 ❶の中央に❷のクリームを150g入れ、アングルパレットナイフで押さえるようにして全体に広げる。端まで行き渡らせたらナイフの先で押さえて平らにし(c)、さらに上面全体を平らにならす。
POINT アーモンドクリームはかたいので、力が入りやすいアングルパレットナイフで、押さえるようにして平らに詰めます。

4 洋梨を種側を下にして横長に置き、端から薄くスライスする。その形のままターナーですくい上げ、❸の上に放射状にのせる(d)。全部のせたら、外から中央に向かって軽く手で押して、スライスを少しずらす。

5 天板の網の上に置き(e)、180℃のオーブンで約45分焼く。途中、30分ほど焼いたところで半回転させ、さらに15分、シュクレ生地とクリームの部分に焦げ目がつくまで焼く。
POINT 焼くときにかなりの油が出るので、天板に網をのせ、その上に置いて焼きます。網にのせることで、火も均一に全体にまわります。

6 焼き上がったら、熱いうちに軍手をして型の底板を下から押してタルトを抜き出し、外枠をはずす。そのままケーキクーラーにのせて冷まし、タルトを落ち着かせる。

7 常温まで冷めたら、ガスコンロにタルトを直接のせて底板を強火で5秒ほどあぶり、すぐに火からおろして底板をはずす(p.97参照)。
POINT 底板は生地に貼りついているので、そのままではきれいにはずせません。軽くあぶることで生地の底のバターが溶け、簡単にはずれるようになります。

8 小鍋にナパージュ・アプリコットと水適量(ナパージュの約20%)を入れて弱火にかけ、混ぜながら沸騰させる。とろりと流れる状態まで煮詰まったら火からおろし、あつあつのうちに刷毛に含ませて❼の上面の周囲に塗り、それから中央に同様に塗る(f)。
POINT ナパージュは沸騰させたあつあつの状態で塗らないと、つやつやとした輝きが出ません。何度も塗り重ねると刷毛の跡もついてしまいます。たっぷりと刷毛に含ませて、あつあつのうちに1回で塗るのがコツで、周囲から先に塗ればシュクレ生地の上も塗り忘れません。

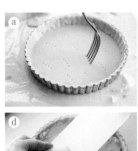

レモンタルト

★★☆

レモンクリームの酸味と香りがキュンと、
口中に広がるかわいいタルト。
一人前のしつらえで見た目もキュートに演出。

材料(直径7.5cmのタルトリング4個分)

シュクレ生地(p.89、91参照)……280g

◎レモンクリーム

　レモン汁……80g(約2個分)

　レモンの皮(すりおろす)……2個分

　グラニュー糖……80g

　バター(食塩不使用)……60g

　卵……2個(100g)

◎イタリアンメレンゲ

　卵白……20g

　グラニュー糖……5g

　シロップ

　　グラニュー糖……45g

　　水……15g

| 準備 |

・絞り袋に直径1.6cmの丸口金をセットする(p.238参照)。

・クッキングシートを天板に合わせてカットし、天板に敷く。

・レモンの皮はおろし金で表面の黄色い部分のみすりおろす。

・バターは1cm角に切り、冷蔵庫で冷やしておく。

・卵は常温に戻してよく溶きほぐす。

・p.218を参照してイタリアンメレンゲの準備をする。

・オーブンを180℃で本稼働させる(p.18参照)。

焼き時間　タルト台：180℃／約10分
本体：180℃／約5分

| ADVICE |

レモンクリームは果汁と皮の両方を使って爽やかな酸味と香りを出します。小さいサイズに作るときは、生地をできるだけ薄く型に敷くのもポイントです。レモンクリームの割合が少なくなるため、生地が厚いと生地ばかりを食べる感じになってしまいます。

1　レモンクリームを作る。鍋にレモン汁と皮、グラニュー糖、バターを入れて弱火にかけ、40〜45℃まで温めてバターを溶かし、火を止める。

POINT　バターが溶けるぎりぎりの温度で火を止めること。それ以上に温度を上げると、この後に加える卵に火が入ってかき卵状になってしまいます。

2　溶き卵を細い糸状に流し入れながら泡立て器で混ぜ合わせ(a)、ムラなく混ざって少しとろみがついたら(b)、火をつけて強火でかき混ぜながら沸騰させる。

POINT　卵を加えて混ぜていると、少しとろみがついて泡立て器の筋が残るようになるので、そのタイミングで火をつけます。卵白の塊が残っていると、かき卵状になるので、よく溶きほぐしておきます。

3　全体にとろみがついてぽこぽこ大きな泡が立ちはじめたら、火からおろしてバットに移し、薄く広げてラップを直接貼りつける(c)。バットの底を氷水に当てて素早く粗熱を取り、冷蔵庫に入れて完全に冷えるまでおく。

POINT　レモンクリームはすぐに冷やさないと、余熱が入って品質が変わってしまうので、急いで冷まして冷蔵庫で冷やします。ラップを貼りつけるのは乾燥を防ぐため。ラップをかぶせたら手のひらで軽く押さえて間に入った空気を抜き、密着させます。

4　p.93、95、96、97を参照してシュクレ生地を2mm厚さにのばし、直径9cmの抜き型で4枚抜く。これを直径7.5cmのタルトリング4個に1枚ずつ敷き込み、それぞれ底全体にピケをして、天板に並べて180℃のオーブンで約10分、きつね色になるまで空焼きする(d)。本体を焼くまで、オーブンはそのまま180℃で本稼働させておく。

5　焼き上がったら天板に並べたまま冷まし、完全に冷めてから、裏返してタルト台を押し出すようにしながら、型を真上に持ち上げてはずす(p.97参照)。

6　レモンクリームを冷蔵庫から出してボウルに移し、ゴムべらでよく練り混ぜてつやのあるなめらかな状態に戻す。

POINT　冷やしたレモンクリームをそのまま使うと、ぽろぽろとして口溶けが悪いので、よく練り混ぜてなめらかにします。

7　6のクリームをスプーンでタルト台の縁までたっぷりと入れ、スプーンの背でなでて平らにする。

8　180℃のオーブンで5分ほど焼き、天板に並べたまま冷ます。

9　p.218を参照してイタリアンメレンゲを作り、丸口金をセットした絞り袋に入れて、8の上面の一か所に直径2cmくらいに丸く絞り出す(p.238参照。e)。

10　スプーンを水で濡らして水気をきり、その背でメレンゲの頭を軽く押さえながら、タルト台の縁に沿ってゆるいカーブを描くように手前に引く(f)。最後にあればトーチバーナーでメレンゲの表面に焼き色をつける(g)。

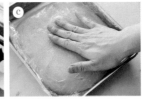

タルト・ショコラ

* * *

タルト台にもココアを練り込んだ、チョコレートづくしのタルトです。
仕上げもグラサージュ・ショコラでつやがけして品よく華やかに。

材料(10×5cmのフィナンシェ型6個分)

◎シュクレ・カカオ生地(タルト生地)
- バター(食塩不使用) …… 85g
- 粉糖 …… 50g
- 溶き卵 …… 25g(p.13参照)
- アーモンドパウダー …… 25g
- ココアパウダー …… 40g
- 薄力粉 …… 100g

◎アパレイユ・ショコラ
- 製菓用スイートチョコレート(カカオ分55〜65%) …… 50g
- 製菓用ミルクチョコレート(カカオ分33〜40%) …… 50g
- 溶き卵 …… 30g(p.13参照)
- 生クリーム(乳脂肪分45%) …… 75g
- 牛乳 …… 20g
- グラン・マルニエ …… 大さじ¼

◎グラサージュ・ショコラ
- 水 …… 85g
- 生クリーム(乳脂肪分45%) …… 50g
- グラニュー糖 …… 90g
- ココアパウダー …… 30g
- 板ゼラチン …… 3g

打ち粉(強力粉。p.22参照)
食用金箔 …… 適量

準備

- バターは常温に戻す(p.14参照)。
- 溶き卵は常温に戻す。
- シュクレ・カカオ生地用のココアパウダーは茶こしで薄力粉にじかにふるい入れて合わせておく。
- アパレイユ・ショコラ用の生クリーム、牛乳も常温に戻す。
- スイートチョコレート、ミルクチョコレートは細かく刻む(タブレットタイプの場合はそのままでよい)。
- p.224を参照してグラサージュ・ショコラの準備をする。
- 鍋に湯せん用の湯を沸かす(p.19参照)。
- オーブンを180℃で本稼働させる(p.18参照)。

焼き時間
タルト台:180℃/約10分
本体:150℃/約15分

ADVICE

- ポリシートに挟むときは打ち粉をしませんが、この生地はペタペタするので、めん棒でのばす際は、ほんの少し打ち粉をふってポリシートに挟んでのばします。型に敷き込むときも、手につくようなら、軽く手のひらに粉をつけるといいでしょう。生地がゆるんだときはすぐに冷蔵庫へ。冷やすとかたくなって扱いやすくなります。
- アパレイユ・ショコラのチョコレートは、スイートチョコレートだけでは苦みが強く、ミルクチョコレートだけでは甘すぎます。2種合わせることで味のバランスがとれ、深みも出るので、一方だけにしないように。

グラサージュ・ショコラを作る

1 p.224を参照してグラサージュ・ショコラを作る。

POINT グラサージュ・ショコラはゼラチンを安定させるために最初に作っておき、使うときに温め直します。

シュクレ・カカオ生地を作る

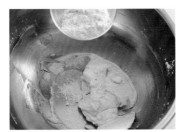

2 ボウルにバターを入れてゴムべらで練ってクリーム状にし、粉糖を加えてよく混ぜ合わせる。全体になじんだら、溶き卵を加えてムラなく混ぜ合わせ、さらにアーモンドパウダーを加えて底からすくうようにしてムラなく混ぜ合わせる。

POINT 薄力粉やココアパウダーより先にアーモンドパウダーを加えたほうが混ぜやすく、余分な水分を吸ってくれるので、ダマもできにくくなります。

3 ココアパウダーを合わせた薄力粉をふるい入れ、ダマが残らないように、カードでボウルにすりつけるようにして混ぜる。しだいにつやが出てひとつにまとまってきたら、ひと塊にしてラップで包み、冷蔵庫で30分ほど冷やす。

POINT 水分が少なくバターが多いので、力が伝わりやすいカードを使いましょう。全体がムラなく混ざってなじんだら、つやが出てひとつにまとまってくるので、その状態になるまでしっかりと混ぜます。

型に敷き込む

4 厚手のポリシートを広げて茶こしでごく薄く打ち粉をふり、**3**の生地をのせて同様に打ち粉をふる。その上にもう1枚ポリシートを広げてのせ、p.94を参照して厚さ2mmに四角くのばす。上のシートをはずす。

POINT 生地にシートが密着するとのばしにくくなるので、ときどきシートをはがして生地とシートの間に空気を入れます。

5 10×5cmのフィナンシェ型6個を長方形になるように並べ、**4**を下に敷いたシートごとひっくり返して型の上にのせる。シートをはずして型の内側に生地を落とし込み、指先で押さえてそれぞれの型の側面に生地を貼りつける。

6 型と型の間にペティナイフを入れて切り離し、型からはみ出た生地を型の縁に沿ってそぎ落す。さらにひとつずつ手に持って生地を指先で押さえて型に密着させる。

POINT 底の4辺の角や四隅は特に丁寧に押さえて、隙間ができないように密着させます。

焼く

7 底面をフォークで5回ほど突いて空気穴を空け(ピケをする)、冷蔵庫で30分ほど冷やす。

POINT 生地がやわらかい状態で焼くと、焼き縮みしたり、旨味が抜けて油っぽくなったりするので、冷蔵庫で冷やしてかたく締めます。

8 天板に並べ、180℃のオーブンで10分ほど空焼きする。火が通ったらOK。型に入れたまま冷ます。本体を焼くまで、オーブンは設定温度を150℃にして本稼動させておく。

アパレイユ・ショコラを作る

9 ボウルにスイートチョコレート、ミルクチョコレートを入れ、湯せんにかける(p.19参照)。やわらかくなったら卵、生クリーム、牛乳、グラン・マルニエを順に入れ、そのつど泡立て器でムラなく混ぜ合わせる。

POINT タブレットタイプのチョコレートの場合は、火を消した湯せんでは、溶けきらずに塊が残ることがあります。その場合は弱火の湯せんにかけて完全に溶かします。

流し入れて焼く

10 アパレイユ・ショコラを**8**の中央から流し入れて縁のぎりぎりまで入れ、150℃のオーブンで15分ほど焼く。上面が膨らんでこんがりと焼き色がついたら焼き上がり。型に入れたままケーキクーラーの上に並べて冷ます。

仕上げ

11 完全に冷めたら、生地と型の間にペティナイフを差し込んで型に沿ってナイフを滑らせ、生地を型から離す。4辺とも離したら長い辺の中央あたりにナイフを深く差し込み、型を起こすようにしてはずす。

12 **①**のグラサージュ・ショコラを電子レンジ(600W)に20秒ほどかけて人肌(35℃前後)に温め、大さじ1杯くらいを**11**に流しかける。タルトを少し傾けて回しながら縁のぎりぎりまで広げ、しばらくおいて表面が固まったら、中央に金箔をのせる。

材料(16×16cmの角型1台分)

シュクレ2番生地(下記のADVICE参照)
　……140g

◎フィリング

　生クリーム(乳脂肪分45%)……50g

　グラニュー糖……25g

　バター(食塩不使用)……15g

　はちみつ……40g

　アーモンドスライス……80g

準備

・16×16cmの角型にクッキングシートを
敷き込む(p.16参照。a)。

・ひとまとめにしていたシュクレ2番生地を
ほぐす(b)。

・バターは1cm角に切り、冷蔵庫で冷やし
ておく。

・天板に付属の網または脚付きの網を
セットする(p.24参照)。

・オーブンを180℃で本稼働させる(p.18
参照)。

焼き時間　タルト台：180℃／約15分
本体：170℃／約20分

2番生地で作る
フロランタン

★☆☆

2番生地にキャラメルアーモンドをのせて焼き上げれば、
生地はパリパリ、ナッツはカリッ。歯ごたえも最高！

ADVICE

「2番生地」とは、型に敷き込んだとき
に切り落とした余り生地。かたくなっ
てしまいますが、キャラメル状に焼き
上がるフロランタンなら、クリスピーで
おいしい。フィリングに白ごまを加えれ
ば、さらに香ばしくなるので、好みで大
さじ1を加えても。切り分けるときは、
裏返してタルト台側を上にすると、きれ
いに切れます。

p.112へ →

シュクレ2番生地を型に敷き込む

1 ほぐしたシュクレ2番生地を型の底に敷き詰め、親指の腹で押して生地をくっつけながら平らにのばす。

POINT 2番生地なので、めん棒でのばさなくてOK。生地を型に入れてから四隅の角まで隙間ができないよう、まんべんなく指で押して生地をくっつけながらのばします。

2 表面が平らになってほぼ均一の厚みになったら、フォークでまんべんなく突いて空気穴を開け（ピケをする）、冷蔵庫に30分置いて休ませる。

空焼きする

3 天板の網の上に置き、180℃のオーブンで明るいきつね色になるまで15分ほど焼き、型に入れたままケーキクーラーにのせて冷ます。本体を焼くまで、オーブンは180℃で本稼働させておく。

フィリングを作る

4 鍋に生クリーム、グラニュー糖、バター、はちみつを入れて中火にかけ、110℃（全体がふつふつと盛り上がる状態）になるまで煮詰めたら、火を止めてアーモンドスライスを加え、手早くかき混ぜて均一になじませる。

POINT アーモンドスライスをなるべく壊さないように混ぜます。

型に敷き詰める

5 熱いうちに**4**を**3**に入れる。

6 四隅の角までゴムべらで手早く広げて均一な厚みに敷き詰める。

POINT 110℃のベースにアーモンドスライスを加えたら、型に敷き詰めるまでは一気に作業を進めます。時間をかけると固まってしまい、広げられなくなってしまいます。

焼く

フィリングを敷き詰めた状態。

7 天板の網の上に置き、170℃のオーブンで20分ほど焼く。表面のアーモンドスライスがキャラメル色になったら焼き上がり。型から取り出してケーキクーラーにのせて冷まし、敷き紙をはがす。

第5章

折り込みパイ生地のお菓子

はらはらと崩れる軽い食感とバターの力強い風味が魅力のパイ生地。
"のばして折り畳む"を繰り返す折り込みパイ生地は難しいと敬遠されがちですが、
手順を守り、時間をたっぷりとって、
焦らずゆっくり進めれば、必ずうまくできるはずです。

折り込み
パイ生地

★★✿

<u>三つ折りを繰り返しながら、</u>
<u>生地とバターの薄い層を重ねていく</u>

小麦粉を水で練ったデトランプ(粉生地)でバターを包み、
何回も折り畳んで交互で薄い層状になった生地を作ります。
これを高温で焼くことでバターの層が一気に溶け、
隙間の空いた薄い板状の層が作り出されます。

材料(作りやすい分量。でき上がり量約1190g)

◎デトランプ

薄力粉 …… 250g

強力粉 …… 250g

バター(食塩不使用) …… 75g

水 …… 235g

粗塩 …… 15g

折り込み用バター(食塩不使用) …… 350g

打ち粉(強力粉。p.22参照) …… 適量

準備

・デトランプ用のバターは1cm角に切り、冷蔵庫で冷やしておく(p.14参照)。

・折り込み用のバターは厚さを揃えて切り分け、ほぼ正方形になるように並べてラップで包み、冷蔵庫で冷やしておく(a)。1本450g(1ポンド)のバターを使うと、350gで切り出し4等分すればよく、効率的。

・強力粉、薄力粉は冷蔵庫で冷やしておく。

・分量の水に粗塩を加え、よく混ぜて塩水を作り、冷蔵庫で冷やしておく。

ADVICE

焼き上がりにきれいな層を出すには、デトランプとバターが同じかたさであることがポイントです。どちらかがかたかったりやわらかかったりすると、きれいな層はできません。生地をのばしているとグルテンが形成され、バターもやわらかくなってのばしにくくなるので、三つ折りを2回するごとに、冷蔵庫で十分休ませましょう。

デトランプを作る

1 大きめのボウルに薄力粉と強力粉を入れて手でかき混ぜ、バターを加えて粉をまぶしながら指の腹でつぶす。

POINT バターが溶けないように、手早く進めましょう。

2 両方の手のひらでバターと粉をすり合わせて粒を細かくする。

POINT この作業も手早く進めます。時間をかけると手の熱でバターがゆるみ、べたついてしまいます。

バターが小豆大ぐらいになれば終了。大きな粒が残っていたら指でつぶす。

3 冷やしておいた塩水を回し入れ、手で大きくかき混ぜて粉全体に水分をなじませる。

4 粉が水分を吸ってぼろぼろとした状態になってきたら、生地を寄せてはギュッと握って離す。これを繰り返してまとめていく。

POINT ここでは練り混ぜないこと。

5 粉気がなくなり全体がまとまってきたら作業台に取り出し、少し弾力が出るまでこねる。

p.116へ →

⑥ こね上がった生地をひとつにまとめる。表面は少しざらざらとした粗い状態でよい。

⑦ 包丁で生地の半分くらいの深さまで十字に切り込みを入れる。

⑧ 厚手のポリ袋に包み、冷蔵庫でひと晩休ませる。

折り込み用バターを成形する

⑨ 折り込み用バターにラップの上からめん棒を当て、体重をかけながらグッグッと押して平らにのばす。全面押し終えたら90度回して向きを変え、同様に押す。これを繰り返して半分くらいの厚さにする。

POINT バターは冷蔵庫から出したてで、冷えてかたいものを使います。

⑩ ラップをいったんはがして15cm四方の正方形になるように包み直し、ラップの上からめん棒を転がして四方にのばす。包んだラップの四隅までバターをのばし、15cm四方のシート状にする。

POINT 均一の厚さで、ゆがみのないきれいな正方形に成形します。

⑪ のばし終わったバターは、常温に30分ほど置く。

POINT 冷え固まった状態のバターはのびが悪く、デトランプに包んでのばしたときに割れてしまうことがあるので、常温に置いて生地と同じくらいのやわらかさにします。

デトランプでバターを包む

⑫ デトランプを冷蔵庫から出し、30分ほど置いて常温に戻す。ポリ袋から取り出して軽く打ち粉をした作業台に置き、十字の切り込みを指で四方に広げる。

⑬ 十字の部分をめん棒で軽く押し広げる。

⑭ 盛り上がっている生地をめん棒で押しのばすようにして四方に広げ、ヒトデのような形にする。

⑮ 全体の厚みを均一にし、⑪のバターが包める大きさにのばす。

POINT この時点で、デトランプとバターのかたさが同じであることが重要です。

⑯ バターの片面に軽く打ち粉をする。この面を下にして⑮のデトランプの中央に置き、上面にも軽く打ち粉をする。

POINT この打ち粉は生地とバターの接着剤役です。上面にふるときは、四方に広げた生地に粉をかけないこと。

⑰ 向かい合う生地をそれぞれ引っ張るようにしてバターにかぶせ、中央で生地の角をしっかりくっつける。

POINT 生地とバターの縁との間に隙間ができないように密着させます。

1回目の三つ折りをする

⑱ 残り一方の生地を角が中央にくるようにかぶせ、合わせ目を指でつまみながら閉じ合わせる。このとき、生地とバターの間に空気が入らないように注意する。反対側の生地も同様にし、バターが出ないようにしっかり包み込む。

POINT 閉じ目が厚くならないように、指で両側からギュッとつまんで薄くします。生地が4枚重なる中央部分は、生地を指でのばして少し薄くする、位置をずらすなどして調整しつつ、バターの四隅がはみ出さないように包みます。

⑲ めん棒を軽く転がして上面をならし、打ち粉を軽くふる。

⑳ めん棒を少しずつずらしながら上から押しつぶすようにしてのばし、厚さ1cmくらいにする。

POINT いきなりめん棒を転がしてのばすと、デトランプからバターが飛び出したりするので、グッグッと押さえながら生地を薄くしていきます。

㉑ 全体が厚さ1cmくらいになったら、生地の角を出す。生地と作業台の間に打ち粉をしてめん棒を斜めに当て、生地中央から右上に向かってやや強く転がして生地をのばし、右の角を出す。そのまま左下に向かってめん棒を引き、やや強く転がして左下の角を出す。めん棒の向きを逆にして同じ要領で左上、右下の角を出す。

POINT 生地をのばしていくうちにしだいに角が丸くなるので、最初に角をしっかり出しておきます。のばす途中で角が丸くなってきたら、同様に中央から角に向かってのばします。

㉒ めん棒を中央から奥、中央から手前に転がして、4つ角を出すことで少しゆがんだ生地の形を修正しながら20×45cmくらいにのばす。

POINT 扇形に広がった生地をめん棒でよせ、左右のラインをまっすぐにします。

POINT

のばしている生地に空気が残っていたら、竹串を刺して抜きます。空気を入れたままにすると、生地が破れたり、均一に浮き上がらない原因となります。

p.118へ →

㉓ 生地の手前⅓を向こう側へ折る。

角

角

㉔ 角を引っ張って重ねた生地の縁と合わせて隙間ができないようにし、刷毛(毛先のやわらかいもの。p.233参照)で生地表面の余分な打ち粉を払う。

POINT 重ねた角を生地としっかり合わせます。打ち粉が残っていると、重ねた生地がくっつかず、ずれてしまいます。

1回目の三つ折り終了

㉕ 奥側⅓の生地を手前に折り重ね、全体を軽く叩いてなじませる。三つ折り1回目の終了。

POINT 重ねた生地の角をしっかり合わせます。

2回目の三つ折りをする

㉖ 生地の裏面に軽く打ち粉をする。

生地の輪

㉗ 生地を90度回して三つ折りした輪が左になるように縦長に置き、重ねた生地がずれないように、手前と奥の端の内側をめん棒で押さえる。

POINT グルテンの縮もうとする働きで、生地は1回目にのばした方向にはのびないので、向きを変えます。両端を密着させる際、強く押すと生地が切れてしまうので注意して。

㉘ 両端のくぼみの間をめん棒を少しずつずらしながら上から押さえつけるようにしてのばし、厚さ1cmくらいにする。

㉙ めん棒を斜めに当て、生地中央から左上の角に向かってめん棒を少しずつずらしながら押しつぶし、角まで押しつぶしたら中央から右下の角に向かって同様に押しつぶす。めん棒の向きを逆にして、今度は中央から右上の角、中央から左下に向かって押しつぶす。

POINT 斜めにつぶしていくと、生地がゆがまずに均等にのばすことができます。

㉚ 生地と作業台の間に打ち粉をし、生地の表面を平らにならすようにめん棒を中央から奥、中央から手前と転がしてのばす。

㉛ 表面が平らになったら、めん棒を斜めにして中央から右上の角へ、中央から左上の角へ、中央から右下の角へ、中央から左下の角へと向かって均一にのばしていく。

POINT 前後にのばすと細長くなりすぎたりよれたりするので、常に中央から角に向かって対角線にのばします。

㉜ ある程度薄くなったら生地をめん棒でくるくると巻き取り、めん棒を180度回して台の上にくるくると広げて前後を入れ替え、再び㉛の要領でのばしていく。

POINT　手で持ち上げると生地がよれるので、めん棒に巻き取って前後を入れ替えます。こうすると生地の表面と裏面がひっくり返ることもありません。

㉝ ㉛の要領で適宜打ち粉をしながらのばしていく。最終的に厚さ3mm、幅16〜18cm、長さ42〜45cmの長方形にする。

㉞ 生地表面の余分な打ち粉を刷毛で払い、手前から⅓、奥から⅓を折って三つ折りにし、全体を軽くたたいてなじませる。三つ折り2回目の終了。

生地を休ませる

㉟ 厚手のポリ袋に入れて、冷蔵庫で30分〜1時間休ませる。

POINT　三つ折り2回を1セットとします。ポリ袋に1セット目終了の付箋をつけておきましょう。

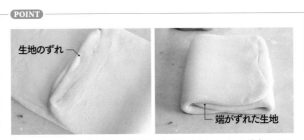

POINT

生地のずれ

端がずれた生地

生地をのばしていくうちに重ねた縁が大きくずれたりよれてしまった場合は、三つ折りする際にその部分が三層の中央になるように折り込みます。

㊱ ㉖〜㉞の作業を2回繰り返して三つ折り3、4回目を行い、㉟と同様に冷蔵庫で休ませる。冷蔵庫に入れるときは、2セット目終了の付箋をつける。

㊲ ㉖〜㉞の作業を2回繰り返して三つ折り5、6回目を行い、㉟と同様に冷蔵庫で休ませる。これで計6回3セットの三つ折りが終了し、基本の生地の完成。

POINT　三つ折りを6回した生地は、表面がつややかです。

㊳ 冷蔵庫で休ませたのち、㉗、㉘の要領でめん棒で軽く押して厚みを半分ぐらいにし、3等分して、すぐ使わない場合は保存する。

POINT　水分量が多い生地はカビやすいので、保存は冷凍で。ラップでぴったり包み、さらにアルミホイルで包み、冷凍用保存袋に入れて冷凍します。保存期間の目安は3か月。解凍は冷蔵庫で10時間以上。前日から冷蔵庫に移しておきます。

ミルフィユ

★★☆

「千枚(ミル)の葉(フィユ)」という意味を持つ、
フランスの代表的なパイ菓子。
何層にも折り重ねたパイ生地を薄く焼き上げ、
クリームと重ねて仕上げます。

材料(約15×10cm1台分)

折り込みパイ生地(p.119の3等分したもの) …… 1本
◎ディプロマットクリーム
　カスタードクリーム
　　牛乳 …… 200g
　　生クリーム (乳脂肪分45％) …… 50g
　　バニラビーンズ …… ¼本
　　卵黄 …… 4個(80g)
　　グラニュー糖 …… 50g
　　強力粉 …… 15g
　　コーンスターチ …… 5g
　生クリーム (乳脂肪分45％) …… 80g
打ち粉 (強力粉。p.22参照) …… 適量
シロップ(p.216参照) …… 適量
デコレーションシュガー …… 適量

焼き時間　190℃／約55分

ADVICE

ポイントは何といってもパイ生地を薄く平らに焼き上げること。薄く均一にのばすのはもちろん、焼くときには天板で重しをします。それでも膨らんで天板を押し上げてきますから、様子を見て膨らみをしっかりつぶします。何層にも折り重ねたパイ生地は、つぶしても、パリッサクッの食感が損なわれることはありません。

準備

・折り込みパイ生地を冷凍保存していた場合は、前日に冷蔵庫に移して解凍する(冷蔵庫解凍約10時間)。
・絞り袋に直径1.6cmの丸口金をセットする(p.238参照)。
・クッキングシートを天板に合わせて2枚カットし、1枚は天板に敷く。
・天板は2枚用意する。
・p.214を参照してカスタードクリームの準備をする。
・オーブンを190℃で本稼働させる(p.18参照)。

カスタード
クリームを作る

パイ生地をのばす

❶ p.214を参照してディプロマットクリーム用のカスタードクリームを作り、バットに移してラップを直接貼りつける。バットの底を氷水に当てて素早く冷まして冷蔵庫に入れておく。

❷ 作業台に茶こしで打ち粉をふり、生地を作ったとき上側だった面を上にして縦長に置く。

生地の上にも茶こしで打ち粉をふり、手のひらで軽くなじませる。
POINT 折り込みパイ生地には表面と裏面があるので、ひっくり返して置かないこと。生地を保存する場合も注意。

  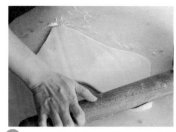

3 まず生地を押しつぶす。めん棒を斜めに持ち、生地の中央から左上の角に向かって数回押しつぶし、角まで押しつぶしたら、中央から右下の角に向かって数回押しつぶす。

めん棒の向きを逆にし、今度は中央から右上の角に向かって押しつぶし、中央から左下の角に向かって押しつぶす。

4 全体をまんべんなく押しつぶしたら、生地の角を出す。めん棒を斜めにしたまま右上の角に向かってやや強く押し回して生地をのばし、右上の角を出す。

そのまま左下に向かってめん棒を引き、やや強く押し回して左下の角を出す。めん棒の向きを逆にして同じ要領で左上、右下の角を出す。

POINT 生地をのばしていくうちにしだいに角が丸くなるので、最初に角を出しておきます。のばす途中で角が丸くなってきた場合も、同様に中央から角に向かってのばしましょう。

5 4つの角を出したら、めん棒を斜めにして中央から右上の角へ、中央から左上の角へ、中央から右下の角へ、中央から左下の角へと向かって均一にのばしていく。

POINT 前後にのばすと細長くなりすぎたりよれたりするので、常に中央から角に向かって対角線にのばします。

6 ある程度薄くなったら生地をめん棒でくるくると巻き取り、めん棒を反転させて台の上にくるくると広げて前後を入れ替える。

POINT 手で持ち上げると生地がよれるので、めん棒に巻き取って前後を入れ替えます。こうすると生地の表面と裏面がひっくり返ることもありません。

焼く

  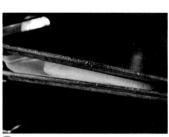

7 **5**の要領でさらに生地をのばし、40×17cm×厚さ5mmにのばす。これをクッキングシートを敷いた天板にのせ、冷蔵庫に30分ほど置いて休ませる。

8 冷蔵庫から取り出し、クッキングシートをかぶせて天板をのせる。

POINT 生地が膨らまないように天板で重しをして焼きます。こうすればピケをする必要はありません。天板がない場合は、生地全体をカバーする大きさのバットを2〜3枚重ねてのせるか、オーブン用の網をのせてその上にバットを1〜2枚重ねてのせます。網だけでは重みが足りず、生地が浮いてしまうのでバットも必要です。

9 190℃のオーブンに入れて焼き始める。15分ほど焼いたあたりで、しだいに生地が膨らんでくる。

⑩ 生地が膨らんできたら、軍手をして天板の上から生地を押さえ、膨らみをつぶす。天板をのせたままオーブンに戻して15分焼き、天板とクッキングシートをはずしてさらに20分ほど焼く。

POINT オーブンから完全に取り出すと温度が下がるので、下に敷いた天板を少し引き出して一方の手で下から支え、両手で生地を挟むようにもう一方の手で天板の上から押さえます。やけどをしないように注意してください。

⑪ 全体がきれいなきつね色になったら、いったん取り出して表面全体に刷毛でシロップを塗り、オーブンに戻して5分ほど焼いてつやを出す。

POINT シロップを塗って空焼きすると、表面がカラメリゼ(シロップがカラメル状になること)されて光るようなつやが出ます。色も深みを増しておいしそうなきつね色になります。

⑫ 焼き上がったら天板ごとケーキクーラーにのせて冷ます。

POINT パイ生地はきつね色以上に香ばしく焼いてしまうと、苦味が出るので注意。ただし、しっかり焼かないと生地の中央がベタつくので、裏側の色も確認します。裏面もきつね色になっていればOK。

ディプロマットクリームを作る

⑬ p.215を参照してディプロマットクリームを作り、丸口金をセットした絞り袋に入れておく(p.238参照)。

組み立てる

⑭ 完全に冷めた⑫の生地を横長に置き、波刃のケーキナイフで右端を切り落としてから、10cm幅に縦に切って3等分にする。さらに、それぞれ90度回して中央の15cm幅をとって両端を切り落とす。

POINT 波刃のケーキナイフで切ると、きれいに切れます。もう一方の手で生地を押さえ、ナイフを小刻みに前後させて向こう端を少し切ってから、ナイフを小刻みに前後させながら手前に切っていくのがコツです。

⑮ ⑭の生地の1枚を横長に置き、ディプロマットクリームを右から縦に6本絞り出す(p.238参照)。その上にもう1枚生地をのせ、同様にディプロマットクリームを絞り出して、3枚目の生地をのせる。

デコレーション

⑯ 少し厚手の紙(A4コピー用紙を三つ折りにしたものなど)を⑮の上に斜めにのせて上面を半分覆い、デコレーションシュガーを茶こしでムラなくふる。紙をはずして完成。

☑ **きれいにカットするには**

❶ クリームがゆるむとつぶれやすいので、冷蔵庫で冷やしてクリームをかたくする。

❷ 生地がずれないようにバット(またはまな板)を手前に当て(a)、波刃のケーキナイフで上から1枚ずつ切っていく。

❸ 一番上の生地の向こう端にナイフを小刻みに動かしながら入れ、ナイフを前後にスライドさせながら手前まで切る。

❹ 2番めの生地も同じ要領で切る。

❺ いちばん下の生地は、バットをはずして上からまっすぐ下に押して一気に切る(b)。

アップルパイ
★★☆

小さな子供から年配の方まで、
幅広く愛されているりんごのパイ。
アメリカでは「おふくろの味」とも
いわれるほどポピュラーな存在です。

材料(直径15cmのマンケ型1台分)

折り込みパイ生地(p.119の3等分したもの) …… 1本
りんご …… 正味350g(大1個)
グラニュー糖 …… 70g
薄力粉 …… 20g
シナモンパウダー …… 小さじ½
レモン汁 …… 15g
バター(食塩不使用) …… 5g
打ち粉(強力粉。p.22参照) …… 適量
溶き卵 …… 適量

ADVICE

上にかぶせる生地を格子状にすると、生地が倍以上必要になり、味わいも重くなるので、空気穴を開けて1枚でかぶせるのがおすすめ。空気穴は冷めて表面が沈むと、形がはっきり現れます。かわいい形に抜いてワンポイントにしましょう。そのまわりの模様はいかようにしてもOK。遊び心を発揮して楽しんで描いてください。

準備

・折り込みパイ生地を冷凍保存していた場合は、前日に冷蔵庫に移して解凍する(冷蔵庫解凍約10時間)。
・型の底面に敷く敷き紙を用意する。まずクッキングシートを広げて直径15cmのマンケ型の底に押し込み、底面の角を指先で1周なぞって折り目跡をつける(a)。取り出して折り目跡よりひとまわり大きく(2cmくらい)、はさみで円形に切る(b)。
・バターは1cm角に切り、冷蔵庫で冷やしておく。
・天板に付属の網または脚付きの網をセットする(p.24参照)。
・オーブンを190℃で本稼働させる(p.18参照)

焼き時間：190℃／約15分＋180℃／約45分

パイ生地をのばす

1 パイ生地を1：2の割合(⅓量と⅔量)に包丁で切り分け、それぞれ打ち粉をふってめん棒で2mm厚さに四角くのばし(p.22参照)、大きさの異なる2枚にする。

型に敷き込む

2 大きいほうのパイ生地の中央に円形に切った敷き紙をかぶせるようにのせ、紙のほうを下にして持つ。

マンケ型にのせ、敷き紙の折り目跡が型の底面の角と合うように、生地を少したるませて型の内側にはめる。

POINT 立ち上がりの高い型の場合、敷き紙を敷いてから生地を入れると、紙がずれて作業がしにくくなるので、生地と一緒に入れます。側面まで紙をセットすると火の通りが悪くなるため、取り出しやすさも考慮して底面だけにします。

3 生地を落とし込んで底面全体に密着させ、側面部分の生地をひだを寄せるように内側に折り返す。

生地の折り目と底面の角をきっちり合わせ、角に隙間ができないように指で押さえてから、側面に生地を貼りつける。

POINT 底面の角に隙間ができないよう、丁寧にしっかりと生地を密着させます。生地が足りない部分があったら、はみ出した生地を切り取って貼りつけます。

りんごをマリネする

4 りんごの皮をむいて種を取り、1cm厚さのいちょう切りにする。これをボウルに入れてグラニュー糖、薄力粉、シナモンパウダーをふるい入れ、レモン汁を加えてゴムべらでざっくりと混ぜ合わせる。

POINT 混ぜてから30分以上おくと、りんごから水分が出て生地にしみ込むので注意。

p.126へ → 125

りんごを詰める

5 ③の生地の縁に、内側1cm深さくらいまでを目安に刷毛で水を塗る。

POINT 後でかぶせた生地とくっつきやすくするため、水を塗っておきます。溶き卵ではくっつきすぎるので水を塗ります。

6 ⑤に④のりんごを入れ、バターを散らしてのせる。

パイ生地をかぶせる

7 小さいほうのパイ生地の中央を、直径3cmの星型(または好みの形の抜き型)で抜く。

POINT パイ生地をかぶせて焼くことで、中のりんごが蒸し焼きの状態になり、ジューシーに火が通ります。生地が割れないよう、中央に抜き型で穴を開けておきましょう。

8 ⑦を⑥にかぶせるようにのせ、周囲の生地を下の生地と一緒に指でつまんでくっつける。

POINT 上下の生地の間に隙間があると、中の蒸気や熱が逃げて火の回りにムラができ、煮汁もあふれてしまいます。上下の生地は、しっかりつまんでくっつけます。

生地がくっついたら、型の縁から2cmくらいを残して余分な生地をキッチンばさみで切り落とす。

9 周囲の生地を波形に整えながら型の内側に収める。生地の下から人差し指で生地を押し上げて型の内側に入れ、これをもう一方の親指と人差し指でつまんで型の側面に押しつけると、形が安定する。

飾り模様を入れる

10 上面に溶き卵を刷毛で塗る。

POINT 溶き卵を塗るのはつや出しのため。卵がたまると、焼いたときにその部分がはげるので、刷毛で薄くのばすように塗りましょう。

11 ペティナイフの刃先で上面に半円のごく浅い切れ目を入れ、模様をつける。その後、冷蔵庫に30分ほど置いて冷やす。

POINT すぐに焼くと、パイ生地のバターが溶け出て火が通る前に一気に膨らんでしまうため、必ず冷やします。

焼く

12 天板の網の上に置いて190℃のオーブンで15分焼き、180℃に温度を下げて45分焼く。途中、表面が焦げそうになったら、アルミホイルをかぶせる。中央が大きく膨らんで全体がきつね色になったら焼き上がり。型からはずしてケーキクーラーにのせて冷ます。

POINT パイ生地はきつね色以上に香ばしく焼いてしまうと、苦味が出るので注意。ただし、しっかり焼かないと生地の中央がベタつくので、底面を見て色を確認しましょう。底面まできつね色になっていればOKです。

パルミエ

★☆☆

さくさくの歯ざわりとふわっと漂うバターの香り。
パイ生地そのもののおいしさを存分に楽しんで。

[材料(12〜13枚分)]　焼き時間 200℃／約25分

折り込みパイ生地
　(p.119の3等分したもの) …… 1本
グラニュー糖 …… 100〜150g

[準備]

・折り込みパイ生地を冷凍保存していた場合は、前日に冷蔵庫に移して解凍する(冷蔵庫解凍約10時間)。
・クッキングシートを天板に合わせてカットし、天板に敷く。
・オーブンを200℃で本稼働させる(p.18参照)。

ADVICE

> グラニュー糖は打ち粉のように使いますが、量が少ないとカラメリゼ(グラニュー糖がカラメル状になること)が足りなくなり、生地がくっつきません。パリッとした香ばしさも半減し、甘みも物足りなくなってしまいます。折りたたむ際にふるグラニュー糖はまんべんなく、最初に作業台にふるグラニュー糖はやや多めに。

1. 作業台にグラニュー糖を多めにふり、その上にパイ生地を縦長に置く。生地の上にもグラニュー糖をまんべんなくふり、p.122の③〜⑥を参照してめん棒で35×15×厚さ1cm程度の長方形にのばす。
   POINT 細長いパイ生地を前後にのばすと中心にくびれができやすい。対角線にのばしていくほうが、きれいな長方形にのばせます。

2. ①にグラニュー糖をまんべんなくふりかけ、手前、向こう側の順に折り重ねて三つ折りにする(a)。

3. 再び上面にまんべんなくグラニュー糖をふり、①と同様に長方形にのばし、手前から中央に向かってくるくると3巻きして折る。

4. 生地を反転させて③と同じように手前から中央に向かって3巻き折り、そのまま手前の生地を向こう側の生地にのせるようにして二つに折りたたむ(b)。これを厚手のポリシートで包んで冷蔵庫に入れ、20分ほど冷やす。

5. ④の輪を手前にして横長に置き、包丁で上からまっすぐ下に押して1cm厚さに切る。
   POINT 包丁を引いて切ると、切り口が引きつれるので、上から押して切ります。よく冷やしてかたくしてから切るのもコツで、やわらかい状態で切ったのでは、生地がつぶれてきれいに切り分けられません。

6. 切り口(断面)を上にして、広めに間隔を取って天板に並べる(c)。
   POINT 横に膨らむので、生地と生地の間を広めに空けておきましょう。

7. 200℃のオーブンに入れ、10分ほど焼いたところで取り出して形を整える。1枚ずつへらとターナーで生地を挟んで両サイドからギュッと押し(d)。上に飛び出ているところがあれば、へらで押さえて平らにする。
   POINT 途中で形を整えないと、横に膨らみすぎたり、中央が開いたりしてしまいます。先端がまっすぐなへらやターナーを使うと、しっかり押せます。

8. オーブンに戻して10分ほど焼き、上面がきつね色になったら裏返してさらに5分焼く。両面がきつね色になったら焼き上がり。天板に並べたまま冷ます。

マロンパイ

★ ★ ✿

アーモンドクリームの中にコロンと忍ばせた栗の渋皮煮がうれしいひと味。
包み方にもひと工夫してアイシングでドレスアップ。

材料(直径6cmのセルクル6個分)

折り込みパイ生地
 (p.119の3等分したもの) …… 1本
栗の渋皮煮(市販品) …… 6個
◎アーモンドクリーム
 バター(食塩不使用) …… 50g
 サワークリーム …… 5g
 グラニュー糖 …… 45g
 卵 …… 1個(60g)
 アーモンドパウダー …… 60g
◎アイシング
 粉糖 …… 50g
 ラム酒 …… 10g
打ち粉 (強力粉。p.22参照) …… 適量
溶き卵 (接着とつや出し用) …… 適量

準備

・折り込みパイ生地を冷凍保存していた場合は、前日に冷蔵庫に移して解凍する(冷蔵庫解凍約10時間)。
・コルネ(p.239参照)を1枚用意する。
・クッキングシートを天板に合わせてカットし、天板に敷く。
・栗の渋皮煮は汁気をよくきる。
・p.222を参照してアーモンドクリームの準備をする。
・オーブンを180℃で本稼働させる(p.18参照)。

焼き時間 180℃／25～35分

ADVICE

セルクルに入れて焼くと、きれいな形に焼き上がりますが、型がなければ入れずに焼いてもかまいません。また、セルクルは深いタイプなら、写真のようなスマートなフォルムになり、浅いタイプなら上部がモコモコになって、それもまたキュート。好みのものを使ってください。

1 p.222を参照してアーモンドクリームを作り、120gを取り分けて冷蔵庫で30分ほど冷やす。
POINT ここで使うアーモンドクリームは120g。残りはラップに包んで冷蔵保存を。

2 作業台に打ち粉をふってパイ生地を縦長に置き、p.121の❷～p.122の❻を参照してめん棒で30×20cmの長方形にのばす。
POINT 細長いパイ生地を前後にのばすと、中心にくびれができやすい。対角線にのばしていくほうが、きれいな長方形にのばせます。

3 ❷を6等分に包丁で切り、10×10cmの正方形6枚にする。

4 生地の1枚の中央にアーモンドクリームを20gのせ、その上に栗の渋皮煮を1個のせてクリームの中に少し埋める。
POINT アーモンドクリームを20gずつ分けておくと、作業がスムーズ。

5 生地の四隅に溶き卵を指先で軽く塗る。
POINT 溶き卵は生地を接着させるために塗ります。厚く塗ると滑って生地がずれてしまうので、指先で小さな円(直径1.5cmくらい)を描くようにして塗りましょう。

6 生地の角を手前にして手のひらにのせ、左角を栗にかぶせて親指で押さえる。同じ要領で右角、向こう角、手前角の順に重ねて(a)、クリームと栗を包む。
POINT 4つの角が接着していないと、焼いているときに開いてしまいます。重ねるたびに生地と生地をしっかりくっつけ、接着が不十分な場合は、溶き卵を少し塗り足して重ねます。

7 全部の角が重なってくっついたら、4辺の合わせ目を指でつまんで閉じ、四方にとび出した部分を折り曲げて寝かせる。

8 直径6cmのセルクル6個に少しすぼませてひとつずつ入れ(b)、天板に並べて表面に溶き卵を刷毛で塗る(c)。
POINT 溶き卵が型につかないように塗りましょう。

9 180℃のオーブンで、表面が大きく膨らんで全体がきつね色になるまで25～35分焼く。焼き上がったら型に入れたままケーキクーフーの上に並べて冷ます。
POINT パイ生地はきつね色以上に香ばしく焼いてしまうと、苦みが出るので焼きすぎに注意。ただ、しっかり焼かないと生地の中央がベタつくので、底面まできつね色になっているか、確認を。

10 粉糖にラム酒を加え、泡立て器でなめらかになるまで混ぜ合わせてアイシングを作る(p.225参照)。

11 ❿をコルネに入れて先端を少し切り、左右に軽くふりながら❾の上に細く絞り出す(p.239参照。d)。
POINT フロ?パイの温度が高いとアイシングが溶けてしまうので、完全に冷めてからアイシングを。少しはみ出すくらいにリズミカルにふると、細い糸のようにかかってきれいです。

ピティヴィエ

★★★

濃厚なアーモンドクリームをパイ生地で包んで焼いた
フランス・ロワール地方の伝統菓子。
1月にはフェーヴを忍ばせて「ガレット・デ・ロワ」にも。

材料(直径約15cmのもの1台分)

折り込みパイ生地(p.119の3等分したもの) …… 1本
◎フランジパーヌクリーム
　アーモンドクリーム(p.222参照) …… 130g
　カスタードクリーム(p.214参照) …… 70g
打ち粉 (強力粉。p.22参照) …… 適量
卵黄(つや出し用) …… 1個(20g)
シロップ(p.216参照) …… 適量

準備

・折り込みパイ生地を冷凍保存していた場合は、前日に冷蔵庫に移して解凍する(冷蔵庫解凍約10時間)。
・p.223を参照してフランジパーヌクリームの準備をする。
・卵黄は常温に戻して溶きほぐす。
・20×20cmくらいのクッキングシートを2枚用意する。
・天板は2枚用意する。
・焼成時のかませ用に高さ4cmのもの(プリン型など)を4個用意する。
・オーブンを180℃で本稼働させる(p.18参照)

焼き時間　180℃／45〜60分

ADVICE

上面に施す飾り模様は、腕の見せどころのひとつ。好きな柄をプリントして、楽しみながら美しく描き写してください。また、フランスで1月6日の公現祭を祝って食べる「ガレット・デ・ロワ」は、諸説はあるものの、基本的にはピティヴィエと同じものです。この時期には、クリームの中にフェーヴ(陶器の小さな人形)をひとつ忍ばせて作るといいですね。

パイ生地をのばす

① 作業台に打ち粉をふってパイ生地1本を2等分し、一方を縦長に置き、p.121の❷〜p.122の❻を参照してめん棒で直径18cmのセルクルがちょうどのる大きさにのばす。

厚みは均一になればよい。ある程度の大きさにのばしたら、セルクルをのせて大きさを確認しながらのばしていく。もう一方のパイ生地も縦長に置いて同様にのばし、2枚とも、最初に台に置いたときに手前だった辺を手前にして、クッキングシートにのせて冷蔵庫で冷やす。

POINT 生地をかぶせるときに生地の方向が重要になるので、生地は2枚とも方向がわからなくならないようにしておきましょう。

フランジパーヌクリームを作る

② p.223を参照してフランジパーヌクリームを作り、絞り袋(口金はなし)に入れておく。

クリームを挟む

③ 生地の1枚に直径18cmのセルクルをのせて軽く押さえ、型の跡(線)をつける。その内側に直径15cmのセルクルをのせ、型の跡(線)をつける。

POINT 生地に跡(線)をつけて、フランジパーヌクリームを絞り出すときの目印にします。内側の線は直径15cmの皿を利用してもOK。

④ 型の跡(2本の線)に沿ってぐるりと一周、刷毛で水を塗る。

POINT 水を塗るのは、後で生地同士をくっつけるため。2本の線から少しはみ出すくらいでもかまいません。溶き卵を使うレシピもありますが、水のほうが自然な仕上がりです。

⑤ フランジパーヌクリームを生地の中央から渦巻き状に15cmの線の内側1cmくらいまで絞り出し、パレットナイフで表面を平らにならす。

POINT クリームが多すぎると、もう1枚の生地をのせたときにあふれて生地同士がくっつきません。絞り出すのは、生地の焼き縮みも考慮して、15cmの線の内側1cmくらいまでに。

p.132へ　→

⑥ もう1枚のパイ生地を90度回す。

生地の方向が十字になるようにクリームの上にかぶせる。

POINT 下の生地と同じ方向でもう1枚の生地をのせると、生地が反り返ってしまうので、上にのせる生地は、90度回して方向を変えます。

⑦ 周囲(クリームの外側、水を塗ったところ)を指先で強く押して上下の生地をくっつける。

丸く切り抜く

⑧ 直径18cmのセルクルを⑦にのせ、ペティナイフで型に沿って余分な生地を切り落とす。一周ぐるりと切り落としたら、冷蔵庫に30分ほど置いて休ませる。

POINT 途中で型がずれないようにしっかり押さえ、ペティナイフを立てて余分な生地を切り落とします。

飾り模様を入れる

⑨ 台にクッキングシートを敷き、⑧を裏返して置く。底についていたシートをはずして卵黄を刷毛で塗り、表面を乾かす。

POINT 裏返すと平らな面が上になるので、模様を描きやすく、いろいろな図案を楽しめます。卵黄を塗ることで、描いた線もよく見えます。

⑩ 卵黄が落ち着いたら、ペティナイフの刃先で浅い切り込みを入れるようにして模様を描く。写真の木の葉模様は中心から等間隔に放射状の8本の線を描き、これを目印にして中央からアーチ状の線を入れて木の葉の形を描く。

焼く

⑪ 放射状の8本の直線の中央あたりにペティナイフの刃先を刺し込み、線に沿って長さ1cmくらいの空気穴を5〜6ヵ所開ける。そのまま冷蔵庫で30分休ませる。

POINT ナイフはクリームに当たるまで深く刺し込みましょう。縦筋に沿って縦に開ければ、空気穴が目立たないので模様も生きます。

⑫ 下に敷いたクッキングシートごと天板にのせ、上にもう1枚のクッキングシートをかぶせる。周囲に高さ4cmのかませ(プリン型など)を置いてもう1枚天板をのせ、180℃のオーブンで40〜55分焼く。

POINT 表面を平らに焼き上げるため、天板で重しをしますが、生地の上に直接天板をのせると膨らまなくなるので、高さ4cmの型などをかませておきます。かませは何でもよく、天板がない場合は、バットを2〜3枚重ねてのせます。

⑬ 全体にきれいなきつね色の焼き色がついたら取り出し、表面にシロップを刷毛で塗る。乾いたらもう一度塗り、クッキングシート、天板をのせずにオーブンに戻して、つやが出るまで5分ほど焼く。焼き上がったらケーキクーラーにのせて冷ます。

POINT パイ生地はきつね色以上に香ばしく焼くと、苦味が出ますが、しっかり焼かないと生地の中央がベタつきます底面の色を確認して、底面がきつね色になるまで焼きましょう。シロップは2度塗りで厚くします。これを軽く焼くと、シロップがカラメル状に焼き上がり、ピカッと光るつやが出ます。

第6章

クッキー生地の
お菓子

クリーム状にしたバターに材料を加えていく"クレメ法"。
冷え固まったバターに粉をすり合わせる"サブラージュ法"。
すべての材料を合わせて混ぜる"オールイン法"。
これらの三つ製法で、小さな焼き菓子の世界を楽しんでください。

［クレメ法］で作る
クッキー生地

* * *

粉気がなくなってまとまればOK。混ぜ過ぎはアウト!

クレメは「クリーム状にする」という意味。
クリーム状のバターに砂糖、卵を順に混ぜ、
小麦粉を加えたら、粉気がなくなれば混ぜ終わり。
グルテンを抑えて、さくさくほろほろ食感に仕上げます。

材料(でき上がり量約460g)

バター(食塩不使用) …… 120g
粉糖 …… 70g
卵黄 …… 2個(40g)
アーモンドパウダー …… 50g
薄力粉 …… 180g
ベーキングパウダー …… 4g

準備

・バターは常温に戻す(p.14参照)。
・卵黄は常温に戻す。
・ベーキングパウダーは薄力粉と合わせておく。

ADVICE

クリーム状のバターに砂糖を加えたら、混ぜ過ぎないようにしてください。なめらかに混ざればよく、空気を含ませないようにすり混ぜます。粉類を混ぜるときは、練らずに全体をさっくり混ぜること。練り混ぜるとグルテンが生じて生地がかたくなり、さくさく感が失われてしまいます。

バターと粉糖を混ぜる

❶ バターを泡立て器でよく練る。かたまりのないなめらかなクリーム状になったら粉糖を加え、全体がふんわりと白っぽくなるまですり混ぜる。

卵黄を加える

❷ 卵黄を加え、ムラなく混ぜる。

粉類を混ぜる

❸ アーモンドパウダーを加えて混ぜ合わせる。

POINT アーモンドパウダーはふるわずに加えます。薄力粉の前にアーモンドパウダーを加えることで、薄力粉の成分と結びついてグルテンを形成する水分を吸ってくれるので、ほろほろと砕けるような食感に仕上がります。

❹ 合わせた薄力粉とベーキングパウダーをふるい入れ、ゴムべらでざっくりと混ぜる。

粉っぽさがなくなればよい。混ぜ過ぎないこと。

❺ 生地をひとつにまとめ、厚手のポリ袋に入れてぴったり包み、冷蔵庫で1時間以上休ませる。

POINT この生地は冷凍可能。p.136の❸の状態で冷凍庫に入れ、凍ったらまとめてラップでぴったり包み、冷凍用保存袋に入れて冷凍庫へ。保存期間の目安は1か月。使うときはそのまま焼いてOK。

1. p.135を参照してクッキー生地を作り、ひと塊にしてポリ袋に入れ、冷蔵庫で完全に冷えるまで30分ほど休ませる。

2. 作業台に40×40cmのクッキングシート1枚を広げ、上に生地をのせてもう1枚クッキングシートをかぶせ、5mm厚さのカットルーラーを両脇に置いてめん棒で5mm厚さにのばす(a)。シートに挟んだまま再度、冷蔵庫で10分ほど冷やす。
   POINT カットルーラーを両脇に置いてのばせば、均一に5mm厚さにのばせ、クッキングシートで挟めば、打ち粉をふる必要はありません。

3. 生地が完全に冷えたら、かぶせたシートをはずして好みの抜き型で抜く(b)。
   POINT できるだけ間を空けないように抜きましょう。ここでは直径4cmと直径5.5cmの菊型を使い、各20枚抜きました。

4. クッキングシートを敷いた天板に2〜3cmの間隔を空けて並べ、170℃のオーブンで香ばしいきつね色になるまで15〜18分焼く。焼き上がったら天板ごとケーキクーラーにのせて冷ます。
   POINT 残った生地は、丸めたりせず、のばした状態で重ねてめん棒でのばし、型抜きして焼きます。それでも残った生地はのばしたりするとかたくなるのでそのまま焼いてください。

型抜きクッキー

★ ☆ ☆

生地を薄く均一にのばすのが、サクサクの食感を生かすカギ。
形もきれいにそろいます。

| 材料(直径約4cm・直径約5.5cm各20枚分) |

バター(食塩不使用) …… 120g　　アーモンドパウダー …… 50g
粉糖 …… 70g　　　　　　　　　　薄力粉 …… 180g
卵黄 …… 2個(40g)　　　　　　　　ベーキングパウダー …… 4g

| 準備 |

焼き時間　170℃／15〜18分

・p.135を参照してクッキー生地の準備をする。
・40×40cmくらいにカットしたクッキングシートを2枚用意する。
・クッキングシートを天板に合わせてカットし、天板に敷く。
・オーブンを170℃で本稼働させる(p.18参照)。

ADVICE
型は好みの形でOKですが、生地がやわらかいと型抜きしにくく、バターなどの脂分も出てきますから、よく冷やしてから抜くこと。冷やすと型に生地がつかないので、型に打ち粉をふる手間も省けます。

チョコチップクッキー

★☆☆

やわらかめの生地を手でのばして
形作るカントリークッキー。

1. ボウルにバターを入れて泡立て器でよく練る。なめらかなクリーム状になったらグラニュー糖、粗塩を加えて、全体がふんわりと白っぽくなるまですり混ぜ、卵を割り入れてムラなく混ぜる。

2. 薄力粉、ベーキングパウダーを一緒にふるい入れ、ゴムべらで底からすくうようにして、粉気がなくなり、さらにつやが出てくるまで混ぜ合わせる。

3. スイートチョコレート(トッピング用は除く)を加え、底からすくうようにしてざっくりと混ぜ合わせる(a)。
   POINT 生地を練ると焼き上がりがかたくなるので、ざっくり混ぜるだけに。

4. 直径5.5cmのアイスクリームディッシャーで生地をすくってボウルの側面ですりきり、クッキングシートを敷いた天板に5～6cmの間隔を空けてのせる(b)。
   POINT アイスクリームディッシャーですくうと、効率よく同じ分量に分配できます。なければ7等分してスプーンでのせます。

5. 指先を水で濡らし、4を押しつぶすようにして直径6cmくらいの円形にのばす(c)。それぞれにトッピング用のチョコレートを2個ずつのせる。
   POINT 厚み、大きさをそろえてのばします。

6. 170℃のオーブンで15～18分、全体が香ばしいきつね色になるまで焼く。焼き上がったら天板ごとケーキクーラーにのせて冷ます。

材料(直径約6cm7枚分)

バター(食塩不使用) …… 50g	ベーキングパウダー …… 小さじ¼
グラニュー糖 …… 55g	製菓用スイートチョコレート
粗塩 …… ひとつまみ	(カカオ分55～65%。タブレットタイプ)
卵 …… 1個(50g)	…… 100g
薄力粉 …… 110g	

準備

- バターは常温に戻す(p.14参照)。
- 卵は常温に戻す。
- スイートチョコレートはトッピング用に14個を取り分けておく。
- クッキングシートを天板に合わせてカットし、天板に敷く。
- オーブンを170℃で本稼働させる(p.18参照)。

 焼き時間 170℃／15～18分

ADVICE

タブレットタイプのスイートチョコレートをそのまま加えるのがカギ。一般的なチョコチップはプチプチの食感ですが、こちらは、とろりとなめらか。風味もコクもリッチなので、それだけでおいしいクッキーに焼き上がります。

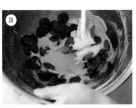

1. ボウルにバターを入れて泡立て器でよく練る。なめらかなクリーム状になったらバニラビーンズをさやごと加えてすり混ぜ、ムラなく混ざったら粉糖を加えて、全体がふんわりと白っぽくなるまですり混ぜる。

2. 卵白を溶きほぐし、❶に細く流し入れて(a)、ムラなくすり混ぜる。

3. 強力粉をふるい入れてゴムべらに持ち替え、ボウルの底に生地を押しつけるようにしながら粉気がなくなるまで混ぜ合わせる(b)。
   POINT 強力粉を使うことでサクサクに焼き上がりますが、混ぜすぎると粘り気が出てカチカチになるので、粉気がなくなったら、それ以上は混ぜないこと。

4. 星口金をセットした絞り袋に生地を入れ、クッキングシートを敷いた天板に幅4cm×長さ8cmくらいに3山に絞り出す。絞り終わりはすっと口金を持ち上げて生地をきり、2〜3cmの間隔を空けて絞っていく(p.238参照。c)。

5. 160℃のオーブンで全体が香ばしいきつね色になるまで15〜18分焼く。焼き上がったら天板ごとケーキクーラーにのせて冷ます。

絞り出しクッキー

★ ★ ☆

さらさらとくずれるような軽い味わい。
バニラがほんのり香る口溶けのいいクッキーです。

材料(約4×8cm24枚分)

バター(食塩不使用)……175g 　卵白……30g
バニラビーンズ……¼本 　　　　強力粉……200g
粉糖……70g

準備

・バターは常温に戻す(p.14参照)。
・バニラビーンズはさやから種を出す(p.15参照)。
・絞り袋に直径1.5cmの星口金(6切)をセットする(p.238参照)。
・クッキングシートを天板に合わせてカットし、天板に敷く。
・オーブンを160℃で本稼働させる(p.18参照)。

焼き時間　160℃／15〜18分

ADVICE

生地がかたくて絞れないときは、耐熱ボウルに移して電子レンジ(600W)に10秒ほどかけてください。バターがゆるんでやわらかくなり、絞りやすくなります。生地が重い場合は、生地の中ほどを握るようにして絞ればOK。生地がこぼれそうなら口を縛ってもかまいません。

① ボウルにバターを入れて泡立て器でよく練る。なめらかなクリーム状になったら粉糖、粗塩を加え、全体がふんわりと白っぽくなるまですり混ぜる。

② 刻んだくるみを加え、ゴムべらで切るようにしてムラなく混ぜる。さらに薄力粉をふるい入れ、粉気がなくなってなじむまでよく混ぜる。
POINT 卵などの液体を加えないので、生地がバラバラにならないよう、素材同士をくっつけるように混ぜ合わせます。

③ ②をひと塊にまとめてポリ袋に入れ、冷蔵庫で完全に冷えるまで1時間ほど休ませる。

④ 生地を10gずつに計量し、手のひらでコロコロ転がしてボール状に成形する(b)。これをバットに並べてラップをかぶせ、冷蔵庫で1時間以上冷やし固める。
POINT この状態で、約1か月冷凍保存可能。使うときはそのまま焼いてOK。

⑤ クッキングシートを敷いた天板に2cm程度の間隔を空けて並べ、165℃のオーブンできつね色になるまで約18分焼く。焼き上がったら天板ごとケーキクーラーにのせて完全に冷ます。
POINT 温かいうちに粉糖をまぶすと、粉糖が溶けてしまうので注意。

⑥ ポリ袋に仕上げ用の粉糖をたっぷり入れて⑤を加え、口を閉じて上下をひっくり返すようにしてよくふる(c)。そのまま15分ほどおいてもう一度ふり、クッキーに粉糖をしっかりとまぶす。
POINT 空気を入れて袋をパンパンに膨らませてふるのがコツ。残った粉糖はクッキー作りに使うといいでしょう。

スノーボール

★ ☆ ☆

粉雪に見立てた粉糖をたっぷりまぶした真ん丸クッキー。
ほろりと崩れて香ばしいくるみの風味が広がります。

材料(直径約3cm約40個分)

バター(食塩不使用)……110g	くるみ(製菓用)……100g
粉糖……35g	薄力粉……150g
粗塩……ひとつまみ	粉糖(仕上げ用)……適量

準備

・くるみは細かく刻む(a)。
・バターは常温に戻す(p.14参照)。
・クッキングシートを天板に合わせてカットし、天板に敷く。
・オーブンを165℃で本稼働させる(p.18参照)。

焼き時間 165℃／約18分

ADVICE

最後にまぶす粉糖に2割ほどココアパウダーや抹茶を混ぜて、ほんのり色づけてもかわいい。くるみを好みのナッツに替えると雰囲気も変わります。レモンの皮を細かく刻んでくるみと一緒に加えれば、爽やかな香りも楽しめます。

アイスボックスクッキー

** ☆

生地を冷蔵庫で冷やして作ることから「アイスボックスクッキー」と呼ばれます。
冷やすことで生地が締まり、歯ごたえのある焼き上がりに。

材料(約4cm角14枚分)

◎クッキー生地(プレーン)
- バター(食塩不使用) …… 60g
- 粉糖 …… 40g
- 溶き卵 …… 25g(½個分)
- 薄力粉 …… 125g
- ベーキングパウダー …… 小さじ⅛

◎クッキー生地(ココア生地)
- バター(食塩不使用) …… 60g
- 粉糖 …… 45g
- 溶き卵 …… 25g(½個分)
- 薄力粉 …… 110g
- ココアパウダー …… 15g
- ベーキングパウダー …… 小さじ⅛

溶き卵白 …… 適量
グラニュー糖 …… 適量

準備

- p.135を参照してクッキー生地の準備をする。
- クッキングシートを天板に合わせてカットし、天板に敷く。
- オーブンを175℃で本稼働させる(p.18参照)。

焼き時間 175℃／約20分

ADVICE

生地の切れ端や余り生地でマーブル模様のクッキーが7〜8枚作れます。作り方は簡単。生地を集めてクッキングシートで包んで手でギュッギュッと押してざっくりと混ぜ合わせ、ころころ転がして直径5cmくらいの棒状にまとめてから1cm厚さに切るだけ。後は同様に焼けばでき上がり。

1 p.135を参照してクッキー生地を作る。アーモンドパウダーは入らないので、溶き卵を混ぜたら、薄力粉とベーキングパウダーを一緒にふるい入れて粉気がなくなるまで混ぜる。

2 ココア風味のクッキー生地も同じ要領で作る。ココアパウダーは薄力粉、ベーキングパウダーと一緒にふるい入れる。

3 ❶の生地を厚手のポリ袋(13号サイズ)に入れ、袋の底の角に向かって爪楊枝で空気穴を開ける(a)。その角に向かって生地を寄せ、角まで隙間なく詰める。
POINT 空気がたまる袋の角に空気穴を開けると、角まできっちり隙間なく生地が入ります。

4 ポリ袋の底側を手前にして作業台に置き、両脇に1cm厚さのカットルーラーを置いてめん棒でのばす(b)。
POINT カットルーラーを両脇に置くと、1cm厚さに均一にのばせます。ポリ袋に入れてのばすことで、手前と横の2辺がまっすぐになり、角もきれいにできるので、生地を重ねたときに無駄が出ません。

5 ❷の生地を❸、❹と同様にして1cm厚さにのばす(c)。どちらの生地もポリ袋に入れたまま冷蔵庫で20分ほど冷やす。

6 生地をポリ袋から取り出し、2枚を重ねて作業台に置く。クッキングシートをかぶせて両脇に2cm厚さのカットルーラーを置き、めん棒でのばすようにして生地同士をくっつける。
POINT 2枚の生地がずれないように、角や辺をきちんと合わせて重ねます。

7 ❻を縦長に置き、端から1cm幅に切り分ける(d)。

8 ❼を2本ずつ、色が互い違いになるように重ね、この4束を色が互い違いになるように組み合わせる。これをクッキングシートでくるりと包み、手のひらで押して生地同士をくっつける。
POINT 生地はギュッと押すだけでくっつくので、溶き卵や水を塗る必要はありません。

9 シートを開いて表面(側面を除く4面)に刷毛で溶き卵白を塗り(e)、グラニュー糖をまぶす。グラニュー糖はバットに広げ、その上に生地をのせて1面ずつ回しながらまぶす(f)。シートなどで包み、冷蔵庫で1時間休ませる。

10 端を切り落として1cm厚さに切り分け(g)、クッキングシートを敷いた天板に、断面を上にして2〜3cmの間隔を空けて並べる。
POINT この状態で冷凍可能。保存の目安は約1か月。

11 175℃のオーブンで20分ほど、白い生地の部分が明るいきつね色になるまで焼く。焼き上がったら、天板ごとケーキクーラーにのせて冷ます。

a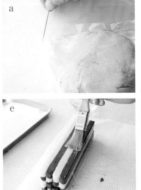

b

c

d

e

f

g

レーズンサンド

***

厚みのあるサクサクのクッキーでラムレーズン＆バタークリームをサンド。
ケーキに負けないリッチなテイストで、ボリューム感も満点。

材料(約7×4cm10個分)

◎クッキー生地
- バター(食塩不使用) …… 120g
- 粉糖 …… 70g
- 卵黄 …… 2個(40g)
- アーモンドパウダー …… 50g
- 薄力粉 …… 180g
- ベーキングパウダー …… 4g

◎レーズンバタークリーム
- バタークリーム(パータ・ボンブタイプ)
  - シロップ
    - グラニュー糖 …… 50g
    - 水 …… 15g
  - 卵黄 …… 1個(20g)
  - バター(食塩不使用) …… 170g
- ラムレーズン …… 60g

ラムレーズン …… 100g
ラムレーズンのつけ汁 …… 適量
溶き卵 …… 適量

準備

- p.135を参照してクッキー生地の準備をする。
- p.221を参照してバタークリーム(パータ・ボンブタイプ)の準備をする。
- ラムレーズンはざるに取り出してペーパータオルで押さえて汁気を取り、クリーム用の60gは細かく刻む。
- クッキングシートを天板に合わせてカットし、天板に敷く。
- オーブンを170℃で本稼働させる(p.18参照)。

⏱ 焼き時間 **170℃／15〜18分**

ADVICE

クッキーは2枚1組にするので、きちんと大きさをそろえることが大事。切り分けるときは、長さをきちんとはかって正確に切りましょう。ラムレーズンはぜひ手作りを。多めに作ってマフィン生地(p.186)やアイスクリーム(p.208)に混ぜるのもおすすめです。

① p.135を参照してクッキー生地を作る。

② クッキングシートの上に生地をのせてもう1枚クッキングシートをかぶせ、両脇に5mm厚さのカットルーラーを置いてめん棒で30〜31×22〜23cmに四角くのばす(p.22参照)。シートに挟んだまま冷蔵庫で10分ほど冷やす。

③ かぶせたシートをはずして縦長に置き、ペティナイフで両端を切り落としてから4cm幅に切る。シートごと90度回し、端を切り落としてから7cm幅に切る(a)。
POINT 大きさをそろえるため、カットルーラーなどを当ててまっすぐ正確に4×7cmに切り分けます。

④ クッキングシートを敷いた天板に2〜3cmの間隔を空けて生地を並べ、それぞれの上面に溶き卵を刷毛で塗る。

⑤ 170℃のオーブンで15〜18分、きれいなきつね色になるまで焼く。焼き上がったら天板ごとケーキクーラーにのせて冷ます。

⑥ p.221を参照してバタークリーム(パータ・ボンブタイプ)を作り、刻んだラムレーズン(60g)を加えて、ゴムべらでムラなく混ぜ合わせる(b)。

⑦ クッキーの裏面を上にしてケーキクーラーの上に並べ、ラムレーズンのつけ汁を刷毛に含ませて塗る。

⑧ 半量に⑥のクリームをスプーンで大さじ2ずつくらいのせて軽くならし、ラムレーズンを8〜10粒ずつ並べてのせる(c)。その上にも少しクリームをのせる。

⑨ 残りのクッキーでサンドして上から軽く押さえてクリームをなじませ、冷蔵庫に30分ほどおいて休ませる。

［ラムレーズン］の作り方

① 耐熱容器にレーズンを入れてかぶるくらいの湯を注ぎ、2〜3分おく。レーズンがふやけたらざるに上げて水気をきり、破れた粒を取り除く。

② バットにキッチンペーパーを敷いて①を広げ、室温に置いて乾かす(a)。
POINT 水分が残っていると腐敗の原因になるので完全に乾かします。

③ ガラス瓶に入れてレーズンの2倍の高さまでラム酒を加え(b)、蓋をしてキッチンの隅など、日の当たらない涼しい場所に置いておく。3日〜1週間ででき上がる(c)。
POINT レーズンのおいしさがなくなるので、2か月以上はおかないように。

［サブラージュ法］で作る
クッキー生地
★ ✳ ✳

<u>バターを絶対に溶かさず、素早く粉とすり合わせる</u>

小麦粉とバターをすり合わせてそぼろ状にすることで、
ざくざくほろっとした食感が生れます。
作業途中でバターが溶けてしまうと
焼き上がりの風味が悪くなるので注意しましょう。

材料(でき上がり量約465g)

薄力粉 …… 220g

粉糖 …… 90g

バター(食塩不使用) …… 125g

卵 …… 1個(50g)

準備

・バターは1cm角に切り、冷蔵庫で冷やしておく(p.14参照)。

・卵は溶きほぐし、冷蔵庫で冷やしておく。

ADVICE

サブラージュは「砂のようにさらさらにする」という意味。この作業によって小麦粉がバターの細かい粒のまわりにくっつきます。ここに卵を加えると水分を吸収した粉同士がつながり、練らずとも生地がまとまってグルテンの発生を最小限に抑えることができます。バターが粒状で生地の中に残っていることで、ざくざくと砕けるような食感になります。

粉とバターを混ぜる

1 大きめのボウルに薄力粉と粉糖を入れ、手でよくかき混ぜる。ここにバターを加え、指の腹でバターをつぶしながら、粉をまぶす。

POINT バターが溶けないように、手早く進めます。

2 バターが小豆大くらいになったら、両方の手のひらでバターと粉をすり合わせて粒を細かくする。

POINT この作業も手早く進めます。時間をかけると手の熱でバターがゆるみ、べたついてしまいます。

3 全体が黄色っぽくなり、ぼそぼそしたそぼろ状になれば終了。

POINT 多少のダマと、粉気が残っているくらいでOK。

卵を加えて混ぜる

4 **3**に溶き卵を加え、手で大きくかき混ぜて粉に水分を吸わせる。全体がなじんだら、手でギュッギュッと握るようにして混ぜ合わせる。

粉っぽさがなくなればよい。混ぜ過ぎないこと。カードで生地をまとめる。

POINT 必要以上にグルテンができてしまうと焼き上がりがかたくなるので、練らずにまとめていきます。

5 生地を厚手のポリ袋に入れてぴったり包み、冷蔵庫で1時間以上休ませる。

POINT この生地は冷凍可能。作業がしやすいようにp.146の**3**の状態で冷凍庫に入れ、凍ったらまとめてラップでぴったり包み、冷凍用保存袋に入れて冷凍庫へ。保存期間の目安は1か月。使うときはそのまま焼いてOK。

1. p.145を参照してクッキー生地を作り、ひと塊にしてポリ袋に入れ、冷蔵庫で完全に冷えるまで30分ほど休ませる。

2. 作業台に40×40cmのクッキングシートを1枚敷き、生地をのせてもう1枚のクッキングシートをかぶせ、1cm厚さのカットルーラーを両脇に置いてめん棒で1cm厚さに四角くのばす(a)。
   POINT カットルーラーを両脇に置いてのばせば、均一な厚みにのばせ、クッキングシートで挟めば、打ち粉をふる必要はありません。

3. かぶせたシートをはずし、端から3cm幅に切り、シートごと90度回して再び端から3cm幅に切る(b)。これを下に敷いたペーパーで包み、冷蔵庫で10分ほど冷やす。
   POINT 包丁は引かず、刃先を押さえてまっすぐ下に押して切りましょう。

4. クッキングシートを敷いた天板に2〜3cmの間隔を空けて並べ、170℃のオーブンで香ばしいきつね色になるまで15〜18分焼く。焼き上がったら天板ごとケーキクーラーにのせて冷ます。

サブレクッキー

★ ☆ ☆

「サブレ」は「砂」を意味するフランス語。
その名の通り、さっくり軽い味わいが魅力。

| 材料(約3cm角35枚分) |

薄力粉 …… 220g
粉糖 …… 90g
バター(食塩不使用) …… 125g
卵 …… 1個(50g)

| 準備 |

・p.145を参照してクッキー生地の準備をする。
・40×40cmくらいにカットしたクッキングシートを2枚用意する。
・クッキングシートを天板に合わせてカットし、天板に敷く。
・オーブンを170℃で本稼働させる(p.18参照)。

焼き時間 170℃／15〜18分

ADVICE

バターが溶けてしまっては、サブレクッキーならではのざくざくっとした食感が損なわれます。生地はよく冷やし、手早くのばして手早くカットしましょう。薄くのばしすぎるより、1cm厚さくらいのほうが、食感が生きます。

黒糖くるみクッキー

★ ☆ ☆

ざくざくと砕けるような食感はそのままに、
黒砂糖とくるみでサブレクッキーを香ばしくアレンジ。

材料(約3cm角35枚分)

薄力粉……220g　　　バター(食塩不使用)……125g
黒砂糖(粉末)……90g　　卵……1個(50g)
粗塩……2g(小さじ½弱)　くるみ(製菓用)……75g

準備

・p.145を参照してクッキー生地の準備を
する。
・くるみは細かく刻む。
・40×40cmくらいにカットしたクッキング
シートを2枚用意する。
・クッキングシートを天板に合わせてカット
し、天板に敷く。
・オーブンを175℃で本稼働させる(p.18
参照)。

焼き時間　175℃／15〜18分

ADVICE

黒砂糖はパウダーを使うと手軽。塊状の
ものを使う場合は、ミキサーにかけて細
かくしましょう。薄力粉を少々加えると黒
砂糖同士がくっつかず、サラサラになり
ます。

1. p.145を参照して生地を作る。黒砂糖
と粗塩は薄力粉と一緒にボウルに入
れ、くるみは卵を混ぜ合わせた後に
加えて手で握るようにして混ぜ合わせ
る(a)。

   POINT 生地を練ると、焼き上がりがか
   たくなってしまいます。この後、生地を移動
   したりのばしたりすると、どうしても生地が
   練られるので、卵やくるみはできるだけ練
   らないよう、ギュッギュッと握るようにして混
   ぜます。

2. ①をひと塊にしてポリ袋に入れ、冷蔵
   庫で完全に冷えるまで30分ほど休ま
   せる。

3. 作業台に40×40cmのクッキングシー
   トを1枚敷き、生地をのせてもう1枚の
   クッキングシートをかぶせ、1cm厚さの
   カットルーラーを両脇に置いてめん棒
   で1cm厚さに四角くのばす。

   POINT カットルーラーを両脇に置いて
   のばせば、均一な厚みにのばせ、クッキン
   グシートで挟めば、打ち粉をふる必要は
   ありません。

4. かぶせたシートをはずし、端から3cm
   幅に切り、シートごと90度回して再び
   端から3cm幅に切る。これを下に敷い
   たシートで包み、冷蔵庫で10分ほど
   冷やす。

   POINT 包丁は引かず、刃先を押さえて
   まっすぐ下に押して切ります。

5. クッキングシートを敷いた天板に2〜3
   cmの間隔を空けて並べ(b)、175℃の
   オーブンで15〜18分焼く。角に焼き色
   がついて少し茶色くなり、くるみの香り
   が立ってきたら焼き上がり。天板ごと
   ケーキクーラーにのせて冷ます。

［オールイン法］で作る
クッキー生地

* * *

ボウルに材料を順に加えて混ぜるだけ!

材料をボウルに順に入れて混ぜ合わせていく、
失敗知らずの超簡単レシピです。
水分を抜くようにしっかり焼いて、
軽くてカリッとした食感に仕上げましょう。

材料(でき上がり量約250g)

卵白 ······ 50g

粉糖 ······ 100g

薄力粉 ······ 40g

強力粉 ······ 15g

製菓用アーモンド ······ 50g

製菓用ヘーゼルナッツ ······ 20g

準備

・薄力粉と強力粉を合わせておく。

・オーブンを160℃で本稼働させる(p.18参照)。

焼き時間 ナッツ空焼き：160℃／10分

ADVICE

オールイン法で紹介するクッキー3点は、いずれも卵白だけを使います。お菓子作りでは卵黄だけを使うことも多いので、残りがちな卵白を利用するレシピを選びました。手軽に簡単に作れるクッキーなので、はじめてのお菓子作りにもおすすめです。

1 アーモンド、ヘーゼルナッツを天板に広げ、160℃のオーブンで10分空焼きする。冷めたら半分程度の大きさに粗く刻む。

2 ボウルに卵白と粉糖を入れ、ハンドミキサーの最高速でもったりとしてすくい上げると、とろりと流れ落ちるくらいまでよく混ぜ合わせる。

3 合わせておいた薄力粉と強力粉をふるい入れる。

4 ゴムべらで底から返すようにして、粉気がなくなるまで混ぜ合わせる。

5 **1**のナッツを加え、ゴムべらで練らないようにムラなく混ぜ合わせる。

クロッカン生地の完成。

1. アーモンド、ヘーゼルナッツはクッキングシートを敷いた天板に広げ、160℃のオーブンで10分空焼きする。冷めたら半分程度の大きさに粗く刻む(a)。
   ※ナッツを空焼きした後、オーブンを170℃で本稼働する(p.18参照)。
   ※再び、天板にクッキングシートを敷く。

2. p.149を参照してクッキー生地を作る。

3. 直径2.8cmのアイスクリームディッシャーで生地をすくい、2杯分ずつクッキングシートを敷いた天板に、5〜6cmの間隔を空けてのせていく(b)。
   POINT アイスクリームディッシャーがなければ、大さじで2杯分ずつすくうと大体同じくらいになります。

4. 3をディッシャーの背で直径7cmくらいに丸く薄くのばし、それぞれに仕上げ用の粉糖を茶こしでふる(c)。

5. 170℃のオーブンで15〜18分、生地がきつね色になるまで焼く。焼き上がったら天板ごとケーキクーラーにのせて冷ます。

クロッカン

★ ✿ ✿

バターを加えないサラッとした生地に
ナッツを混ぜて焼き上げたカリカリクッキー。

材料(直径約7cm10枚分)

卵白 …… 50g	製菓用アーモンド …… 50g
粉糖 …… 100g	製菓用ヘーゼルナッツ …… 20g
薄力粉 …… 40g	粉糖(仕上げ用) …… 適量
強力粉 …… 15g	

準備

・薄力粉と強力粉を合わせておく。
・クッキングシートを天板に合わせて2枚カットし、天板に1枚敷いておく。
・オーブンを160℃で本稼働させる(p.18参照)。

焼き時間
ナッツ空焼き：160℃／10分
本体：170℃／15〜18分

ADVICE

ナッツは好みのものに代えてもかまいませんが、カリッとした歯ごたえを楽しめるよう、やや大きめに粗く刻みましょう。生地に加えて焼くので、軽めのローストでOKです。

1. ボウルにアーモンドスライス、グラニュー糖、薄力粉を入れてゴムべらで軽く混ぜ合わせ、さらに溶きほぐした卵白を加えて、ボウルを手前に回しながら、底からすくうようにして粉気がなくなるまで混ぜる。
   POINT アーモンドスライスが粉々に砕けないように混ぜます。

2. 溶かしバターを加え、つやが出るまで混ぜる(a)。

3. 生地を大さじ1ずつスプーンですくい、クッキングシートを敷いた天板に間隔を広くとりながら落として、底が透けるほど薄くのばす(b)。
   POINT 厚さ、大きさをそろえてのばします。底が透けるほど薄くのばすことで、パリッと焼き上がります。

4. 180℃のオーブンで、生地の端が茶色く色づいて全体がこんがりと焼けるまで7〜10分焼く。

5. 焼き上がったら軍手をして熱いうちにセルクルの内側にパレットナイフを沿わせてはめ(c)、冷めてカーブがついたら型から取り出す。
   POINT 生地が冷めると生地がカーブしなくなるので、熱いうちにセルクルの内側にはめましょう。

チュイール

★ ☆ ☆

チュイール(瓦)の形に作った極薄クッキー。
アーモンドを混ぜ込んでパリッと焼き上げます。

材料(約20枚分)

アーモンドスライス …… 100g　　卵白 …… 80g
グラニュー糖 …… 100g　　溶かしバター(p.14参照) …… 30g
薄力粉 …… 40g

準備

・卵白は溶きほぐす。
・クッキングシートを天板に合わせてカットし、天板に敷く。
・オーブンを180℃で本稼働させる(p.18参照)。

焼き時間 180℃／7〜10分

ADVICE

クッキーのカーブは浅くても深くても好みでOK。ここでは直径5cmのセルクルを使いましたが、3cmのものでも7cmでもいいですし、びんや缶を利用してもかまいません。すぐに冷めて固まるので、3個くらいあれば使い回せます。

1. ボウルに卵白を入れて泡立て器でほぐし、グラニュー糖、ココナッツを加えてムラなく混ぜ合わせる。

2. 直径2.8㎝のアイスクリームディッシャーで生地をすくってボウルの側面ですりきり、クッキングシートを敷いた天板に2~3㎝の間隔を空けてのせていく(a)。

   POINT アイスクリームディッシャーを使うと、同じ分量に効率よく配分できます。なければ計量スプーン(大さじ)を利用してもよいでしょう。

3. それぞれ指でつまんでギュッと押さえ、ピラミッド形のような三角に成形する(b)。

4. 160℃のオーブンで18〜20分、全体が香ばしいきつね色になるまで焼く。焼き上がったら天板ごとケーキクーラーにのせて冷ます。

ロッシュココ

★ ☆ ☆

ココナッツを卵白でギュッと固めてオーブンへ。
ガリッとかたいハードタイプです。

材料(直径約3㎝約30個分)

卵白 …… 25g
グラニュー糖 …… 100g
ココナッツロング …… 100g

準備

・クッキングシートを天板に合わせてカットし、天板に敷く。
・オーブンを160℃で本稼働させる(p.18参照)。

 焼き時間 160℃／18〜20分

ADVICE

ココナッツには細かいタイプの「ファイン」もありますが、クッキーには歯ごたえを出すため「ロング」を使います。生地がバラバラにならないよう、指でギュッとつまんで押し固めましょう。

第7章

メレンゲのお菓子

卵白に砂糖を加えながら泡立てたメレンゲ。
食べたときはカリッ、サクッと軽く、
口の中でジュワッと溶けたあとにネチッとする独特の食感が楽しめます。
この食感を生かしたユニークなお菓子が考案され、
お菓子のパーツにも使われます。

モンブラン

***

土台に据えたメレンゲは、クシャッと砕けてスーッと溶ける軽やかさ。
まろやかな栗の甘みが一層引き立ちます。

材料(直径約5cm4個分)

◎メレンゲ
　卵白 …… 50g
　グラニュー糖 …… 50g
　粉糖 …… 50g

◎モンブランのマロンクリーム
　マロンクリーム(p.228参照) …… 150g
　生クリーム(乳脂肪分45%) …… 35g
　粉糖 …… 3g

◎シャンティイクリーム
　生クリーム(乳脂肪分45%) …… 100g
　粉糖 …… 10g

準備

・絞り袋に直径1.0cmの丸口金をセットする(p.238参照。生地用)。
・モンブラン口金(大)を絞り袋にセットする(モンブランのマロンクリーム用)。
・絞り袋に直径1.5cmの丸口金をセットする(シャンティイクリーム用)。
・クッキングシートを天板に合わせてカットし、天板に敷く。
・オーブンを100℃で本稼働させる(p.18参照)。

焼き時間　100℃／約2時間

ADVICE

乾燥焼きするメレンゲは、卵白、グラニュー糖、粉糖を1:1:1の配合で、決まった作り方で作るのが大事。配合を変えると、みつが出てしまったり、うまく火が通らなくなったりするので、甘さを控えるなどは禁物です。

1 もっちりとしたメレンゲを作る。ボウルに卵白を入れてグラニュー糖を全量加え、ハンドミキサーの最高速で、ボリュームが出て重くなり、ツノがピンと立つくらいまで泡立てる(a)。最後に泡立て器で力強くすり混ぜてきめを整える。
POINT　空気をあまり含ませずにもっちりとしたメレンゲを作るため、最初からグラニュー糖を全量加えて一気に泡立てます。

2 ❶に粉糖を加え、ゴムべらで切るようにして、つやが出てなめらかになるまで混ぜる(p.20参照。b)。
POINT　粉糖を加えるとあっさりした味わいで、ねっとりとした食感になります。焼成中にしっかり膨れるのも粉糖の効果。

3 直径1.0cmの丸口金をセットした絞り袋に生地を入れ、天板に敷いたクッキングシートの上に、間隔を空けて直径5cmに絞り出す(p.238参照・c)。
POINT　絞り袋を持ち上げながら絞り出すと、生地が山形になってしまいます。絞り袋はまっすぐ立て、口金の位置を動かさずに絞り出して生地の表面をフラットに。絞り終わりは力を抜いてすっと上に引き上げて生地を切ります。

4 100℃のオーブンで2時間ほど焼く。1個取り出して冷まし、割ってみて中心まで水分が抜けてサクサクになっていたらOK。全部をオーブンから取り出し、ケーキクーラーの上に並べて冷ます。
POINT　焼き上がりは見た目ではよくわからないので、ひとつ冷まして割ってみるのがいちばん。その他のものはオーブンに入れておいてもまったく問題ありません。焼きたては十分に乾燥していても中心がネチッとしているため、必ず冷ましてから確認を。
※このメレンゲ生地で14〜15個絞れます。全部を焼いて4個を取り分け、残りは湿気ないように乾燥材を添えて密閉容器に入れ、常温で保存します。

5 ボウルにマロンクリームを入れてゴムべらでほぐす。

6 別のボウルにマロンクリーム用の生クリーム、粉糖を入れ、ボウルの底を氷水に当ててハンドミキサーで七分立てにする。最後に軽くすり混ぜてきめを整える(p.217参照)。
POINT　マロンクリームとなじみやすいように、ややわらかめに泡立てます。

7 ❻を❺に加え、ムラなく混ぜ合わせる(d)。モンブラン口金(大)をセットした絞り袋に入れておく。

8 p.217を参照して八〜九分立てのシャンティイクリームを作る。

9 直径1.5cmの丸口金をセットした絞り袋に❽を入れ、乾燥焼きしたメレンゲの上に、3cmくらいの高さにこんもりと絞り出す(e)。
POINT　支柱になるクリームが傾かないよう、まっすぐ真上に絞りましょう。

10 ❾を手に持ち、シャンティイクリームを包むように❼のマロンクリームを渦巻き状に隙間なく絞りかける(f)。
POINT　台に置いて絞りかけるより、手に持って土台になるメレンゲを回しながら絞り出したほうが、隙間なくきれいに絞りかけられます。残ったマロンクリームはラップに包んで冷蔵庫で保存すれば、約1週間もちます。

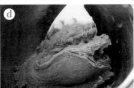

マカロン

* * *

さっくりねっとりの独特の食感で、女性に人気のメレンゲ菓子。
小ぶりに作ってもいいのですが、伝統的な大きさは直径6㎝。

材料(直径約6cm6個分)

◎マカロン生地
> 粉糖…… 80g
> アーモンドパウダー…… 50g
> 卵白…… 50g
> 食用色素(液体。赤色・黄色)
> 　…… 各4滴
> グラニュー糖…… 25g

◎アプリコットバタークリーム(＊約3セット分)
> ドライアプリコット …… 50g
> ブランデー…… 50g
> バタークリーム(アングレーズソースタイプ)
>> アングレーズソース
>>> 卵黄…… 1個(20g)
>>> グラニュー糖…… 25g
>>> 牛乳…… 75g
>> バター(食塩不使用)…… 110g

準備

・生地を絞るときの大きさをそろえるために型紙を作る。A4サイズの紙に直径5cmの円を6個、間隔を空けて描く(パソコンで円を作ってプリントすると、同じ大きさ、間隔にできて便利。特に色を塗る必要はない)。これを2枚用意して天板に並べ(a)、その上にクッキングシートを重ねて四隅をマグネットで留める(b)。
・p.220を参照してバタークリーム(アングレーズソースタイプ)の準備をする。
・絞り袋に直径1.0cmの丸口金をセットする(p.238参照)。
・粉糖とアーモンドパウダーを合わせてボウルにふるい入れておく。

(焼き時間) **150℃／20〜23分**

ADVICE

マカロンは「ピエ」がなければ、マカロンとはいえません。ピエとは、フランス語で「足」の意味。焼成中にできる生地の下部からはみだした膨らみのことで、きれいにピエを出すには、①マカロナージュ(次ページ参照)をする、②室温で表面を乾燥させる、③オーブンの温度を管理する、の3点すべてがとても重要です。表面を乾燥させるのは室温に置いておくだけですが、長くても4時間が限度ですから、湿度の高い雨の日は不向き。マカロン作りは天気のいい日がおすすめです。

マカロン生地を作る

❶ オレンジ色のメレンゲを作る。ボウルに卵白を入れて黄色と赤色の食用色素を落とす。

POINT 黄色と赤色の食用色素でオレンジ色にする。粉類が入ると色が薄くなるので、最初は濃いめに色づけておきます。

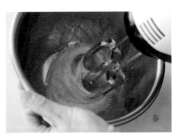

❷ p.164を参照してハンドミキサーで泡立てる。

❸ ツノがピンと立つまで泡立てたらメレンゲのでき上がり。

POINT メレンゲの泡立て方が足りないと、焼いたときの膨らみが悪くなるので、ツノが立つまでしっかりと泡立てます。ただし、泡立て過ぎるとつやがなくなり、ボソボソになってしまうので注意。

[マカロナージュ]

④ ❸の全量を粉類のボウルに加え、ボウルを手前に回しながら、ゴムべらで切るようにしてムラなく混ぜ合わせる(p.20参照)。

⑤ 粉気がなくなったら、マカロナージュ(右ページ下のADVICE参照)する。まず、ゴムべらの平らな面を使ってボウルの側面に生地をこすりつけるように広げ、気泡をつぶす。さらに、広げた生地をゴムべらでこそげ取ってボウルの中央にまとめ、再び側面全体にこすりつけるように広げる。

⑥ ❺を3〜4回繰り返し、全体につやが出て、持ち上げるとリボン状に流れ落ちて折り重なり、その形がしばらく消えない状態の生地にする。

絞る

⑦ 丸口金をセットした絞り袋に生地を入れ、型紙の円に合わせて直径5cmに12個絞り出す(p.238参照)。

POINT 生地の表面をフラットにするには、型紙の円の中心に絞り袋をまっすぐに立て、口金の位置を動かさずに円の線まで絞り出すのがコツ。絞り終わりは力を抜いてスッと上に引き上げて生地を切ります。

⑧ 天板を持ち上げて手のひらで天板底を下から1回パンッとたたき、生地の中の粗い空気を抜く。

⑨ 台に戻し、表面に気泡があったら爪楊枝で突いてつぶす。四隅のマグネットをはずして型紙を抜き取る。

POINT ごく小さな気泡までつぶすと膨らみが悪くなるので、目について気になるものだけをつぶします。

表面を乾かす   ## 焼く

⑩ 室温に30分〜1時間おき、指先で触っても生地がつかないくらいまで表面を乾かす。オーブンを150℃で本稼動させる。

POINT 乾かすことで表面に薄い膜を作ります。この膜がなければマカロン特有のピエは出てきません。ただし、放置しすぎるとメレンゲの泡が弱くなってうまく焼けなくなるので、最長でも4時間までに。

⑪ 150℃のオーブンで20〜23分焼く。途中、生地からピエが出てきたら1回だけオーブンの扉を開けて蒸気を逃がす。

POINT 庫内の温度が上がりすぎるので、途中で蒸気を逃がして温度を一定に保ちます。扉を開けるのは3秒ほどです。

⑫ 表面がパリッと乾き、上部を触ってもゆるゆると動かず、弾力あるの状態になったら焼き上がり。天板にのせたままケーキクーラーの上に置いて冷ます。

POINT 焼きすぎもNGですが、生焼けでオーブンから出すと生地の空洞化が起こるので注意。

アプリコット
バタークリームを作る

⓭ 耐熱容器にドライアプリコットを入れてブランデーを加え、電子レンジ(600W)に30秒かけてやわらかくする。そのまま冷まして汁気を切って刻む。

⓮ p.220を参照してバタークリーム(アングレーズソースタイプ)を作る。

⓯ ⓮に⓭を加えてゴムべらでムラなく混ぜ合わせる。

組み立てる

⓰ ⓬をクッキングシートごと裏返し、マカロンからシートをはがす。

⓱ マカロンの大きさを合わせながら2枚1組にし、一方の裏面を上にして並べる。それぞれに⓯のクリームを大さじ1ずつスプーンでのせ、軽く広げる。

POINT クリームをのせすぎるとはみ出すので大さじ1を目安にのせ、マカロンの縁から5mmほど内側まで広げます。残ったクリームは冷凍保存できるので、ラップで包み冷凍庫へ。

⓲ もう一方のマカロンでクリームを挟んで完成。湿気ないように密閉容器に入れ、涼しい場所でひと晩休ませる。

POINT ひと晩おくと、生地が落ち着いて中がしっとりし、クリームともなじんでよりおいしくなります。

ADVICE

☑ マカロナージュ

生地作りのいちばんのポイントは、なんといっても「マカロナージュ」。メレンゲの気泡を少しつぶして生地を作る作業をいいますが、このマカロナージュが足りないと、膨らみすぎて生地が割れたり、つやのない乾いた感じになったりします。逆にしすぎると、絞った生地が広がって薄くなったり、乾いてもボリュームが出ず、ピエも小さくなってしまいます。ツルンとした表面や、さっくりねっとりの食感を生み出すのもマカロナージュによるもの。上記の❺、❻の要領で、しっかりとマカロナージュをしましょう。

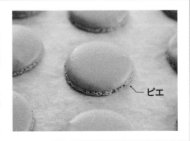
ピエ

ダックワーズ

★★☆

卵黄や薄力粉の入らない生地はしっとりやわらかく、
アーモンドパウダーの風味が際立ちます。コクのあるプラリネのクリームとも好相性。

材料(直径15cmのタルトリング1台分)

◎アーモンド風味のメレンゲ生地
  卵白…… 100g
  グラニュー糖…… 30g
  粉糖…… 45g
  アーモンドパウダー…… 75g
◎プラリネバタークリーム
  バタークリーム(イタリアンメレンゲタイプ)
    イタリアンメレンゲ
      卵白…… 30g(1個分)
      グラニュー糖…… 5g
      シロップ
        グラニュー糖…… 65g
        水…… 20g
    バター(食塩不使用)…… 110g
  プラリネ…… 45g
粉糖…… 適量

準備

・メレンゲ生地用の粉糖とアーモンドパウダーを合わせておく。
・p.220を参照してバタークリーム(イタリアンメレンゲタイプ)の準備をする。
・クッキングシートを天板に合わせてカットし、天板に敷く。
・直径1.5cmの星口金(6切)を絞り袋にセットする(p.238参照)。
・オーブンを180℃で本稼働させる(p.18参照)。

焼き時間 180℃／約18分

ADVICE

焼成中に生地の表面がひびが入ることがありますが、それも表情。オーブンの風の当たり方にもよるので、気にする必要はありません。それよりも、生地のエッジをきれいに出すことが大事。型の縁までしっかりと生地を詰めてすりきり、型をはずすときは両手でそっと真上に持ち上げて、くれぐれも角をつぶさないように。

アーモンド風味のメレンゲ生地を作る

❶ p.164を参照して、ツノがピンと立つくらいのしっかりしたメレンゲを作る。合わせておいた粉糖とアーモンドパウダーを入れ、ゴムべらで切るようにして、粉気がなくなるまで混ぜる(p.20参照)。最後にゴムべらで底をこそぐようにして混ぜ残りがないか確認する。

POINT 全体がポサポサした感じで大丈夫。なじむまで混ぜるのは混ぜ過ぎで、膨らみが悪くなったり、膨らんでも冷めるとしぼんでしまいます。ただし、混ぜ方がムラになってメレンゲの塊が残ると、焼いたとき空洞ができるので、ボウルの底などをよく確認しましょう。

タルトリングに詰める

❷ 天板に敷いたクッキングシートの上に直径15×高さ2cmのタルトリングを2個、間隔を開けて並べる。その中に❶の生地を山盛りに入れ、パレットナイフで中央から外側に向かって生地を押し詰めるようにしながら広げ、型の縁ですりきる。

POINT ナイフに残った生地をきれいに拭いながら作業を進めましょう。

❸ 最後にパレットナイフの刃元と刃先を型の縁にのせ、手前から向こう側に一気にすりきって表面を平らにならす。

p.162へ →

焼く準備

④ 2つとも生地を詰めたら、両手で型を持ってそっと真上に持ち上げてはずす。

⑤ 上面に粉糖を茶こしでたっぷりとふり、そのまま2〜3分おく。

⑥ 粉糖が溶けたら、再びたっぷりとふる。

POINT 粉糖は生地の湿気で溶けるので、オーブンに入れる直前にもう一度ふって粉糖の白さを残します。

焼く

⑦ 180℃のオーブンで生地の側面がきれいなきつね色になるまで約18分焼く。焼き上がったら天板にのせたままケーキクーラーの上に置いて冷ます。

プラリネ
バタークリームを作る

⑧ p.220を参照してバタークリーム（イタリアンメレンゲタイプ）を作り、冷めて白くつやが出てきたところでプラリネを加える。

⑨ ゴムべらで底からすくうようにしてムラなく混ぜ合わせる。

組み立てる

⑩ 生地が完全に冷めたら、底面とクッキングシートの間にアングルパレットナイフを差し入れてシートをはがす。

⑪ ⑨を絞り袋に入れ、一方の生地の上面に絞り出す。まず生地の周囲に直径2cmくらいに絞り出し、その内側にもう1周、同様に絞る（p.238参照）。もう1枚の生地をかぶせて手のひらで軽く押さえ、冷蔵庫で30分ほど休ませてクリームを落ち着かせる。

POINT クリームを絞るときは、中心を巻き込むように反時計回りにくるっと回しながら絞ると、形よく絞れてクリームも切れます

ココメレンゲ

★☆☆

もっちりと泡立てたメレンゲにココナッツをざっくり混ぜて焼き上げます。
ホロホロッとくずれる食感も楽しい。

材料(約25個分)

卵白 …… 55g
グラニュー糖 …… 150g
ココナッツファイン …… 100g
薄力粉 …… 5g

準備

・鍋に湯せん用の湯を沸かす(p.19参照)。
・クッキングシートを天板に合わせてカットし、天板に敷く。
・オーブンを170℃で本稼働させる(p.18参照)。

焼き時間 170℃／14〜16分

ADVICE

ココナッツは、クッキーに入れる際はロングを使って口当たりを出しますが、ココメレンゲには細かいファインのほうが、メレンゲの口溶けと合います。もったりと泡立てたメレンゲに均一に混ぜましょう。

① もったりとしたメレンゲを作る。まずボウルに卵白を入れてグラニュー糖を全量加え、湯せんにかけて(p.19参照)、泡立て器ですり混ぜながらグラニュー糖を溶かす。45℃くらいになって完全に溶けたら湯せんからはずし、ハンドミキサーの最高速で、もったり重くなってツノがピンと立つくらいまで泡立てる(a)。最後に泡立て器で力強くすり混ぜてきめを整える。

POINT 湯せんにかけるのは、グラニュー糖を完全に溶かすため。卵白の約3倍のグラニュー糖を加えるので、そのまま泡立てたのではグラニュー糖の粒子が溶けず、焼き上がりがみつ状になってしまいます。ただし、温度が高くなりすぎると卵白に火が入ってかき卵状になるので、45℃前後になったら湯からおろします。

② ①にココナッツファイン、薄力粉を加え、ゴムべらで切るようにしてムラなく混ぜ合わせる(p.20参照)。

POINT 薄力粉を少し加えると、粉が水分を吸って生地がつながるので、焼き時間が短くてすみます。粉が入らない場合は、110℃で2時間かかります。

③ ②をスプーンですくい、天板に敷いたクッキングシートの上に1杯ずつ落としていく(b)。

POINT きれいに形を整える必要はありません。触れば触るほど生地が弱るので、スプーンですくって落とすだけに。

④ 170℃のオーブンで14〜16分焼き、クーキークーラーに並べて冷ます。

POINT 見た目ではよくわかりませんが、14〜16分焼けば、中まで火が入るので大丈夫。心配な場合は1個取り出し、冷ましてから確認を。割ってみて中心まで水分が抜けてサクサクになっていたらOK。

メレンゲの泡立て方

卵白に砂糖を加えて泡立てたものをメレンゲといいます。
卵白を泡立てる際は、水気や油分のない清潔なボウル、ハンドミキサー、
泡立て器を使わないと泡立ちにくくなるので注意してください。

1 きれいなボウルに卵白を入れてグラニュー糖を少量加える。
POINT 卵白はコシの強い濃厚卵白とさらっとした水様卵白からなっていて、攪拌すると水様卵白が先に泡立ち始めます。泡立ちを抑える作用のある砂糖を少量加えることで、濃厚卵白と水様卵白が同じタイミングで泡立つように調整します。

2 ハンドミキサーの低速で攪拌して溶きほぐす。
POINT 泡立て始める前に濃厚卵白を溶きほぐしてドロッとしたつながりを切っておくことで、全体がムラなく均等に泡立ちます。

3 全体が白っぽくなり、少しボリュームが出てふんわりとするまで泡立てる。ふわっとしているけれど、気泡はまだ粗い状態。
POINT ハンドミキサーの羽根が、ボウルの底や側面に当たらないように注意しましょう。

4 グラニュー糖の½量を加える。
POINT グラニュー糖を一度に大量に加えてしまうと泡立ちにくくなるので、2回に分けて加えます。

5 気泡のきめが細かくなり、全体がもったりとするまで泡立てる。粗かった気泡が細かくなり、泡立ちがはっきりしてくる。

6 残りのグラニュー糖を加える。

7 全体につやが出て、回転しているハンドミキサーの羽根の跡が筋状にはっきり残り、ハンドミキサーを持ち上げるとツノが立つ状態まで泡立てる。
POINT 攪拌している間に卵白の水分に砂糖が吸収され、粘りが出て気泡がきめ細かくなり、安定します。

8 泡立て器に持ち替えて、力強くすり混ぜてきめを整える。
POINT ハンドミキサーで混ぜ続けると気泡がつぶれてしまうので、泡立て器に替えます。ボウルを少し傾けてメレンゲを1か所に溜めてしっかりすり混ぜます。大小まばらなメレンゲの気泡がきめ細かく均一になるように、気泡を引き締めます。

→

きめが整ってつやがあり、締まりのある泡立ち。すくうと短いツノはピンと立ち、長めのつのの先が少しおじぎをするくらいの状態になればメレンゲのでき上がり。
POINT メレンゲは少しやわらかい状態に仕上げます。長めのツノがピンと立つまで泡立ててしまうと、その後の混ぜる作業で泡立ちが進み、モロモロして生地となじみにくくなり、焼成時の膨らみが悪くなってしまいます。泡立て過ぎに注意しましょう。

第8章

チョコレートの
お菓子

チョコレートのお菓子のポイントは温度管理。
デリケートなチョコレートは湯せんにかけてなめらかに溶かします。
本書では複雑で難しい作業はスキップして、ラフな焼き菓子から定番のケーキ、
トリュフまで、家庭で気軽に楽しめるレシピを紹介します。

ブラウニー

***

カリッとローストしたナッツを混ぜ込んだ、
アメリカ生まれのワイルドなチョコレート菓子。
しっかりと焼き締めて重みを出すのが美味。

材料(16×16cmの角型1台分)

製菓用スイートチョコレート
　(カカオ分55〜65%) …… 175g
製菓用くるみ …… 70g
製菓用カシューナッツ …… 35g
バター(食塩不使用) …… 95g
卵 …… 2個(100g)
グラニュー糖 …… 200g
薄力粉 …… 105g

準備

・16×16cmの角型にクッキングシートを
敷き込む(p.16参照)。
・スイートチョコレートは細かく刻む(タブ
レットタイプの場合はそのままでよい)。
・バターは薄くスライスする。
・卵は常温に戻す。
・クッキングシートを天板に合わせてカット
し、天板に敷く。
・鍋に湯せん用の湯を沸かす(p.19参照)。
・オーブンを160℃で本稼働させる(p.18
参照)。

焼き時間　ナッツ空焼き：160℃／8分
　　　　　本体：160℃／40〜50分

ADVICE

ブラウニーはワイルドなチョコレート菓
子なので、あまり神経質になる必要はあ
りません。チョコレートをきちんと溶かせ
ば、後はボウルに次々に加えて混ぜて
いけばOK。ただ、薄力粉を加えてから
混ぜすぎると、粘り気が出てかたくなっ
てしまいます。粉気がなくなってつやが
出たら生地のベースはでき上がり。

① くるみ、カシューナッツはクッキング
ペーパーを敷いた天板に広げてのせ、
160℃のオーブンで8分空焼きする
(a)。常温に冷めたら、形のよいものを
⅓量ほど飾り用に取り分けておく。オー
ブンは160℃で本稼働させておく。天
板に付属の網または脚付きの網を
セットする(p.24参照)。

② ボウルにバターを入れてスイートチョ
コレートをのせ、弱火の湯せんにかけ
る(p.19参照。b)。溶けてきたら泡立
て器で混ぜ合わせ、なめらかになって
つやが出てきたら湯からおろす。
　POINT 分量が多いので、火を止めた
湯せんでは溶けきれません。特にタブレッ
トタイプの場合は溶けにくいので、弱火に
かけたまま湯せんをします。その場合、ボウ
ルに直接チョコレートが当たると焦げてし
まうことがあるので、先にバターを入れ、そ
の上にチョコレートをのせます。

③ 別のボウルに卵を割り入れてグラ
ニュー糖を加え、泡立て器ですり混ぜ
る。グラニュー糖のざらざらした感じ
がなくなってなじんだら、②を細く流し
入れながらすり混ぜ、ムラがなくなるま
で混ぜ合わせる。

④ 薄力粉をふるい入れ、ボウルの側面に
生地をすりつけるようにしながら混ぜ
合わせる。粉気がなくなってつやが出
てきたら(c)、①を加えて(飾り用は残し
ておく)、ざっくりと混ぜ合わせる。

⑤ 型の中央から生地を流し入れ、ゴム
べらで四隅の角まで行き渡らせて表
面を平らにならす。ゴムべらに残った
生地もぬぐって加え、上面に飾り用の
くるみとカシューナッツを並べる(d)。

⑥ 天板の網の上に置き、160℃のオーブ
ンで上面が膨らんでナッツに軽く焦
げ目がつくまで40〜50分焼く。焼き上
がったら型から取り出してケーキクー
ラーにのせて冷まし(e)、敷き紙をは
がす。
　POINT 見た目ではわかりにくいので、
火の通り具合が心配なときは、中央に
竹串を刺して確認を。抜き出した竹串に
生地がついていなければOK。ついてく
る場合はさらに5〜10分焼きます。

フォンダンショコラ

★ ☆ ☆

焼きすぎは禁物。サクッとした生地の中からあふれる、
とろとろのチョコレートソースが醍醐味です。

材料(容量120mlのプリン型5個分)

製菓用スイートチョコレート
　(カカオ分55〜65％) …… 65g
バター(食塩不使用) …… 65g
薄力粉 …… 35g
グラニュー糖 …… 90g
卵 …… 3個(150g)
型用バター(p.17参照) …… 適量
ココアパウダー …… 適量
粉糖 …… 適量

準備

・スイートチョコレートは細かく刻む(タブレットタイプの場合はそのままでよい)。
・バターは薄くスライスする。
・卵は常温に戻す。
・鍋に湯せん用の湯を沸かす(p.19参照)。
・容量120mlのプリン型の内側に型用バターを刷毛で薄く塗り、ココアパウダーを茶こしでふる。余分な粉は型を逆さにしてバットにパンッと打ちつけて落とす(a)。
・天板に付属の網または脚付きの網をセットする(p.24参照)。
・オーブンを180℃で本稼働させる(p.18参照)。

焼き時間　180℃／約10分

ADVICE

中からとろ〜りとけ出るチョコレートの醍醐味を味わうには、焼きたてがいちばん！　生地は冷蔵庫に入れておけば2日は持つので、ぜひ、食べる直前に焼いてください。ただ、型に高さがあると取り出す際に割れやすいので、プリン型は浅いタイプに。なければ陶器のココットでもかまいません。

① ボウルにバターを入れてスイートチョコレートをのせ、弱火の湯せんにかける(p.19参照)。溶けてきたら泡立て器で混ぜ合わせ、なめらかになってつやが出てきたら湯からおろす。

② 別のボウルに薄力粉をふるい入れてグラニュー糖を加え、泡立て器でさっと混ぜ合わせる。

③ また別のボウルに卵を割り入れて溶きほぐし、①を細く流し入れながら泡立て器ですり混ぜる。ムラなく混ざったら②を加え、粉気がなくなるまで混ぜ合わせる(b)。
POINT 混ぜすぎると、粘り気が出てうまく火が入らなかったり、生地が型にはりついたりします。粉気がなくなったら手を止め、生地のでき上がりに。

④ 型の八分目まで生地を流し入れる(c)。
POINT 生地が膨らんでも型の内側に収まるように、八分目まで流し入れます。

⑤ 天板の網の上に並べ、180℃のオーブンで約10分焼く。まわりに火が入って固まり、中心が盛り上がってきたら焼き上がり(d)。軍手をしてすぐに逆さにして型から取り出し、皿に盛って粉糖を茶こしでふる。
POINT フォンダンショコラは中を半熟に焼くイメージ。中まで火が入ると、蒸しパンのようになってしまうので、焼きすぎないこと。余熱で火が入らないよう、すぐに型から取り出すのもこのため。やけどしないように軍手をして素早く取り出しましょう。

a

b

c

d

ガトーショコラ

★★☆

重すぎず軽すぎず、苦みと甘みのバランスもほどよいチョコレートケーキ。
生地そのものがおいしいので、粉糖をふるだけでOK。

材料(直径15cmの丸型1台分)

製菓用スイートチョコレート
　(カカオ分55〜65％) …… 65g
バター(食塩不使用) …… 50g
卵黄 …… 3個(60g)
グラニュー糖 …… 30g
生クリーム(乳脂肪分45％) …… 65g
薄力粉 …… 20g
ココアパウダー …… 40g
◎メレンゲ
　卵白 …… 3個分(90g)
　グラニュー糖 …… 70g
型用バター(p.17参照) …… 適量
粉糖 …… 適量

準備

・スイートチョコレートは細かく刻む(タブレットタイプの場合はそのままでよい)。
・バターは薄くスライスする。
・卵は卵黄と卵白に分け(p.13参照)、卵黄は常温に戻す。
・生クリームは常温に戻す。
・鍋に湯せん用の湯を沸かす(p.19参照)。
・直径15cmの紙製の丸型の内側に型用バターを刷毛で塗る。底面は全体に塗り、側面は上部を1cm開けて塗る(p.17参照。a)。
・天板に付属の網または脚付きの網をセットする(p.24参照)。
・オーブンを160℃で本稼働させる(p.18参照)

焼き時間　**160℃／45分**

ADVICE

・ココアパウダーを加えると生地が締まってかたくなるので、メレンゲを加えるときに驚くかもしれません。でも、⅓量のメレンゲをよくなじませれば、残りのメレンゲもきれいに混ざるので大丈夫。慌てずに作業を進めましょう。
・ガトーショコラは、常温で食べたほうがチョコレートの香りが鼻に抜けておいしいもの。冷蔵庫には入れず、あれば七分立てにしたやわらかいシャンティイクリーム(無糖)を添えてどうぞ。

1 ボウルにバターを入れてスイートチョコレートをのせ、弱火の湯せんにかける(p.19参照b)。溶けてきたら泡立て器で混ぜ合わせ、なめらかになってつやが出てきたら湯からおろす。

2 別のボウルに卵黄を入れ、グラニュー糖を加えて泡立て器ですり混ぜる。グラニュー糖のざらざら感がなくなってなじんだら、❶を細く流し入れてなめらかになるまで混ぜ、生クリームを加えてムラなく混ぜ合わせる。
　POINT 生地がかたくなってモソモソしてきた場合は、火を消した湯せんにかけてなめらかになるまで混ぜます。

3 ❷に薄力粉をふるい入れ、泡立て器でよく混ぜる。ムラなく混ざったらココアパウダーをふるい入れ、練るように混ぜる(c)。
　POINT 薄力粉とココアパウダーを一度に加えるとダマになりやすいので、順にふるい入れてそのつどよく混ぜます。それでもダマができた場合は、ボウルの側面にこすりつけるようにしてダマをつぶしましょう。

4 別のボウルでしっかりしたメレンゲを作る。ボウルに卵白と少量のグラニュー糖を入れてハンドミキサーで泡立てる。白っぽくなったら残りのグラニュー糖を2回に分けて加えながら、ツノがピンと立つくらいまで泡立てる(p.164参照)。

5 ❹を泡立て器でひとすくいして❸に加え、よく混ぜ合わせる。メレンゲの白い筋がなくなって全体になじんだら、残りのメレンゲを加えて底からすくうようにしてムラなく混ぜ合わせる。

6 型の中央から生地を流し入れ、ボウルに残った生地もゴムべらできれいに拭って型の中央にのせる(d)。

7 天板の網の上に置いて160℃のオーブンで45分焼く。
　POINT 焼き時間は160℃で45分と決まっているので、状態を確認しなくても時間を守れば大丈夫。

8 焼き上がったらすぐに、竹串を型と生地の間に深さ1cmくらい差し込んで、型に引っかかっている生地を内側にしまう(e)。そのまま型ごとケーキクーラーにのせて冷まし、食べるときに型をはがし、茶こしで粉糖をふる。
　POINT 焼きたては大きく膨らみますが、冷めるとへこんでしまうので、はみ出たままでは生地がひっかかって、きれいに型をはずせません。膨らんでいるうちにはみ出た生地を内側にしまいます。

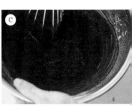

パヴェ・ドゥ・ショコラ

***

とろ～りとけて、華やかな甘みと香りの余韻が残る贅沢な生チョコレート。
小さめに切り分けても十分満足できます。

材料(約2cm角24個分)

◎ガナッシュクリーム

製菓用スイートチョコレート
（カカオ分61%) ‥‥‥ 150g
水あめ ‥‥‥ 15g
生クリーム(乳脂肪分45%) ‥‥‥ 140g
ココアパウダー ‥‥‥ 適量

準備

・17×7×高さ6cmのパウンド型にクッキングシートを敷き込む(p.17参照)。焼かないので、外側をセロテープなどで留めてもよい。

ADVICE

この材料は、カカオ分61%のスイートチョコレートを使った場合にほどよく固まる配合です。カカオ分の含有率が少し違うだけで固まらなくなるので、購入の際にカカオ分を確認し、61%のものを使ってください。

1　スイートチョコレートを細かく刻み(タブレットタイプの場合はそのままでよい)、ボウルに入れる。

2　鍋に水あめ、生クリームを入れて中火にかけ、沸騰直前まで温める。
　POINT　水あめと生クリームは分量をはかるときに鍋に順次入れて一緒にはかると効率的。

3　①にあつあつの②を注ぎ入れ、ゴムべらでやさしくひと混ぜする。そのまま少しおいてチョコレートを溶かす(a)。
　POINT　チョコレートが溶け残って大きな塊ができた場合は、湯せんにかけて溶かします(p.19参照)。

4　チョコレートが完全に溶けたら、ゴムべらの先端をボウルの底に当てて円を描くようにやさしくかき混ぜ、乳化させる。全体がとろりとなめらかになってつやが出てきたら乳化した証拠(b)。ガナッシュクリームのでき上がり。
　POINT　空気が入ると、小さな穴がぽつぽつ空いて口当たりが悪くなるので、空気が入らないよう、ゴムべらの先端をボウルの底から離さずにかき混ぜます。もしも空気が入った場合は、ボウルの底をトントンと台に打ちつけて空気を抜きましょう。生地が分離したときは、ハンドブレンダーで攪拌すれば簡単につながります。

5　型に流し入れて四隅の角まで行き渡らせ、ゴムべらに残ったガナッシュも拭って加え、表面を平らにならす。そのまま冷蔵庫で12時間ほど冷やして固める(c)。

6　型からクッキングシートごと取り出して上面にココアパウダーを茶こしでふり、側面のシートをはがして広げる。

7　包丁の刃をぬるま湯(38〜40℃)につけて軽く温め(d)、水気を拭いて、上からまっすぐ押して縦3等分に切る。次にシートごと90度回し、同様にして端から約2cm幅に切る(e)。切り終えたら再びココアパウダーを茶こしでたっぷりふって全体にまぶす。
　POINT　包丁が熱すぎるとガナッシュが溶けてしまうので、ぬるま湯で温めます。刃先をもう一方の手で押さえてまっすぐ下に押して切り、1度切るたびに包丁を温めて刃を拭くのもコツ。こうすると切りやすく断面もきれいです。

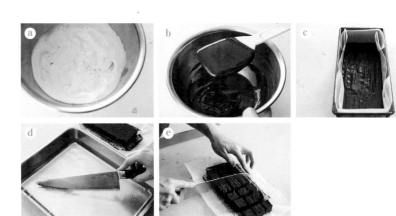

173

チョコレート・トリュフ

***

なめらかなガナッシュクリームを香りとともにコーティング。
トリュフを模したひと口サイズのチョコレート菓子です。

材料(直径約3cm20個分)

◎ガナッシュクリーム

　製菓用スイートチョコレート
　　(カカオ分55〜65％)…… 120g
　生クリーム(乳脂肪分45％)
　　…… 100g
　グラン・マルニエ …… 大さじ1
コーティングチョコレート …… 250g
ココアパウダー …… 適量

準備

・コルネ(p.239参照)を1枚用意する。
・コーティングチョコレートは細かく刻む。

ADVICE

チョコレートを扱うときは、指紋の跡や手の汚れがつかないように手袋を。特にこのお菓子は手で丸めるなど直接触れることが多いので必ず手袋をしましょう。また、落ち着いて作業することも大事。急いで進めると、ガナッシュの乳化が不十分になったり、気泡が入ってしまったり、コーティングしたチョコレートがひび割れたりのもとです。

1 スイートチョコレートを細かく刻み(タブレットタイプの場合はそのままでよい)、ボウルに入れる。

2 鍋に生クリームを入れて中火にかけ、沸騰直前まで温める。

3 あつあつの2を1に注ぎ入れ、ゴムべらでやさしくひと混ぜする。そのまま少しおいてチョコレートを溶かす。
POINT チョコレートが溶け残って大きなかたまりができた場合は、湯せんにかけて溶かします(p.19参照)。

4 完全に溶けたら、空気が入らないようにゴムべらの先端をボウルの底に当てて円を描くようにやさしくかき混ぜながら乳化させる(a)。全体が乳化してとろりとなめらかになってつやが出てきたら、グラン・マルニエを加える。
POINT 空気が入ると、小さな穴がぽつぽつ開いて口当たりが悪くなるので、空気が入った場合はボウルの底をトントンと台に打ちつけて空気を抜きましょう。

5 バットにラップを敷き、4を流し入れる。表面にもラップをかぶせ、空気を抜いて密着させる(b)。この状態で冷蔵庫に約6時間おいて冷やし固める。

6 コーティングチョコレートの⅔量をボウルに入れ、弱火の湯せんにかけてゴムべらでかき混ぜながら溶かす。完全に溶けたら湯からはずして残りのチョコレートを加え、余熱で溶かしながら30℃前後に冷ます(p.224参照)。

7 5のガナッシュクリームを20等分に切り分け(各約10g)、ココアパウダーを茶こしで薄くふって、ひとつずつ手のひらでコロコロ転がして丸める(c)。
POINT 粉気が多いとガナッシュが割れるので、ココアパウダーは薄くふりましょう。また、ガナッシュが冷たすぎると、コーティングしたときにチョコレートが急激に冷えてひび割れしやすくなります。適温は冷蔵庫から出して5〜10分室温に置いたくらいなので、この間に丸めます。

8 7をフォークを使って全体を6につけ、ひと呼吸おいて引き上げる。余分を流し落としてスプーンでさっとぬぐってチョコレートをきり(d)、バットに並べて完全に固まるまで20〜30分おく。

9 8のチョコレートが固まると、底にたまってはみ出した部分ができる。これをペティナイフで取り除いてきれいな球形に整え、再びバットに並べる。

10 残った6を湯せんにかけて25〜26℃に温め、コルネに入れて、左右に軽くふりながら絞り出し、9の表面に筋状の模様をつける(p.239参照。e)。
POINT コーティングチョコレートの温度が高すぎると流れ落ちて模様がつかなくなるので、少し重めの25〜26℃に温めます。左右に少しはみ出すくらいにふりながら絞り出すと、全体にゆがみのないシャープな模様がつきます。

 a
 b
 c
 d
 e

1. オレンジコンフィはざるに並べてしばらく置き、表面のシロップを落として取り除く。

2. クッキングシートを敷いた天板に❶を並べて100℃のオーブンで30分乾燥焼きする。

3. シートごと取り出して網の上に置き、常温に置いて1日乾燥させる(a)。

4. コーティングチョコレートの⅔量をボウルに入れ、湯せんにかけて溶かす(p.19参照)。完全に溶けたら湯からはずして残りのチョコレートを加え、余熱で溶かしながら30℃前後に冷ます(p.224参照)。

5. 手袋をして❸を1枚ずつ持ち、半分より少し上くらいまで❹につける。ひと呼吸おいて引き上げ、余分を流し落とす(b)。チョコレートがきれたらポリシートに並べ、常温で冷まして固める。

オランジェット

★ ★ ☆

オレンジコンフィをチョコレートでコーティングしたほろ苦スイーツ。
お酒のお供にも喜ばれます。

材料(20枚分)

オレンジコンフィ …… 20枚
コーティングチョコレート …… 200g

準備

・鍋に湯せん用の湯を沸かす(p.19参照)。
・クッキングシート天板に合わせてカットし、天板に敷く。
・オーブンを100℃で本稼働させる(p.18参照)。
・コーティングチョコレートは細かく刻む。

ADVICE

オレンジコンフィには、オレンジピール(皮)で作ったものもありますが、果肉の部分がおいしいので、ぜひ、輪切りタイプを使ってください。密閉袋に入れて冷暗所に入れておけば長期保存もできます。

焼き時間　オレンジコンフィの乾燥焼き：100℃／30分

第9章

チーズのお菓子

チーズはお菓子によく使われる材料の一つ。
濃厚な口溶けには、他では得られないコクや深みがあります。
種類豊富なチーズケーキの中から、大定番のベイクド、レア、スフレを紹介。
いずれもシンプルな作り方なので、いろいろチャレンジしてください。

ベイクドチーズケーキ

★☆☆

ヨーグルトやレモン汁の酸味を加えたクリーム生地は意外にライト。
冷蔵庫でひと晩休ませると、味がなじんで締まり風味も増します。

材料(16×16cmの角型1台分)

◎底生地
アーモンドパウダー …… 40g
きび砂糖 …… 40g
薄力粉 …… 40g
バター(食塩不使用) …… 40g

◎チーズ生地
クリームチーズ …… 375g
グラニュー糖 …… 75g
レモン汁 …… 30g
卵 …… 2個(100g)
プレーンヨーグルト …… 90g

準備

・16×16cmの角型にクッキングシートを敷き込む(p.16参照)。
・クリームチーズはp.14「バターを常温に戻す」の要領で常温に戻す。
・卵は常温に戻して溶きほぐす。
・バターは1cm角に切り、冷蔵庫で冷やしておく。
・天板に付属の網または脚付きの網をセットする(p.24参照)。
・オーブンを150℃で本稼働させる(p.18参照)。

焼き時間 150℃／45～55分

ADVICE

ケーキの表情を少し変えたいときは、型にチーズ生地を入れた後、好みのジャムをのせてフォークでグルッとかき混ぜると、表面にマーブル模様がつきます。クッキーをのせて焼いてもおいしいです。また、16×16cmの角型と直径18cmの丸型の容量はほぼ同じなので、丸型で作っても構いません。

① 底生地を作る。大きめのボウルにアーモンドパウダー、きび砂糖、薄力粉をふるい入れ、手でかき混ぜる。ここにバターを加えて指の腹で粉類をまぶしながらつぶす。バターの大きな粒がなくなったら、両手のひらですり合わせ、ぼそぼそしたそぼろ状にする(a)。
POINT バターが溶けないように手早くすり合わせてそぼろ状にすることで、サクッとした生地になります。

② 型に①の生地を入れ、軽く押さえながら底一面に均一に敷き詰める。
POINT 生地を作ったらすぐに型に敷き詰めて落ち着かせます。四隅の角までしっかりと詰めるのも大事。

③ チーズ生地を作る。ボウルにクリームチーズを入れ、ゴムべらで押しつぶすようにしながらよく練り混ぜてなめらかなクリーム状にする。
POINT 最初になめらかにしておかないと、最後までチーズの粒が残ってしまいます。押しつぶすようにしながら、なめらかなクリーム状になるまでよく練り混ぜましょう。

④ グラニュー糖、レモン汁を加えて混ぜ合わせ、なめらかになったら溶き卵、ヨーグルトを加え、泡立て器に持ち替えてムラがなくなるまですり混ぜる(b)。
POINT この段階でチーズの粒が残っていた場合は、こし器でこしてなめらかにします。あればハンドブレンダーで撹拌すると、簡単になめらかになります。

⑤ ②に④の生地を流し入れ(c)、ゴムべらで全体に広げる。四隅の角にもしっかりと行き渡らせて表面を平らにならし、ゴムべらに残った生地もぬぐって加える。

⑥ 天板の網の上に置いて150℃のオーブンで45～55分焼く。表面がドーム状に膨らんできつね色に色づいたら焼き上がり(d)。型ごとケーキクーラーにのせて冷まし、さらに冷蔵庫に入れてしっかり固まるまで冷やす。

レアチーズケーキ

★★☆

濃厚なチーズ生地に甘酸っぱいブルーベリーのゼリーをのせたクラシカルなスタイル。
ボトムは市販のビスケットを利用すれば簡単、手軽。

材料(直径15cmのセルクル1台分)

◎底生地
- ビスケット …… 70g
- 溶かしバター(p.14参照) …… 35g
- 粗塩 …… ひとつまみ

◎チーズ生地
- 生クリーム(乳脂肪分45%) …… 120g
- プレーンヨーグルト …… 60g
- 板ゼラチン …… 4g
- クリームチーズ …… 120g
- グラニュー糖 …… 50g
- レモン汁 …… 10g
- 卵黄 …… 1個(20g)

◎ゼリー生地
- ブルーベリー …… 150g
- 水 …… 75g
- グラニュー糖 …… 55g
- 板ゼラチン …… 5g

準備

- 直径15×高さ2cmのセルクルの片面にラップを貼りつけ、クッキングシートを敷き込む(p.16参照。a)。
- 底の平らな厚手のコップを用意し、底をラップで覆う。
- クリームチーズはp.14「バターを常温に戻す」の要領で常温に戻す。
- 卵黄は常温に戻す。
- 板ゼラチンは冷水でふやかす(p.15参照)。

1. 底生地を作る。ビスケットをポリ袋に入れてめん棒などでたたき、細かくなったらボウルに入れて溶かしバター、粗塩を加え、ゴムべらでよく混ぜる。

2. 型に❶を入れて底一面に広げ、コップの底で隙間なく押しつぶして生地を固める(b)。
   POINT しっかりと押しつぶすことで、ビスケットが密着して固まります。

3. チーズ生地を作る。まずボウルに生クリームを入れてボウルの底を氷水に当て、ツノが立つまで泡立てて八〜九分立てにする(p.217参照)。
   POINT 口溶けよく仕上げるため、生クリームはしっかりと泡立てます。

4. 耐熱容器にヨーグルトを入れてラップをし、電子レンジ(600W)に30秒ほどかけて70〜80℃に温める。これにふやかした板ゼラチンを入れて溶かし混ぜる。

5. ボウルにクリームチーズ、グラニュー糖、レモン汁を入れて泡立て器でなめらかになるまで練り混ぜ、卵黄を加えてクリーム状になるまで練り混ぜる。さらに❹を加えてムラなく混ぜ合わせる(c)。

6. ❸の⅓量を❺に加えて泡立て器で混ぜ合わせる。全体になじんだら残りを加えてゴムべらに持ち替え、底からすくって切るようにして混ぜ合わせる。ムラなく混ざったらチーズ生地の完成。

7. ❷の中央から❻の生地を流し入れて全体に行き渡らせ(d)、冷蔵庫に1時間以上おいて冷やし固める。

8. ゼリー生地を作る。鍋にブルーベリー、分量の水、グラニュー糖を入れて中火にかけ、沸騰後5分ほど加熱して火からおろす。これにふやかした板ゼラチンを加えて溶かし混ぜ、常温まで冷ます。
   POINT チーズ生地が溶けないように、必ず常温まで冷まします。

9. チーズ生地が固まっていることを確認してから、❽をスプーンですくって上面全体にのせ(e)、冷蔵庫で冷やし固める。ゼリーが固まったらでき上がり。型の底に貼ったラップをはがして台に置き、セルクルをまっすぐ上に持ち上げてはずす。最後に敷き紙をはがす。

ADVICE

レアチーズの部分は、口溶けがよく濃厚な味わい。ゼリーをのせなくてもおいしく食べられるので、ひと手間省いてもかまいません。小さく作るのもおすすめで、直径5cmのセルクルを利用すれば、同じ要領で小ぶりのケーキを7つ作れます。あるいはココット形のガラスの器に作っても素敵です。

スフレチーズケーキ

★★☆

しっとり感がありながらもふんわりソフトな味わいは、
湯せん焼きでじんわり火を通したスフレタイプならでは。

材料(直径15㎝の丸型1台分)

クリームチーズ …… 200g
バター(食塩不使用) …… 40g
グラニュー糖 …… 25g
卵黄 …… 3個(60g)
レモン汁 …… 大さじ1
牛乳 …… 80g
薄力粉 …… 35g
◎メレンゲ
 | 卵白 …… 3個分(90g)
 | グラニュー糖 …… 55g
型用バター(p.17参照) …… 適量

準備

・クリームチーズとバターは常温に戻し
(p.14参照)、同じやわらかさにする。
・卵黄と牛乳は常温に戻す。
・直径15㎝の丸型にアルミホイルをはめ
て、側面に貼りつけるようにして敷き込み
(縁より1〜2㎝高くする)、内側に型用バ
ターを刷毛で薄く塗る(a)。
・オーブンを160℃で本稼働させる(p.18
参照)。

焼き時間　160℃／25分
+140℃／30〜40分

ADVICE

スフレチーズケーキは、ふわっと軽い
口当たりが魅力。それを生み出すの
が生地に加えるメレンゲと焼くときの
湯せんです。湯せん焼きにすると火の
当たりがやわらかくなり、蒸気もあるの
で、直焼きするよりふわっと焼き上が
り、しっとり感も出ます。

1 ボウルにクリームチーズとバターを入
れ、ゴムべらで押しつぶしながら練り
合わせる(b)。全体がなじんだら泡立
て器に持ち替え、泡立て器を側面に
押しつけるようにしながら練り混ぜて
なめらかなクリーム状にする。

2 グラニュー糖を❶に加えて混ぜ、次に
卵黄、レモン汁を加えて混ぜ、さらに
牛乳を注いでよく混ぜる。ムラなく混
ざったら薄力粉をふるい入れ、粉気
がなくなるまですり混ぜる(c)。

3 別のボウルでメレンゲを作る。ボウル
に卵白と少量のグラニュー糖を入
れてハンドミキサーの最高速で泡立
てる。白っぽくなったら、残りのグラ
ニュー糖を2回に分けて加えながら、
ツノが立つくらいに泡立てる。最後に
泡立て器ですり混ぜてきめを整える
(p.164参照)。
POINT メレンゲを加えることで口当た
りを軽くしますが、泡立てすぎると、焼いた
とき表面が爆発して割れることがありま
す。やわらかめのメレンゲのほうがきれい
に焼き上がります。

4 ❸を泡立て器でひとすくいして❷に加
え、よく混ぜる。メレンゲの白い筋が
見えなくなったら残りのメレンゲを加
え(d)、ゴムべらに持ち替えて底からす
くって切るようにして混ぜ合わせる。

5 型に❹の生地を流し入れてゴムベラ
に残った生地もぬぐって加え、約5㎝
の高さから台の上にトンッと落として
生地の中の余分な空気を抜く。

6 深めのバットの中央に❺を置き、まわ
りに湯500㎖を注ぎ入れる(e)。
POINT 湯は熱湯である必要はなく、給
湯器やポットの湯でOK。バットの大きさにも
よりますが、深さ2㎝くらいにはるのが目安。

7 バットごと天板にのせて160℃のオー
ブンで25分焼き、140℃に下げてさら
に30〜40分焼く。表面がドーム状に
膨らんで薄いきつね色になったら焼
き上がり(f)。バットに入れたままケー
キクーラーにのせて冷まし、粗熱が取れ
たら型から取り出して冷蔵庫でしっか
り冷やし、食べる直前にアルミホイル
をはずす。

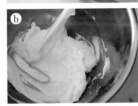

クレメ・ダンジェ

★ ☆ ☆

フロマージュブランで作るチーズケーキ。
濃厚な味わいながら、ムースのようなふわ～っとやさしい口溶けです。

材料(作りやすい分量)

フロマージュブラン …… 200g
生クリーム(乳脂肪分45%)
　　…… 150g
◎メレンゲ
　卵白 …… 2個分(60g)
　グラニュー糖 …… 40g
◎ソース
　赤いフルーツ (いちご、
　　フランボワーズなど) …… 100g
　グラニュー糖 …… 30g
　水 …… 大さじ1
　レモン汁 …… 小さじ1

準備

・35×35cmのガーゼを4枚用意し、重ね
て水でぬらし、かたく絞ってざるの上に広
げてのせる。

ADVICE

いちばんのポイントは何といっても水
きり。ゆっくり時間をかけて水気をきる
と、生地が落ち着き、味わいも濃厚に
なって一層おいしくなります。ソースは
いちごだけでも、フランボワーズだけで
も、あるいは数種を混ぜてもOK。季
節のフルーツでもいいのですが、クレ
メダンジェにはベリーの香りがよく合
い、色合いも美しいです。

① ボウルにフロマージュブランを入れ、
泡立て器で混ぜてなめらかにする。

② 別のボウルに生クリームを入れてボウ
ルの底を氷水に当て、リボン状に流
れ落ちて折り重なるくらいに泡立てて
六～七分立てにする(p.217参照)。

③ 別のボウルでしっかりとしたメレンゲ
を作る。ボウルに卵白と少量のグラ
ニュー糖を入れてハンドミキサーで
泡立てる。白っぽくなったら残りのグラ
ニュー糖を2回に分けて加えながら、
ツノがピンと立つまで泡立てる。最後
に泡立て器で力強くすり混ぜてきめ
を整える(p.164参照)。

④ ①に②を加えて泡立て器でムラなく
混ぜ合わせる。全体になじんだら③
を加え、ゴムべらに持ち替えて底から
すくうようにしてムラなく混ぜ合わせる。
POINT ムラなく混ざればOK。混ぜすぎ
ると生地がかたくなり、ふわっとした口当
たりが損なわれます。

⑤ ④をゴムべらですくってガーゼを広げ
たざるに入れ(a)、ガーゼで包む(b)。

⑥ ⑤をざるごとボウルにのせてラップで
覆い、冷蔵庫にひと晩置いて冷やし
ながら水きりする。
POINT 100mℓくらいの水分が出るの
で、ざるとボウルの間を空けておきましょう。

⑦ ソースを作る。フルーツを小さめのひと
口大に切って小鍋に入れ、グラニュー
糖、分量の水を加えて中火でひと煮
立ちさせる。フルーツがやわらかくなっ
て全体にとろみがついたら、レモン汁
を加えて火からおろす。⑥をスプーン
で取り分け、ソースをかけて食べる。

第10章

シンプルな焼き菓子

見かけは素朴で簡単に見えますが、
材料の使い方や合わせ方一つで味わいも食感も変わる焼き菓子。
材料もレシピもとてもシンプルだからこそ、
材料の質や丁寧な作業などで味は大きく変わります。
お菓子の基本ともいえる焼き菓子。本物の味を目指しましょう。

マフィン

★☆☆

ほんのり甘くてしっとりした焼き上がり。
あまり気を遣わずに手軽に作れるから、おやつはもちろん朝食にも。

材料(直径7.5cmのマフィン型6個分)

バター(食塩不使用) …… 75g

はちみつ …… 12g

グラニュー糖 …… 90g

粗塩 …… ひとつまみ

卵 …… 2個(100g)

薄力粉 …… 180g

ベーキングパウダー …… 小さじ2

牛乳 …… 70g

ブルーベリー …… 150g

準備

- 直径7.5cmのマフィン型にグラシンケース(直径7.5cm、高さ4cm)をセットする。
- バターはクリーム状にする(p.14参照)。
- 卵は常温に戻して溶きほぐす。
- 牛乳は常温に戻す。
- 薄力粉とベーキングパウダーを合わせておく。
- 天板に付属の網または脚付きの網をセットする(p.24参照)。
- オーブンを170℃で本稼働させる(p.18参照)。

焼き時間 170℃／25〜30分

ADVICE

具のブルーベリーは半量をビスケットにしてもいいですし、チョコレートチップ、ピーナッツバター、粗く刻んだバナナなどに代えてもOK。具の合計が150gなら、まったく同じ作り方で作れます。p.179の底生地(そぼろ状のもの)をのせて焼けば、カリカリッと香ばしいトッピングになり、これもおすすめ。

1 ボウルにバター、はちみつ、グラニュー糖、粗塩を入れ、泡立て器でボウルの底にすり合わせるようにしてよくすり混ぜる。全体がなじんだら溶き卵を加えてムラなく混ぜ合わせる。

2 薄力粉、ベーキングパウダーを**1**にふるい入れ、泡立て器で円を書くように混ぜながら牛乳を少しずつ加える(a)。全量加えたら底からすくうようにして、粉気がなくなり、さらにつやが出てくるまで合わせる。

POINT 牛乳を一度に入れると、ダマができやすいので、ボウルの中を混ぜながら少しずつ加えましょう。それでもダマができた場合は、泡立て器をボウルの側面に押しつけるようにして、ダマをつぶしながら混ぜます。

3 **2**にブルーベリーを加え、ゴムべらで切るようにしながらざっくり混ぜ合わせる(p.20参照。b)。

POINT 多少ムラになっても大丈夫。生地を練ると粘り気が出て焼き上がりがかたくなるので、ゴムべらで切るように混ぜます。ブルーベリーは冷凍でもよく、冷凍の場合は凍ったまま加えます。

4 **3**の生地を直径5.5cmのアイスクリームディッシャーですくってボウルの縁ですりきり、2杯ずつ型に入れる。

POINT アイスクリームディッシャーを使うと生地を扱いやすく、効率よく分配できます。ディッシャーがなければスプーンで等分に型に入れましょう。

5 天板の網の上に置いて170℃のオーブンで25〜30分焼く。中央が膨らんで割れ、その割れ目がきつね色になったら焼き上がり。グラシンケースごと型から取り出し、ケーキクーラーの上に並べて冷ます。

スコーン

★★☆

イギリスのティータイムには欠かせない、サクサクのパン菓子。
焼きたてのおいしさは格別で、心もほっとなごみます。

材料(約6cm角6個分)

卵 …… 1個(50g)

牛乳 …… 50g

薄力粉 …… 200g

コーンミール …… 50g

グラニュー糖 …… 35g

粗塩 …… 小さじ¼

ベーキングパウダー …… 大さじ1

バター(食塩不使用) …… 90g

打ち粉(強力粉。p.22参照) …… 適量

溶き卵黄(または牛乳) …… 適量

準備

・クッキングシートを天板に合わせてカットし、天板に敷く。

・オーブンを180℃で本稼働させる(p.18参照)。

・冷蔵庫から出した冷たいバターを1cm角に切り、室温に5分ほどおく。

焼き時間 180℃／約18分

ADVICE

生地を切るときは、包丁を引かずに上からまっすぐ下に押して切るのがコツ。引いて切ると膨らみにくくなってしまいます。切り口に触った場合も、生地がくっついて膨らまなくなるので、断面にはくれぐれも触らないように。切り落とした端の生地も集めて一緒に焼きますが、丸めたりはせず、寄せ集めるだけにしてまとめます。

① 卵に牛乳を加えて溶きほぐす。

② 大きめのボウルに薄力粉、コーンミール、グラニュー糖、粗塩、ベーキングパウダーを入れ、手で大きくかき混ぜて軽く混ぜ合わせる。

③ ②にバターを加え、粉類をまぶしながら指の腹でつぶす。バターの大きな粒がなくなったら、両手のひらですり合わせ、全体が黄色っぽいぼそぼそしたそぼろ状にする。
POINT 多少ダマがあったり、粉っぽさが残っているくらいでOK。少し粗いほうがスコーンらしい食感に焼き上がります。

④ ①を回し入れ、スプーンでムラなく混ぜ合わせる(a)。水分が全体になじんだらひとつにまとめ、手で15回ほどこねてなめらかな生地にする。

⑤ 作業台に打ち粉をふって生地を置き、表面にも打ち粉をふる。生地の両脇に2cm厚さのカットルーラーを置いて、めん棒で2cm厚さに四角くのばす(b)。
POINT カットルーラーを両脇に置いてのばせば、厚さを均一にのばせます。

⑥ ⑤の四辺を包丁でまっすぐ上から押して切り落とし、同じ要領で6等分に切り分ける。

⑦ 生地の断面を触らないようにして、クッキングシートを敷いた天板に間を空けて並べ(c)、切り落とした生地もひとつに寄せ集めて天板にのせる。
POINT 断面(切り口)に触ると、生地がくっついて膨らまなくなるので、生地の上下を持って天板へ。

⑧ 表面に溶き卵黄を刷毛で薄く塗り、180℃のオーブンで約18分、上面が膨らんで持ち上がり、全体が明るいきつね色になるまで焼く。焼き上がったら天板ごとケーキクーラーにのせて冷ます。
POINT 好みのジャムや八分立てにしたシャンティイクリーム(p.217参照)、クロテッドクリーム(イギリスの伝統的なクリーム)などを添えて食べる。

バナナケーキ

✳︎✳︎✳︎

バナナの風味がふんわり広がるブレッド風のケーキ。
甘みを抑えた軽い味わいに、
ミックスシードがカリッと香ばしい。

材料(24×10×高さ8.5cmのパウンド型1台分)

完熟バナナ …… 300g(大約2本)
レモン汁 …… 大さじ1
バター(食塩不使用) …… 150g
グラニュー糖 …… 120g
卵 …… 3個(150g)
強力粉 …… 300g
ベーキングパウダー …… 7g
重曹 …… 3g
ミックスシード …… 少々

準備

・24×10×高さ8.5cmのパウンド型にクッキングシートを敷き込む(p.17参照)。
・バターは常温に戻し、クリーム状にする(p.14参照)。
・卵は常温に戻す。
・強力粉、ベーキングパウダー、重曹は合わせておく。
・天板に付属の網または脚付きの網をセットする(p.24参照)。
・オーブンを170℃で本稼働させる(p.18参照)。

焼き時間 **170℃/60〜65分**

ADVICE

甘さが控えめなので、ワンフィンガー(1.5cm幅くらい)にスライスして軽く焦げ目がつくまでトーストし、バターを塗って食べてもおいしい。特に朝食にはおすすめです。もう少し甘みが欲しいときは、はちみつをかけてどうぞ。

1 バナナは皮をむいてレモン汁をふりかけ、フォークでつぶしてペースト状にする。

2 ボウルにバターを入れてグラニュー糖を加え、泡立て器でボウルの底にすり合わせるようにしてすり混ぜる。全体がなじんだら卵を1個ずつ割り入れ、その都度卵をつぶしながらよくすり混ぜてムラなく混ぜ合わせる。

3 **2**に**1**のバナナを加えてムラなく混ぜ合わせる(a)。
POINT 混ぜ合わせていると分離した感じになりますが、そうなっても大丈夫。バターのかたまりができないように混ぜ合わせることが大事です。

4 強力粉、ベーキングパウダー、重曹をふるい入れ、ゴムべらに持ち替えて切るように混ぜて、粉気がなくなり、さらにつやが出るまで混ぜる(p.20参照)。
POINT つやが出るまでしっかり混ぜることでグルテンができ、よく膨らんでふんわりしっとりとした食感になります。

5 型に**4**の生地を流し入れてゴムべらで全体に広げ、四隅の角にも隙間ができないように行き渡らせる。表面を平らにしてゴムべらに残った生地もぬぐって加え、ミックスシードをふる(b)。
POINT ミックスシードは飾りを兼ねた食感のアクセント。香ばしさも加わります。

6 天板の網の上に置いて170℃のオーブンで60〜65分焼く。膨らんでできた割れ目がきつね色に色づいたら焼き上がり。型に入れたままケーキクーラーにのせて冷まし、完全に冷めたら型から取り出して敷き紙をはがす。
POINT 火の通り具合が心配なときは、中央に竹串を刺して確認を。抜き出した竹串に生地がついてこなければOK。

マドレーヌ

＊＊＊

マリー・アントワネットがこよなく愛したかわいい焼き菓子。
コキーユ形が代表的ですが、
かつては貝殻に生地を詰めて焼いたとの説も。

材料(20個分)

グラニュー糖 …… 120g

粗塩 …… 小さじ½

オレンジの皮 …… ½個分

溶き卵 …… 165g(p.13参照)

薄力粉 …… 125g

ベーキングパウダー …… 3g

溶かしバター(p.14参照) …… 140g

はちみつ …… 30g

型用バター(p.17参照) …… 適量

打ち粉(強力粉。p.22参照) …… 適量

準備

・溶かしバターは人肌〜常温に冷ます。

・溶き卵は常温に戻す。

・マドレーヌ型(コキーユ型・トレイタイプ)に型用バターを刷毛でまんべんなく塗り、打ち粉をまんべんなくふる。余分な粉は型を立てて台にトントンと軽く打ちつけて落とす(a)。

・オーブンを190℃で本稼働させる(p.18参照)。

焼き時間　190℃／12〜15分

ADVICE

マドレーヌは焼きたての粗熱が取れたくらいで食べるのがいちばんおいしい。すぐに食べないときは、生地を密閉容器に入れて冷蔵庫で保存し、食べる直前にオーブントースターなどで焼いてもよいでしょう。保存するとオレンジの香りはとびますが、生地が締まってしっかりとしたマドレーヌになります。

❶ ボウルにグラニュー糖、粗塩を入れ、オレンジの皮をすりおろしながら加えて、泡立て器でよくすり混ぜてオレンジの香りを立たせる。

POINT 柑橘系の香りは時間をおくと酸化するので、あらかじめ用意するのではなく、すりおろしながら加えます。オレンジは色づいた外皮だけをすりおろすのもポイント。白いわたの部分まですりおろすと苦みが出るので注意。

❷ ❶に溶き卵を加えてムラなく混ぜ合わせ、薄力粉、ベーキングパウダーをふるい入れて泡立て器でぐるぐるとすり混ぜる。粉気がなくなったら溶かしバターを加え(b)、つやのあるなめらかな状態になるまで混ぜる。最後にはちみつを加えて混ぜ合わせる。

POINT 溶かしバターにすると、固形のままより混ぜやすく、早く全体になじみます。ただし、人肌〜常温に冷まして加えること。温度が高いうちに加えたのでは、卵に火が入ってそぼろ状になり、オレンジの香りもとんでしまいます。

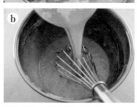

❸ 絞り袋(口金はなし)に❷の生地を入れ、型の縁よりほんの少し低くなるように絞り入れる(c)。

POINT 生地がゆるく、型も浅く小ぶりなので、絞り袋で絞り入れるのが簡単。

❹ 190℃のオーブンで、表面がきつね色になるまで12〜15分焼く。焼き上がったらすぐに型をケーキクーラーにトントンと打ちつけてマドレーヌをはずし、へそ(膨らんだ面)が下になるように並べて粗熱を取る(d)。

POINT 網の跡がつかないよう、膨らんだ面を下にして冷まします。

フィナンシェ

★ ☆ ☆

縁はカリッ、中はしっとり。
焦がしバターのコクと香ばしさを生かしたリッチなおいしさで、食べごたえも満点。

材料(10×5cmのフィナンシェ型15個分)

バター(食塩不使用)…… 157g

薄力粉…… 72g

アーモンドパウダー…… 72g

粉糖…… 72g

グラニュー糖…… 144g

卵白…… 8個分(240g)

型用バター(p.17参照)…… 適量

準備

・10×5cmのフィナンシェ型に型用バター
を刷毛で塗り、冷蔵庫で冷やしておく。

・オーブンを220℃で本稼働させる(p.18
参照)。

焼き時間　**220℃ ／ 12〜18分**
＊または200℃／15〜18分

ADVICE

フィナンシェのおいしさは香ばしさ。生
地にも焦がしバターを加えますが、まわ
りをカリカリに焼くのもポイントです。四
辺が少し焦げるくらいまでしっかり焼き
ましょう。型に塗るバターも薄くする必
要はありません。むしろ多少厚いくらい
のほうが、揚げ焼きしたように焼き上が
り、カリッと美味。

❶ 焦がしバターを作る。小鍋にバターを
入れて中火にかけ、泡立て器で混ぜ
ながら加熱する。バターのいい香りが
立ち、底が茶色くなってきたら、水を
張ったボウルに鍋底をつけて焦げを
止める(p.14参照)。

POINT こすことでクリアな味になります
が、焦げ茶の粒はたんぱく質の塊。旨味
が詰まっているので、こさずにそのまま使
うのがおすすめです。

❷ ボウルに薄力粉、アーモンパウダー、
粉糖をふるい入れ、グラニュー糖を加
えて泡立て器でさっと混ぜ合わせる。

❸ ❷に卵白を加え、泡立て器を立ててボ
ウルの側面に押しつけるようにしなが
らよく練り混ぜる(a)。粉気がなくなっ
たら焦がしバターを加え(b)、なめらかに
なるまで混ぜ合わせる。

POINT 泡立て器を立ててワイヤーの
根元を握り、ボウルの側面に押しつけな
がら混ぜると、力がしっかりと伝わり、卵
白のこしがよく切れます。

❹ 絞り袋(口金はなし)に❸の生地を入
れ、型の八分目まで絞り入れる(c)。

POINT 生地がゆるく、型も浅くて小ぶ
りなので、絞り袋で絞り入れるのが簡単。

❺ 220℃のオーブンで12〜18分(また
は200℃で15〜18分)焼く。中央がき
つね色になり、周囲に香ばしい焦げ
目がついたら焼き上がり。すぐに型か
らはずし、ケーキクーラーの上に並べ
て粗熱を取る(d)。

シフォンケーキ

★★☆

しっとりふわふわのやわらかさで、後口も軽やか。
紅茶の茶葉を混ぜ込んで香りも品よく仕上げます。

材料(直径18cmのシフォン型1台分)

卵黄 …… 3個(60g)
グラニュー糖 …… 25g
水 …… 50g
アールグレイ紅茶(茶葉) …… 5g
サラダ油 …… 20g
薄力粉 …… 70g
◎メレンゲ
　卵白 …… 3個分(90g)
　グラニュー糖 …… 50g

準備

・卵黄は常温に戻す。
・アールグレイ紅茶はすり鉢かミルで細かく挽いて茶こしでふるう(ティーバッグの中身をそのまま使ってもよい)。
・大板に付属の網または脚付きの網をセットする(p.24参照)。
・オーブンを180℃で本稼働させる(p.18参照)。

焼き時間　180℃／約30分

ADVICE

水分が多いと、生地がもちもちになって重くなり、焼き上がったときに底が抜けて空洞ができることが。水は50gを守ります。水が適量なのに底が抜けた場合は、焼き方が足りないため、次回からの焼き時間を10〜15分長くしてください。

① ボウルに卵黄とグラニュー糖を入れ、泡立て器で全体がもったりして少し白っぽくなるまですり混ぜる。

② 分量の水に紅茶を入れて①に加え(a)、サラダ油も加えて全体がなめらかになるまで混ぜ合わせる。
POINT 紅茶は加えるときに水と合わせればOK。時間をおく必要はありません。

③ 薄力粉をふるい入れてさらによく混ぜ、粉気がなくなり、もったりとした粘りとつやが出るまでしっかりと混ぜ合わせる。
POINT 粉の量が少ないので、ここでしっかりと混ぜて生地の柱となるグルテンを引き出します。ダマができた場合は、生地をボウルの側面に押しつけるようにしながら混ぜるとダマがつぶれます。

④ 別のボウルでしっかりしたメレンゲを作る。ボウルに卵白と少量のグラニュー糖を入れてハンドミキサーの最高速で泡立てる。白っぽくなったら、残りのグラニュー糖を2回に分けて加えながら、ハンドミキサーでツノがピンと立つまで泡立てる(b)。最後に泡立て器で力強くすり混ぜてきめを整える(p.164参照)。
POINT ふわふわ食感の決め手はメレンゲ。メレンゲがゆるいと膨らまないので、ツノがピンと立つまでしっかり泡立てます。

⑤ ③に④の⅓量を加えて混ぜ合わせる。全体になじんだら残りのメレンゲを加え、底からすくって切るようにしてムラなく混ぜる。メレンゲの白い筋が見えなくなったら、ゴムべらでボウルの底からこそげ取るようにして混ぜ残しがないかを確認する。
POINT メレンゲがきめ細かくしっかりと泡立っていれば、生地と合わせたときに多少つぶれても膨らむので、恐れずまんべんなく混ぜ合わせましょう。

⑥ 直径18cmのシフォン型に⑤の生地を一点から流し入れ(c)、型を前後左右に揺すって表面を平らにならす。
POINT シフォン型は中央に筒があるので、あちこちから流し入れると空気だまりができてしまいます。空気が入らないよう、一点から流し入れます。

⑦ 天板の網の上に置いて180℃のオーブンで約30分、中央がドーム状に膨らんで割れ、その割れ目までしっかり焼き色がつくまで焼く。焼き上がったら、逆さまにして冷ます(d)。
POINT 逆さにして冷ますと、生地の中にこもった蒸気が抜けやすくなり、膨らんだ形もそのままに保てます。

⑧ 型の側面とケーキの間にペティナイフ(またはパレットナイフ)を底まで差し込み、筒の部分を持って型をぐるりと一周回してケーキをはがす(e)。それから型ごと持ち上げて手で内枠の底を押し上げ、外枠をはずす。

⑨ 筒部分は竹串を底まで差し込み、竹串をぐるりと一周させてケーキをはがす(f)。

⑩ 最後にパレットナイフを底面に沿って刺し入れてケーキをはがし、逆さにして内枠をはずす。

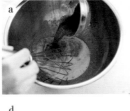

ドーナツ

＊＊✿

イースト生地で作る、
ふわふわもちもちのドーナツ。
両面をこんがりきつね色に揚げたら、
グレーズをかけてひと味アップ。

材料(直径約8cmのリングと直径3cmのボール各4個分)

牛乳 …… 100g

インスタントイースト …… 5g

卵黄 …… 2個(40g)

強力粉 …… 200g

グラニュー糖 …… 30g

粗塩 …… 小さじ½

バター(食塩不使用) …… 25g

打ち粉(強力粉。p.22参照) …… 適量

揚げ油 …… 適量

◎グレーズ

  | 粉糖 …… 220g

  | 水 …… 40g

準備

・卵黄は常温に戻す。

・バターは1cm角に切り、冷蔵庫で冷やしておく。

揚げ時間 170℃／4〜5分

ADVICE

ふっくら膨らんで、食べるともっちりしているのがイースト発酵の効果。でも、発酵しすぎると、油を吸いすぎて油っぽくなってしまいます。特に型抜きした後は注意。15分以上はおかずに揚げましょう。仕上げのグレーズはシナモンシュガーに代えてもOK。シナモンパウダーと粉糖を好みの割合で混ぜて揚げたてにまぶします。

❶ 牛乳を耐熱容器に入れ、電子レンジで30秒加熱して人肌に温める(36〜38℃)。これにイーストを入れて混ぜ合わせ、15分ほどおいて予備発酵させる。
POINT イーストを牛乳に溶かしておくと、他の材料とよくなじみ、人肌に温めることでイーストがよく働いて発酵が進みます。温度が高すぎるとイーストが死んでしまうので、人肌以上には温めないこと。

❷ ❶に卵黄を加え、フォークなどで泡立てないようによく溶き混ぜる。

❸ 大きめのボウルに強力粉、グラニュー糖、粗塩を入れて手で混ぜ合わせ、中央をくぼませる。そのくぼみに❷を流し入れ、指先で粉を崩しながらグルグルと円を描くように混ぜ合わせる(a)。全体がなじんだら生地を握るようにしてひとつにまとめる。

❹ 冷蔵庫から出した冷たいバターを❸に加え、手でバターをもみつぶすようにして混ぜ込む(b)。バターがなじんだら、中心から外に向かってボウルの底にこすりつけるようにしながら、表面がツルリとなめらかになるまでこねる(c)。
POINT バターをゆるめて加えると、手の温もりで生地がどろどろになるので、冷たくかたいバターを加えます。最初はべたべたしますが、こね続けていけばツルンとなめらかにまとまってきます。

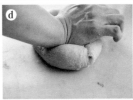

❺ 打ち粉をふった台に取り出し、中心から外に向かって台にこすりつけるように5〜6分こね(d)、きれいな面を上にして表面をピンと張って丸める(e)。

p.200へ →

6 ボウルに生地を入れてラップをし、30℃前後の暖かいところに1時間置いて発酵させる。2倍くらいに膨らめば発酵終了(f)。

POINT 夏は室温でOK。冬は暖房の当たるところか暖かい部屋に。

7 台に打ち粉をふって**6**の生地を置き、軽く丸めてひとつにまとめる。表面にも薄く打ち粉をふり、めん棒で2cm厚さにのばす(p.22参照)。

8 直径8cmと直径3cmの丸形抜き型に薄く打ち粉をふり、まず8cmの型を生地にのせて丸くくり抜く(g)。その中心を3cmの型で抜いて、リング形に抜く。

POINT そのまま抜くと、型に生地がくっついてしまうので、ひとつ抜くたびに型に打ち粉をふって抜きましょう。

9 バットにクッキングシートを敷いて**8**を並べ(h)、かたく絞った濡れ布巾をかけて15分ほど生地を休ませる。

POINT 端生地も適当な大きさに切って一緒に休ませます。

10 揚げ油を170℃に熱し、リング形の生地を入れて2分〜2分30秒揚げる。片面がきつね色になったらターナーで裏返し(i)、同様に揚げる。両面がきつね色になったら取り出して油をよくきり、網にのせて冷ます。丸い生地(中心部分)、端生地も両面をきつね色に揚げ、油をきって冷ます。

11 グレーズ用の粉糖に分量の水を加えてよく溶き混ぜ、これにドーナツの片面をつける。裏返して余分を流し落とし(j)、グレーズをつけた面を上にして、網の上に並べて室温で乾かす。

POINT ドーナツが熱いとグレーズが溶けるので、完全に冷めてからグレーズをつけます。

第11章

ひんやりデザート

ひんやりとして口溶けのよいデザート菓子。
プリン、ババロア、ゼリー、アイスクリーム、シャーベットといった、
冷たいお菓子のベストレシピを紹介。
暑い時期に限らず、一年を通して楽しめるレシピです。

プリン

★☆☆

卵と牛乳、グラニュー糖で作る"かため"のプリン。
苦みをきかせた濃いめのカラメルがよく合う、
昔ながらの味わいです。

材料(容量150㎖のプリン型6個分)

卵 …… 4個(200g)
グラニュー糖 …… 90g
牛乳 …… 530g
バニラビーンズ …… ¼本
◎カラメル
　グラニュー糖 …… 100g
　水 …… 20g
　湯(60～80℃) …… 50g

準備

・卵は常温に戻す。
・バニラビーンズは種をさやから出す
(p.15参照)。
・深めのバットに容量150㎖のプリン型6個
を並べる。
・オーブンを150℃で本稼働させる(p.18
参照)。

焼き時間　150℃／50～60分

ADVICE

型は同じ容量の陶器や耐熱ガラスの
器でもかまいませんが、もう少し焼き時
間が必要。40分ほど焼いたら火の通り
具合を確認し、10分単位で様子を見
ながら焼きましょう。そして必ず型から
取り出して皿に盛ります。プリンは皿に
盛るのが本来のスタイル。特にこのカラ
メルは、皿に盛って食べるとおいしい
味のバランスにしてあるので、型から出
さずに食べると苦く感じてしまいます。

1 鍋にカラメル用のグラニュー糖と水を
入れ、強火にかける。薄く色づいたら
鍋をゆっくり回してグラニュー糖を溶
かし、さらに煮詰める。コーラ色になっ
たら火を止め(a)、分量の湯を鍋肌か
らゆっくりと回し入れ、弱火で少し煮
詰める(p.216参照)。

2 ❶をプリン型に等分に流し入れ、その
まま冷ます(b)。粗熱が取れたらバット
ごと冷蔵庫に入れ、30分ほど冷やし
てカラメルを固める。

3 ボウルに卵を割り入れてグラニュー糖
を加え、泡立て器で空気が入らない
ようによく溶きほぐす。

4 鍋に牛乳を入れてバニラビーンズを
さやごと加え、中火で沸騰直前まで
温める。

5 ❸に❹を加え、泡が立たないように混
ぜ合わせて冷ます。常温に冷めたらこ
し器でこし、最後にこし器をゴムべら
でしごいて残さずこす(c)。
POINT こすことで卵白が細かく切れて
きめ細かくなり、口溶けがよくなります。

6 ❷のカラメルの上に❺の生地を等分
に流し入れ、バットに湯500㎖を注ぎ
入れる。

7 アルミホイルをかぶせてバットまですっ
ぽりと覆い(d)、150℃のオーブンで50
～60分焼く。焼き上がったらバットか
ら取り出して冷まし、粗熱が取れたら
冷蔵庫で1日冷やして落ち着かせる。
POINT 蒸気が逃げないようにアルミホ
イルで覆うと、上からも熱が加わって、中
まで均等に火が入ります。火の通り具合
は型を揺すってみて、生地全体がフルフル
と揺れればOK。中心部分がチャプチャプ
していたら、さらに10分ほど焼きます。

8 型の側面とプリンの間に細いナイフを
底まで差し込み、型に沿ってぐるりと
一周回してプリンをはがす(e)。

9 型に皿を当ててひっくり返し(皿を下
にする)、型と皿を挟むようにしっかり
持って上下にふり(f)、プリンの上面を
皿にくっつける。くっついたら、型を軽
く揺らしながらまっすぐ上に持ち上げ
てはずす。

ババロア

★☆☆

バニラが香るベーシックなババロア。
ゼラチンで冷やし固めますが、泡立てた生クリームを加えるので、
ふんわりと仕上がり口溶けもなめらかに。

材料(容量650mℓのフラワー型1台分)

◎ババロア生地
　アングレーズソース
　　　卵黄 …… 4個(80g)
　　　グラニュー糖 …… 100g
　　　牛乳 …… 300g
　　　バニラビーンズ …… ¼本
　　板ゼラチン …… 6g
　　生クリーム(乳脂肪分45%) …… 130g
◎アールグレイソース
　　牛乳 …… 100g
　　グラニュー糖 …… 25g
　　アールグレイ紅茶(茶葉) …… 大さじ1
　　コーンスターチ …… 小さじ1
　　水 …… 小さじ1

準備

・バニラビーンズは種をさやから出す
(p.15参照)
・板ゼラチンは冷水でふやかす(p.15参照)。
・バットに冷水をはって容量650mℓのフラ
ワー型を入れ、型の内側にも冷水を入れ
てバットごと冷蔵庫に入れておく(a)。
・アールグレイソースのコーンスターチは分量
の水で溶き、水溶きコーンスターチにする。

ADVICE

ベースと生クリームの温度帯を合わせ
るのがムースの鉄則。ババロアの場合
はアングレーズソースがベースとなりま
すが、これが温かいと生クリームと合わ
せたとき、生クリームが分離してしまい
ます。でき上がりがかたくなったり、2層
に分かれてしまう原因にも。アングレー
ズソースはやや冷たいくらいまで冷や
します。

1 ババロア生地を作る。まずアングレー
ズソースを作る。ボウルに卵黄、グラ
ニュー糖を入れ、泡立て器で白っぽく
なるまですり混ぜる。

2 鍋に牛乳を入れてバニラビーンズを
さやごと加え、中火にかける。沸騰直
前になったら火からおろし、**1**に少し
ずつ加えながら混ぜてなじませる。

3 鍋に戻して弱火にかけ、ゴムべらで絶
えず鍋底をこするようにして混ぜなが
ら、とろみがついて78〜80℃になるま
で加熱する(p.219参照)。すぐに火か
らおろしてふやかした板ゼラチンを加
え(b)、さっとかき混ぜて均一に溶か
す。
POINT　ゆっくり火を入れることでとろ
みがつき、なめらかな口当たりのババロア
になります。ただし、80℃を超えると、火が
入りすぎてそぼろ状になるので、すぐに火
からおろします。

4 **3**をこしながらボウルに移し、ボウルの
底を氷水に当てて泡立て器で大きく
かき混ぜながら冷やす。やや冷たく感
じるくらいになったら氷水からはずす。
POINT　氷水に当てている間は混ぜ続
けます。そのままにしていると、底の部分の
ゼラチンが固まってしまうので注意。

5 別のボウルに生クリームを入れてボウ
ルの底を氷水に当て、泡立て器で八
分立てにする(p.217参照)。

6 ゴムべらで**5**をひとすくいして**4**に
加え(c)、泡立て器でよく混ぜる。生ク
リームの白い筋がなくなったら残りの
5を加え、底からすくって切るようにし
てムラなく混ぜ合わせる。

7 冷蔵庫から型を出して水を捨て、水
気をきる。バットの水も捨てて再びバッ
トに型を置き、**6**のババロア生地を流
し入れて(d)、冷蔵庫で冷やし固める。
POINT　型の水気はきるだけでふき取
りません。残った水気が水の膜を作り、型
離れをよくしてくれます。

8 アールグレイソースを作る。まず鍋に
牛乳、グラニュー糖、アールグレイ紅
茶を入れて中火にかける。沸騰直前
まで温めたら火を止めて蓋をし、5分
ほど蒸らして香りを立たせる。

9 **8**をこして鍋に戻し、再び中火で沸か
して水溶きコーンスターチを細く流し入
れ(e)、軽くかき混ぜる。とろみがつい
たらすぐに火からおろし、鍋の底を氷
水に当てて混ぜながら素早く冷やす。

10 **7**を人肌のぬるま湯に5秒ほどつけて
から皿をかぶせてひっくり返し、型を
まっすぐ上に持ち上げてはずす。**9**を
適量かける。

a

b

c

d

e

モザイクゼリー

★★☆

赤、白、緑の3色ゼリーを閉じ込めたぷるぷるのゼリー。
一度に3つの味も楽しめるから、目にはもちろん舌にもうれしい。

材料(直径18cmのエンゼル型1台分)

◎3色のゼリー

水	…… 250g
白ワイン	…… 150g
レモン汁	…… 12g
グラニュー糖	…… 65g
板ゼラチン	…… 12g
グレナデンシロップ	…… 大さじ3
クレーム・ド・ミント(グリーン)	…… 大さじ3
カルピス	…… 大さじ3

◎ベースのゼリー

水	…… 250g
白ワイン	…… 150g
レモン汁	…… 12g
グラニュー糖	…… 65g
板ゼラチン	…… 12g

準備

・板ゼラチンは冷水でふやかす(p.15参照)。

ADVICE

固まったゼリーをバットや型から取り出すときは、人肌のぬるま湯に5秒ほどつけると、ゼリーが少し溶けて、型やバットを裏返すだけでツルンと出てきます。包丁の刃も人肌のぬるま温で温めてから切ると、きれいに切り分けられます。

1 3色のゼリーを作る。まず鍋に分量の水、白ワイン、レモン汁、グラニュー糖を入れて中火にかけ、沸騰後2～3分煮立ててアルコール分をとばす。

POINT 長く煮立てるとワインやレモンの風味までとぶので注意。2～3分煮立てたら火からおろし、アルコール分をとばして風味は残します。

2 火を止めて**1**にふやかした板ゼラチンを加え(a)、軽くかき混ぜて完全に溶かす。

POINT ゼラチンの塊が残っていると、それ自体おいしくないうえ、ゼリーもうまく固まりません。透明な板ゼラチンは一見では溶けているかいないかわかりにくいので、よく見て確認を。

3 **2**を3等分し、⅓量にグレナデンシロップ、⅓量にクレーム・ド・ミント(グリーン)、⅓量にカルピスを加えて混ぜ、赤、緑、白の3色に色づける。それぞれバットなどに流し入れ、冷蔵庫に3時間ほど置いて冷やし固める(b)。

4 ベースのゼリーのゼリー液を**1**、**2**と同じ要領で作り、ボウルに移してボウルの底を氷水に当て、泡立て器で軽くかき混ぜながら、常温～やや冷たく感じるくらいまで冷やす。

POINT ベースのゼリー液を冷やしておかないと、合わせたとき、三色のゼリーが溶けてしまいます。軽くかき混ぜながら冷ませば、ムラなく早く冷めます。

5 直径18cmのエンゼル型に**4**のベースのゼリー液を少し流し入れ(深さ1cm目安)、型の底を氷水に5分ほどつけて冷やし固める。

POINT 型から取り出したとき、表面がツルンときれいになるよう、まずベースのゼリー液を少し入れて固め、透明なゼリーの膜を作ります。冷蔵庫でもよいのですが、氷水につけるほうが早く固まります。

6 3色のゼリーをバットから取り出し、好みの形に切る。

POINT 切り方は好みでOK。大きさや形を揃える必要もありません。バットから直接スプーンですくい取ってもOK。

7 **5**に**6**をランダムに入れ(c)、残りのベースのゼリー液を型の縁ギリギリまで静かに流し入れる(d)。

8 ラップをかぶせ、冷蔵庫にひと晩置いて冷やし固める。型をはずすときは、人肌のぬるま湯に5秒ほどつけてから皿をかぶせてひっくり返し、型をまっすぐ上に持ち上げてはずす。

アイスクリーム
✳︎ ✳︎ ✳︎

生クリームを加えたアングレーズソースで作る
クリーミーなバニラアイス。
きれいなコルネに形作って盛り付けもおしゃれに決めて。

材料(容量500mlの容器1個分)

卵黄 …… 5個(100g)
グラニュー糖 …… 75g
牛乳 …… 200g
生クリーム(乳脂肪分45%) …… 50g
バニラビーンズ …… ¼本

準備

・バニラビーンズはさやから種を出す
(p.15参照)。

① ボウルに卵黄、グラニュー糖を入れ、泡立て器で白っぽくなるまですり混ぜる。

② 鍋に牛乳、生クリームを入れてバニラビーンズをさやごと加え、中火にかける。沸騰直前になったら火からおろし、❶に少しずつ加えながら混ぜてなじませる。

③ 鍋に戻して弱火にかけ、ゴムべらで絶えず鍋底をこするようにして混ぜながら火を通す(p.219参照)。鍋底にすった跡が残るくらいにとろみがつき(a)、フツフツと沸いていた泡が消える状態(78〜80℃)になったら火からおろす。

> **POINT** とろみがついていないと、ジャリジャリした口当たりの悪いアイスクリームになってしまいます。こすった跡が鍋底に残るまで、しっかりととろみをつけます。

④ すぐにこしながらボウルに移し、ボウルの底を氷水に当てて混ぜながら素早く冷ます。

> **POINT** 火からおろしても余熱で温度が上がり続けてそぼろ状になるので、すぐに冷やします。

⑤ 冷凍用ポリ袋に流し入れ、薄く平らにのばして空気を抜き、口を閉じて、冷凍庫で凍らせる(b)。

⑥ 完全に凍ったら適当な大きさに割ってフードプロセッサーに入れ、なめらかになるまで撹拌する(c)。

> **POINT** 撹拌することで空気が含まれ、きめも細かくなって、口溶けのよいアイスクリームになります。フードプロセッサーを利用すると簡単ですが、なければフォークで全体をよくかき混ぜましょう。

⑦ 容量500mlの保存容器に入れ、冷凍庫で1時間以上休ませる。

⑧ コルネにして器に盛る。まず大きめのスプーンをやや温かいぬるま湯(40〜45℃)につけ、布巾の上でトントンとたたいて水気をきる。このスプーンの腹で手前から向こうにアイスクリームを押して山を作り(d)、山の向こう側にくるりとスプーンを回して手前に引きながらすくい上げ(e)、器へ。

> **POINT** 長くスプーンを当てていると、スプーンが冷えてアイスクリームにくっつくので、手早く行いましょう。スプーンはカレースプーンのような厚みがあるものより、薄手のほうがきれいなコルネに作れます。

シャーベット

✳ ✲ ✲

ほろ苦いチョコレート味と甘酸っぱいフランボワーズ味。
ダブルで盛りつければ、混ざったところがまたおいしい。

材料(容量500mlの容器1個分)

◎チョコレートのシャーベット

製菓用スイートチョコレート
（カカオ分55〜65％）…… 65g
グラニュー糖 …… 65g
ココアパウダー …… 25g
水 …… 125g
牛乳 …… 125g

◎フランボワーズのシャーベット

フランボワーズピュレ …… 250g
水 …… 125g
グラニュー糖 …… 125g
レモン汁 …… 15g

準備

・スイートチョコレートは細かく刻む(タブレットタイプの場合はそのままでよい)。
・鍋に湯せん用の湯を沸かす(p.19参照)。

ADVICE

シャーベットはカチカチに凍りやすいので、一度凍らせた後、しっかりかき混ぜて空気を含ませておくことが大事。それでも保存中にカチカチになった場合は、電子レンジ(600W)に10秒ほどかけて少しゆるめ、スプーンで全体を混ぜます。食べるときも10分ほど前に冷蔵室に移しておくと、ほどよくゆるんでおいしく食べられます。

［ チョコレートのシャーベット ］

1 ボウルにグラニュー糖を入れてココアパウダーをふるい入れ、泡立て器でさっと混ぜ合わせる。

2 鍋に分量の水、牛乳を入れて中火で沸騰直前まで温め、**1**に少しずつ加えて(a)、泡立て器でムラなく混ぜ合わせる。
POINT ダマができないよう、牛乳は少しずつ加えます。ダマができた場合は、泡立て器をボウルの側面に押しつけるようにしてダマをつぶしながら混ぜます。

3 別のボウルにチョコレートを入れ、湯せんにかけて泡立て器でゆっくりかき混ぜながら溶かす(p.19参照。b)。

4 **2**に**3**を加えムラなく混ぜ合わせる。なめらかになったら別のボウルにこしながら移し、常温に冷ます。

5 冷凍用ポリ袋に流し入れ、薄く平らにのばして空気を抜き、口を閉じて冷凍庫で凍らせる。

6 完全に凍ったら適当な大きさに割ってフードプロセッサーに入れ、なめらかになるまで攪拌する。
POINT 攪拌することで空気が含まれ、きめも細かくなって口溶けがよくなります。フードプロセッサーがなければフォークで全体をよくかき混ぜます。

7 容量500mlの保存容器に入れて冷凍庫で30分以上休ませる。
POINT 金属製の保存容器ではカチカチに固まりやすいので、プラスチック製がおすすめ。

8 アイスクリームディッシャーをやや温かいぬるま湯(40〜45℃)につけて、布巾の上でトントンとたたいて水気をきり、たっぷりとシャーベットをすくってから、容器の側面にこすりつけてすりきり(c)、器に盛る。

［ フランボワーズのシャーベット ］

1 全ての材料を鍋に入れて中火にかけ、泡立て器で軽くかき混ぜながら加熱する。煮立ったら火からおろし、こしながらボウルに移して常温に冷ます。

2 冷凍用ポリ袋に流し入れ、薄く平らにのばして空気を抜き、口を閉じて冷凍庫で凍らせる。

3 完全に凍ったら適当な大きさに割ってフードプロセッサーに入れ、なめらかになるまで攪拌する(d)。

4 容量500mlの保存容器に入れて冷凍庫で1時間以上休ませてから、アイスクリームディッシャーですくい取って器に盛る。

a

b

c

d

お菓子作りＱ＆Ａ

Q タルト生地が敷き込みの際に、切れたり破れたりします。

A 生地の中のバターが溶けてしまっているのが原因です。生地は冷蔵庫で十分冷やし、型に敷き込むときは時間をかけず、手早く作業すること。そして、生地がやわらかくなったら、そのつど冷蔵庫に入れてひと休みさせ、扱いやすい状態に戻してから作業を再開しましょう。

Q タルトの焼き上がりが縮んでしまいました。

A 原因としては、「バターが溶けてしまった」「生地を混ぜすぎた」「生地の厚さが均一ではなかった」「焼き過ぎた」の四つが考えられます。
　室温や手の熱でバターが溶けてしまうとバターのショートニング性（p.11）が失われ、生地中に必要以上にグルテンが形成されて生地がかたくなり、焼き上がりが縮んでしまいます。バターが溶けないように室温を20℃くらいに保ち、手を使ってバターと粉を混ぜる際は、体温が伝わらないように素早く混ぜましょう。
　混ぜ過ぎも同様にグルテンが増えて生地が縮みます。粉を加えたら一つにまとまるくらいになれば混ぜるのは止めます。
　のばした生地の厚さが均一ではなかったり、型に敷き込む際に押さえつけた部分が薄くなっていると、薄い部分が焼けすぎ状態になって縮むことになります。同じ厚さに上手くのばせない場合は、カットルーラー（→p.233）を利用するとよいでしょう。敷き込む際は、薄くなった部分に生地を足すなどして、均一の厚さになるように調整します。
　設定時間になっても焼き色がつかなかった場合、焼き時間を延長すると生地がかたくなって縮んでしまいます。時間を延ばすのではなく、設定温度を10〜20℃上げてみましょう。

Q マカロンの中に空洞ができてしまいます。

A 考えられる原因は三つ。一つはメレンゲの泡立て不足。目が詰まってかたいくらいの強いメレンゲを作ります。泡立てが足りないと生地の膨らむ力が弱く、表面がカリッと焼けても内側は膨らまず、生地が縮んで空洞ができてしまいます。
　もう一つはマカロナージュ（気泡をつぶす工程）のしすぎ。気泡が少なくなり、生地が膨らむことができずに横に流れてしまい、結果、内側に空洞ができます。最後の一つは乾燥させ過ぎ。マカロンは焼く前に生地の表面を乾かしてから焼きますが、長時間おくと気泡が少なくなり膨らむ力が弱くなります。乾燥終了の目安は、指先で触っても生地がついてこない状態。表面に薄い膜ができているので、少しかたさを感じるはずです。乾燥の時間は室温や気温でかなり差があるので、必ず触って確かめましょう。

Q シフォンケーキをカットしたら穴があいていました。

A 生地とメレンゲがきちんと混ざりきらず、メレンゲの白い塊が残ったまま焼成すると、その部分が穴になってしまいます。また、メレンゲが泡立て不足だと、弱くて壊れてしまった気泡同士が一つになって穴を作ります。さらに、生地を型に流し込むときに空気を抱き込んでしまうケースもあります。シフォン型は中央に筒があるので、生地をあちこちから流し入れると空気溜まりができやすくなります。空気が入らないように、生地は一点から流し入れましょう。

Q クッキーを焼くと横に広がってペチャンコになってしまいます。

A 生地を冷蔵庫でしっかり冷やしていなかったことが原因です。バターを使うクッキー生地は、やわらかい状態で焼くとゆるんで広がってしまいます。生地は冷たくかたい状態でオーブンに入れましょう。

Q スフレチーズケーキの表面が割れてしまいました。

A 冷めるにしたがって生地が縮んで多少の割れ目はくっついて目立たなくなるので安心してください。ただし大きく割れた場合は、下火が強かったと考えられます。家庭用のオーブンは上下温度の調整ができないので、天板を2枚重ねるなど工夫するとよいでしょう。

第12章

基本のクリームと
パーツ

生地がおいしく完成したら、
おいしいクリームやパーツも揃えましょう。
いろいろなお菓子によく使われるクリームや
シロップの基本の作り方をマスターしましょう。

カスタードクリーム

クレーム・パティシェール＝菓子職人のクリームと呼ばれる、
お菓子作りには欠かせないクリーム。

材料(でき上がり量約300g)

牛乳 …… 200g
生クリーム(乳脂肪分45％) …… 50g
バニラビーンズ …… ¼本
卵黄 …… 80g(4個)
グラニュー糖 …… 50g
強力粉 …… 15g
コーンスターチ …… 5g
バター(食塩不使用) …… 12g

準備

・バターは1cm角に切り、冷蔵庫で冷やしておく。
・バニラビーンズはさやから種を取り出す(p.15参照)。
・卵黄は常温に戻す。
・コーンスターチは強力粉と合わせておく。

❶ 鍋に牛乳、生クリーム、バニラビーンズの種とさやを入れておく。

❷ ボウルに卵黄とグラニュー糖を入れ、泡立て器で白っぽくなるまですり混ぜる。

❸ コーンスターチを合わせた強力粉をふるい入れ、粉気がなくなるまで混ぜる。

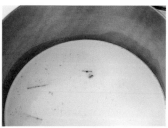

❹ ❶を中火にかけ、沸騰直前まで温める。
POINT 鍋の縁に小さな泡がフツフツと沸いてくればOKです。

❺ ❸に❹を加え、泡立て器で混ぜて溶きのばす。
POINT バニラのさやも入れて混ぜます。

牛乳液を混ぜ終わった状態。

❻ ❺を鍋に戻し、強火にかける。焦げないように鍋底をこするようにして混ぜる。
POINT ここからクリームが炊き上がるまで手を休めずに一気に火を通します。鍋底の角が焦げやすいので、鍋底から火がはみ出さないように注意してください。

卵黄に火が入り全体にとろみがついてかき混ぜる手が重くなってくるが、絶えずかき混ぜてクリームを沸騰させる。
POINT とろみがついてくるとさらに焦げやすくなるので、ペースを上げてしっかり混ぜましょう。

急に生地がやわらかくなり、混ぜる手が軽くなる。そこでさらにかき混ぜ火を通し、つやが出て、持ち上げるとスーッと落ちるようになれば炊き上がり。

7 火を止めてバターを加えて溶かし、ムラなく混ぜる。

8 すぐにバットに移し、薄く広げる。生地表面をラップで覆い、手のひらで押さえるようにして間に入った空気を抜き、密着させる。

バットの底を氷水に当てて素早く冷ます。粗熱が取れたら、使うまで冷蔵庫に入れておく。

POINT カスタードクリームは傷みやすいので、炊き上げたら素早く冷ますことが大切です。氷を使って、30℃以下まで一気に冷まします。

使うときは

使う直前に冷蔵庫から出し、バニラのさやを取り除く。

泡立て器でつやが出てなめらかになるまで練り混ぜてから使う。

口当たりをよりなめらかにしたい場合は、冷蔵庫から出したクリームを裏ごす。

ディプロマットクリーム

カスタードクリームに泡立てた生クリームを加えた、口当たり軽くなめらかなクリーム。

材料(でき上がり量約380g)
カスタードクリーム(→p.214) …… 300g
生クリーム(乳脂肪分45%) …… 80g

準備

・カスタードクリームを作る(p.214参照)。

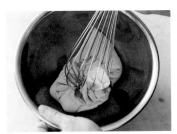

1 カスタードクリームをバニラのさやを除いてボウルに取り出し、泡立て器でつやが出てなめらかになるまで練り混ぜる(上記参照)。

2 別のボウルで生クリームを泡立て器で八分立て(すくってできたツノの先がやわらかい曲線を描く状態)にする。泡立て器で1/3量をすくって**1**に加え、ムラなく混ぜる。

3 残りの泡立てた生クリームを加え、ゴムべらで混ぜ合わせる。生クリームの白い筋が見えなくなればよい。

POINT けっして混ぜ過ぎないこと。

シロップ

お菓子作りのさまざまなシーンに登場する甘い液体。
用途に合わせて、リキュールなどで風味を加えることも。

材料(でき上がり量約230g)

グラニュー糖……135g
水……100g

① 小さな片手鍋にグラニュー糖、水を順に入れる(a)。

② 中火にかけてグラニュー糖を溶かし、沸騰したら火を止めて(b)、常温に置いて冷ます。

POINT でき上がったシロップは、熱湯で煮沸消毒した瓶などに入れて保存するとよいでしょう。

カラメル

プリンには欠かせない味の引き締め役。
しっかりカラメル化して、ほろ苦さを引き出します。

材料(でき上がり量約120g)

グラニュー糖 …… 100g
水 …… 20g
湯(60〜80℃) …… 50g

① 鍋にグラニュー糖と水を順に入れて強火にかけ、薄く色づいてきたら鍋をゆっくり回してグラニュー糖を溶かす。

② さらに煮詰め、煙が出はじめて泡がぷくぷくと立ち、溶けたグラニュー糖がコーラ色になったら(a)火からおろし、鍋肌から湯をゆっくりと回し入れる。

③ 鍋を軽く揺すってなじませ、さらに弱火にかけて少し煮詰める。

シャンティイクリーム

ホイップクリームと呼ばれる、生クリームに砂糖を加えて泡立てたもの。
挟む・塗る・絞るなど、泡立て加減を変えてさまざまな場面で使われます。

材料(でき上がり量約330g)

生クリーム(乳脂肪分45％) …… 300g
粉糖 …… 30g

準備

・ボウルに生クリームを入れて粉糖を加え、
使うまで冷蔵庫で冷やしておく。

❶ 生クリームと粉糖を入れたボウルの底を氷水に当て、ハンドミキサーの最高速で泡立てる。

POINT ハンドミキサーは生クリームの中央に立てたまま動かさずに泡立てます(回すならボウルを回す)。羽根がボウルに当たると表面が削られて金気が出てしまうので、当てないように攪拌します。

❷ 泡立ちが進んで泡が細かくなり、ボリュームが出てとろりとしてきたら、生クリームをすくって泡立て加減を確認する。

五分立て

とろとろと筋状に流れ落ち、下に落ちたクリームの跡がすぐ消える状態。

❸ とろみがつくと、少し混ぜるだけで状態がどんどん変化していく。ここからはハンドミキサーを最低速にして、様子を見ながら混ぜていく。

七分立て

全体がもったりとして、すくうととろとろとリボン状に流れ落ち、下に落ちたクリームが折り重なるように積もり、その跡がしばらく残る状態。

八分立て

すくうことができるが、すくったクリームはやわらかく、ツノがおじぎをするように曲線を描く状態。

POINT 七分立て以降は、泡立て器に持ち替えます

九分立て

クリームはかたくて弾力があり、ツノがしっかりピンと立つ状態。

泡立て過ぎると

泡立て過ぎると脂肪分が分離してぼそぼそになり、油っぽくもなります。あまりひどくなければ、生クリームを少量足してゆっくり混ぜれば、使える状態に戻せます。

イタリアンメレンゲ

泡立てた卵白に、あつあつシロップを加えて作るメレンゲです。
泡がつぶれにくく、しっかりとしたかたさが保てます。

① シロップを作る。小さな片手鍋にグ
ラニュー糖を入れ、水を加えて中火にか
け、114℃まで煮詰める。同時進行で**②**
の作業を行う(b)。

POINT コンロに置いた鍋が不安定だと危
険なので、五徳にセーフティープレート(p.232
参照)や焼き網をのせ、その上に鍋を置くとよ
いでしょう。

② 鍋を火にかけると同時に、ボウルに
卵白とグラニュー糖を入れてハンドミキ
サーの最低速で撹拌し、卵白のコシ(ど
ろっとした状態)が切れたら最高速にし
てツノが立つまで泡立てる。

③ シロップが114℃になったら、ハンド
ミキサーを最低速にして、シロップを細
く垂らしながら加えて泡立てる(c)。

POINT シロップのでき上がりと、卵白の泡
立てが同じタイミングになるのが理想です。シ
ロップは、ハンドミキサーの羽根が回っていると
ころへ入れます。

④ シロップを全量入れたら最高速にし
て、熱いシロップが冷めるまで泡立て続
ける(d)。

POINT ボウルの底に手を当てて温度を確
認しながら、人肌くらいに冷めるまで続けます。

⑤ つやがあり、なめらかでツノがピンと
立つ状態になったら、ハンドミキサーを
最低速にしてきめを整える。

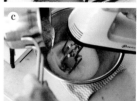

アングレーズソース

牛乳と卵黄と砂糖で作るシンプルなソース。
アイスクリームやババロア、バタークリームのベースとしても使われます。

材料(でき上がり量約220g)

卵黄 …… 2個(40g)
グラニュー糖 …… 50g
牛乳 …… 150g

❶ ボウルに卵黄とグラニュー糖を入れ。泡立て器ですり混ぜる。

❷ 片手鍋に牛乳を入れて中火にかけ、沸騰直前になったら火からおろす。

❸ ❶に❷を加え、泡立て器で混ぜてなじませる(a)。

❹ ❸を鍋に戻して弱火にかけ、ゴムべらで絶えず鍋底をこするようにして混ぜながら火を通す(b)。

POINT 弱火でゆっくりと加熱することで、なめらかな口当たりに仕上がります。絶対沸騰させないこと。

❺ 生地にとろみがついてきたらゴムべらですくい上げ、指で線を引いてみて、その後が筋状に残ればでき上がり(c)。ボウルにこして、氷水に当てて混ぜながら冷ます。

POINT アングレーズソースのでき上がりの温度は、76〜78℃が目安です。

バタークリーム ［ イタリアンメレンゲタイプ ］

ふんわり軽く、室温に置いても溶けにくいバタークリーム。
ケーキのデコレーションや絞り出しにも使えます。

材料(でき上がり量約115g)

イタリアンメレンゲ(→p.218) ······ 40g
バター(食塩不使用) ······ 75g

準備

・バターは常温に戻す(p.14参照)。
・イタリアンメレンゲを作る(p.218参照)。

1 常温に戻してやわらかくしたバターを
ボウルに入れ、ゴムべらで練ってかたまり
のないなめらかなクリーム状にする(a)。

2 イタリアンメレンゲに**1**の半量を入れ、
ハンドミキサーの最高速で混ぜ合わせる
(b)。ムラなく混ざったら残りを加え、同様
に混ぜる。

バタークリーム ［ アングレーズソースタイプ ］

やわらかくなめらかで、口溶けのよいバタークリーム。
どんな生地とも相性がよく、オールマイティーに使えるクリームです。

材料(でき上がり量約440g)

アングレーズソース(→p.219)
　　······ 220g
バター(食塩不使用) ······ 220g

準備

・バターは常温に戻す(p.14参照)。
・アングレーズソースを作る(p.219参照)。

1 常温に戻してやわらかくしたバターを
ボウルに入れ、ゴムべらで練ってかたまり
のないなめらかなクリーム状にする。

2 でき上がったアングレーズソースは、
ハンドミキサーの最高速で泡立てながら
30℃前後になるまで冷ます。

3 **1**のバターを3〜4回に分けて加え
(a)、そのつどハンドミキサーの最高速で
なじむまで混ぜる(b)。
POINT 水分の多いアングレーズソースにバ
ターを合わせると分離しやすくなりますが、分
離しても混ぜ続けていればつながってきます。

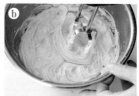

バタークリーム［パータ・ボンブタイプ］

卵黄にあつあつシロップを加えて泡立てたものがベースのバタークリーム。
コクがあって口溶けもよいリッチなクリームです。

材料(でき上がり量約235g)

◎パータ・ボンブ

　シロップ

　　グラニュー糖 …… 50g

　　水 …… 15g

　卵黄 …… 1個(20g)

バター(食塩不使用) …… 170g

準備

・バターは常温に戻す(p.14参照)。

・シロップ作りと卵黄の泡立てを同時進行で行うので、すぐそばで作業できるように作業場を確保する。温度計もすぐ手に取れる場所に置く。

・ボウルの底にかたく絞ったぬれ布巾などを敷いて安定させる。

❶ 常温に戻してやわらかくしたバターをボウルに入れ、ゴムべらで練ってかたまりのないなめらかなクリーム状にする。

❷ シロップを作る。小さな片手鍋にグラニュー糖(ひとつまみ分を取り分ける)を入れ、水を加えて中火にかけ、114℃まで煮詰める。同時進行で❸の作業を行う。

POINT コンロに置いた鍋が不安定だと危険なので、五徳にセーフティプレート(p.232)や焼き網をのせ、その上に鍋を置くとよいでしょう。

❸ 鍋を火にかけると同時に、ボウルに卵黄と❷で取り分けたグラニュー糖ひとつまみを入れてハンドミキサーの最低速で泡立てる。

❹ シロップが117℃になったら、ハンドミキサーを最低速にして、シロップを細く垂らしながら加えて混ぜる。

❺ シロップを全量入れたら最高速にして、熱いシロップが冷めるまで泡立て続ける。白っぽくもったりとして、すくうとたらりと落ちる状態になればよい。

POINT ボウルの底に手を当てて温度を確認しながら、人肌くらいに冷めるまで続けます。

❻ ❶のバターを2回に分けて加え、そのつどハンドミキサーの最低速でなじむまで混ぜる。

❼ バターに空気を含ませるように混ぜる。ふんわりとしてつやがあり、なめらかな状態になればでき上がり。

221

アーモンドクリーム

アーモンドの風味が凝縮されたクリーム。
このまま食べるのではなく、タルトやパイの生地に詰めて一緒に焼き込みます。

材料(でき上がり量約420g)
バター(食塩不使用) …… 100g
サワークリーム …… 10g
グラニュー糖 …… 90g
卵 …… 2個(100g)
アーモンドパウダー …… 120g

準備
・バターは常温に戻す(p.14参照)。
・卵は常温に戻す。

❶ ボウルにバターを入れ、泡立て器ですり混ぜてクリーム状にする。

❷ サワークリームを加えて混ぜ合わせる。
POINT サワークリームでコクを加えます。

❸ グラニュー糖を一度に加え、完全になじむまですり混ぜる。

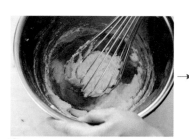

❹ 卵を一度に加え、卵黄をつぶしながら、バターと卵がなじむまでよくすり混ぜる。

POINT 途中で多少分離しても大丈夫です。そのまま作業を続けてください。モロモロに分離してしまったら、分量のアーモンドパウダーを少量先に加えて混ぜるとつながります。ここでは空気を入れたくないので、混ぜすぎには注意してください。

❺ アーモンドパウダーを加え、しっかりすり混ぜる。

❻ ムラなく混ぜればでき上がり。一つにまとめてラップをかぶせ、冷蔵庫で30分以上休ませる。

使うときは

できたてのクリーム

休ませたクリーム

冷蔵庫で休ませて少しかたくなったクリームは、泡立て器で軽くすり混ぜてやわらかくほぐしてから使います。

フランジパーヌクリーム

アーモンドクリームにカスタードクリームのコクをプラスした、
しっとりなめらかクリーム。

❶ 冷蔵庫で休ませて少しかたくなった
アーモンドクリームを、泡立て器で軽くす
り混ぜてやわらかくほぐす。

❷ カスタードクリームをバニラのさやを
取り除いて❶に加え、ゴムべらでよく混ぜ
る(a、b)。

材料(でき上がり量約200g)

アーモンドクリーム(→p.222) …… 130g
カスタードクリーム(→p.214) …… 70g

準備

・アーモンドクリームを作る(p.222参照)。
・カスタードクリームを作る(p.214参照)。

ガナッシュクリーム

溶かしたチョコレートに生クリームを加えた濃厚なチョコレートクリーム。
空気が入らないように、静かにゆっくり混ぜていきます。

❶ ボウルにチョコレートを入れる。

❷ 小さめの片手鍋に生クリームを入れて
中火で沸騰直前まで温め、❶に注ぎ入れ
る(a)。

❸ ゴムべらでやさしくひと混ぜする。その
まましばらくおいてチョコレートを溶かす。
POINT チョコレートが溶け残って大きな塊
ができた場合は、湯せんにかけて溶かす(p.19
参照)。

材料(でき上がり量約110g)

製菓用スイートチョコレート
　(カカオ分55〜65%) …… 55g
生クリーム(乳脂肪分45%) …… 55g

準備

・スイートチョコレートは細かく刻む(タブ
レットタイプの場合はそのままでよい)。

❹ 完全に溶けたら、空気が入らないよう
にゴムべらの先端をボウルの底に当てて
円を描くようにやさしくかき混ぜながら乳
化させる(b)。全体がとろりとなめらかに
なってつやが出ればよい。
POINT 空気が入ると、小さな穴がポツポツ
開いて口当たりが悪くなります。もしも空気が
入った場合は、ボウルの底をトントンと台に打
ちつけて空気を抜きます。

グラサージュ・ショコラ

ケーキの表面を深くつやのある黒褐色にコーティングするチョコレートの衣。
漆のような光沢は、ゼラチンによって生まれます。

❶ 鍋に水、生クリーム、グラニュー糖、コ
コアパウダーを入れて中火にかけ、泡立
て器で混ぜながら99℃に熱する(b)。

❷ 鍋を火からおろし、ゼラチンを水気を
きって加え、よく混ぜて溶かす。

❸ ❷をこし器でボウルにこし入れ(c)、
人肌まで冷まして使う。

材料(でき上がり量約250g)

水 …… 85g
生クリーム (乳脂肪分45%)
　…… 50g
グラニュー糖 …… 90g
ココアパウダー …… 30g
板ゼラチン …… 3g

準備

・板ゼラチンは冷水につけてふやかす
(p.15参照。a)。

コーティングチョコレート

溶かすだけで使えるコーティング専用のチョコレート。
つやよくなめらかに仕上げるには、適温30℃を保つこと。

❶ ボウルにコーティングチョコレートの
²⁄₃量を入れ、湯せんにかけてゴムべらで
かき混ぜながら溶かす(p.19参照。a)。
POINT 途中で湯の温度が下がってしまった
ら、ボウルをはずして再加熱し、60℃になった
ら火を止めてボウルを重ねます。

❷ 完全に溶けたら湯からはずして残りの
チョコレートを加え(b)、余熱で溶かしな
がら30℃前後にする(c)。
POINT 温度が高すぎると粘り気がなくなっ
てチョコレートが流れ落ち、しっかりコーティン
グできなくなりますなります。逆に温度が低いと
粘り気が強すぎて厚ぼったくついてしまいます。
適温は30℃前後。低くなりすぎたときは再度湯
せんにかけて温め、湯からはずして30℃前後
に下げます。後から加えたチョコレートが溶け
きれなかった場合も同様に。

材料(でき上がり量約250g)

コーティングチョコレート …… 約250g

準備

・コーティングチョコレートは細かく刻む
(タブレットタイプの場合はそのままでよい)。
・鍋に湯せん用に湯を沸かし、60℃くらい
になったら火を止める(p.19参照)。

アイシング

フランス語ではグラス・ロワイヤル。
粉糖に水、果汁、スピリッツ、リキュールなど加えてペースト状にした糖衣です。

❶ ボウルに粉糖を入れてラム酒を加える
(a)。

❷ 泡立て器でなめらかになるまで混ぜ
合わせる(b)。

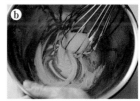

| 材料(でき上がり量約60g) |

粉糖 …… 50g
ラム酒 …… 10g

ナパージュ

仕上げにケーキの表面に塗ってつやを出すことで、みずみずしさを演出。
乾燥や変色防止にもなります。

❶ 鍋にナパージュ・アプリコットを入れて
水を加え、中火にかける(a)。

❷ 泡立て器で混ぜながら、煮溶かす(b)。

POINT ナパージュは、火からおろしたあつ
あつの状態で使います。

| 材料(でき上がり量約150g) |

ナパージュ・アプリコット(p.229参照)
　　…… 150g
水 …… 15g

本書で使う副材料

お菓子は基本の主材料にさまざまな副材料のもつ風味と働きが加わって完成します。それぞれの材料について知ることは、おいしいお菓子を作るために大切なことです。

[粉]

お菓子のおいしさのベースを作る材料。粉類は湿気に弱く酸化しやすいので、開封後は早めに使い切る。

◎ コーンスターチ
とうもろこしから作られるでんぷんの粉。グルテンを形成しないため、材料の小麦粉の一部をコーンスターチに置き替えると、きめが細かくサクッとした軽い口当たりの生地ができる。

◎ コーンミール
乾燥させたとうもろこしを挽いた粉。生地に加えて焼くと、コーン独特のほんのりやさしい甘みと香ばしさ、プチプチとした食感が楽しめる。

☑ 強力粉
薄力粉よりたんぱく質の含有量が多い小麦粉。粘りや弾力の強いグルテンがたくさんできるので、パイやシューなどよくのびる生地に使用する。粒子が細かいので、打ち粉としても使われる。

[砂糖・甘味料]

お菓子ならではの甘みをつけるほか、生地をしっかりさせたり、つやや焼き色をつけるなど、さまざまな働きをする。

◎ 黒砂糖
砂糖きびを絞った汁を精製せずに煮詰めて固めたもの。黒褐色で濃厚な香りとコク、特有の香ばしい風味があり、上白糖よりも強い甘みを感じる。

◎ きび砂糖
さとうきびを絞った汁を精製し、苦みやアクを取り除いたもの。上白糖よりきめが少し粗く、さとうきびの風味とコクをもち、まろやかな甘みが特徴。

◎ はちみつ
ミツバチが集めた花の蜜。香りとコク、濃厚な甘みが特徴でミネラルも豊富。蜜源の花によって、味、香り、風味が異なるバラエティ豊かな甘味料。保湿性が高いので生地がしっとりと仕上がり、冷めてもかたくなりにくく、焼き色もきれいに出る。

◎ 水あめ
芋や穀類などのでんぷんから作られる粘液状の糖液。甘味度は砂糖の半分以下。粘りや保水性に優れ、砂糖の結晶化を防ぎ、お菓子のやわらかさや舌触りのよさを保つ働きをする。

◎ フォンダン
シロップを煮詰め、冷やしながら練り上げて白いペースト状にしたもの。エクレアやケーキの糖衣として使われる。

◎ デコレーションシュガー
空気中の湿気や熱で溶けないように、粉糖の粒子の表面に油脂の膜をかけて吸湿しにくくしたもの。泣かない粉糖、プード・デコールとも呼ばれる。

[膨張剤]

お菓子の生地の膨らみを助けたり、サックリと仕上げる働きをする。正確に計量し、粉と合わせてふるうとムラなく混ざる。湿気と高温に弱いので、必ず密閉して冷暗所で保存する。

◎ 重曹
正式名は炭酸水素ナトリウム。重炭酸曹達（ソーダ）とも呼ばれ、これが略された名称。水分と加熱によって発生する炭酸ガスを利用して生地を膨らませる。

◎ ベーキングパウダー
重曹に酸性剤などを加えて使いやすくしたもの。重曹よりムラなく膨れ、苦みも少ない。

[凝固剤]

凝固剤にはゼラチン、ペクチン、寒天、カラギーナンなどあるが、洋菓子でよく使われるのは動物由来のゼラチン。

◎ 板ゼラチン
牛や豚の骨や皮を原料としたたんぱく質＝コラーゲンが主成分。板状に固め乾燥させた「板ゼラチン」と、粉末の「粉ゼラチン」がある。本書では板ゼラチンを使用。計量など扱いやすいのは粉ゼラチンだが、板ゼラチンは透明感に優れ、ゼラチン独特のくせも少なく、口当たりがやわらかくなめらかに仕上がる。また、水分をきってから使うため、合わせる材料の味を薄めることもない。固まる時間は、粉ゼラチンより少し長くかかる。

[乳製品]

クリーム、バター、チーズなどの乳製品は、風味とコクを加え、食感にも関わるお菓子作りには不可欠な材料。製造年月日などを確認し、鮮度のよいものを選ぶこと。

◎ サワークリーム

生クリームに乳酸菌を加えて発酵させた、ペースト状のクリーム。コクと爽やかな酸味が特徴。生クリームより日持ちはするが、かびやすいので開封後は早めに使い切る。

◎ クリームチーズ

生クリームまたは生乳に生クリームを加えて乳酸発酵させた、非熟成の軟質チーズ。軽い酸味とクリーミーな口当たりが特徴。味にくせがなく、臭いも少ないので各種チーズケーキ、パイやムースのフィリングなどに多用される。冷凍保存可能。

◎ フロマージュブラン

生乳を乳酸発酵させただけのフレッシュチーズで、名称は"白いチーズ"の意。ヨーグルトとカッテージチーズの中間のような食感で、やさしい酸味とミルキーな風味が特徴。チーズ特有の匂いやくせもない。チーズケーキ「クレメ・ダンジェ」の主材料。

◎ プレーンヨーグルト

生乳に乳酸菌を加えて発酵させたもの。製菓用には無糖のプレーンタイプを使う。

☑ 牛乳

牛の乳を加熱殺菌したもの。お菓子の口当たりをなめらかにして風味を加え、水分を補う。カスタードクリームやプリン、ババロアには欠かせない材料。お菓子作りには成分無調整のものが適している。

☑ 生クリーム

生乳の乳脂肪分を遠心分離によって濃縮させたもの。容器の表示に「種類別：クリーム」とあるものが生乳のみを原料とした生クリーム。それ以外は植物性脂肪や添加物などを加えた、コンパウンドクリームと呼ばれるもの。乳脂肪分は35〜47％くらいまであり、数字が高いほど味わいが濃厚になる。乳脂肪分が低いと泡立ちにくく、お菓子作りには40％以上のものがおすすめ。生クリームはとてもデリケートで、ふったり揺らしたりするとパッケージの中で分離してしまう。購入後は保冷剤をつけて持ち帰り、すぐ冷蔵庫に入れること。

[チョコレート]

生地やクリームに混ぜる、ケーキをコーティングするなど、お菓子作りのさまざまな場面に用いられる。

◎ 製菓用スイートチョコレート

カカオ分に砂糖、香料、レシチンなどの乳化剤を加えた製菓用チョコレート。カカオ分の含有量が多くなるほど見た目の茶色が濃くなり、苦味が増す。製菓材料としても最もポピュラーなチョコレート。

◎ 製菓用ミルクチョコレート

カカオ分に砂糖、粉乳などを加えた製菓用チョコレート。見た目は明るい茶色で、スイートに比べてマイルドな味わい。

◎ ココアパウダー

カカオマスからカカオバターを除き、粉末状にしたもの。ケーキやクッキーの生地に加えたり、仕上げの装飾にふったりする。無糖のものを使う。

◎ コーティングチョコレート

カカオバターの代わりにやし油、綿実油など植物性油が使われているため、溶かすだけでそのまま上がけに使えるチョコレート。パータ・グラッセとも呼ばれる。風味はクーベルチュールより劣る。

チョコレートは一般的にはカカオ豆の外皮と胚芽を取り除いてすりつぶしたカカオマスと、カカオマスから抽出されるカカオバターと呼ばれる脂肪分から作られている。家庭で作るお菓子は手軽に購入できる板チョコレートでも作れるが、本格的な味を目指すなら、"クーベルチュール"と呼ばれるカカオ分（カカオマスとカカオバター）を多く含む製菓用チョコレートがおすすめ。クーベルチュールは原料の配合によってスイート、ミルク、ホワイトに大別される。形状はブロックや板チョコタイプ、刻む必要のないタブレットタイプなどさまざま。

[ナッツ]

香ばしい香りとカリカリとした食感。ナッツ特有の風味は、ケーキやクッキーの味わいにアクセントをプラスしてくれる。脂肪分の多いナッツ類は酸化が早いので、鮮度のよいものを選び、湿気を避けて密閉容器に入れて保存する。特にパウダー類は油脂分が多く、風味もとびやすいので、開封したらできるだけ早く使い、余ったら冷凍保存するとよい。製菓用は非加熱、無塩が基本。

◎ 製菓用ヘーゼルナッツ(a)
西洋はしばみの実。フランス語でノワゼット。コクと甘みが強く、ほのかな苦みがある独特な風味をもつ。

◎ 製菓用くるみ(b)
ウォールナッツ。かたい殻を取り除いたむきぐるみが便利。茶色い薄皮は、オーブンで軽くローストすると簡単にむける。

◎ 製菓用カシューナッツ(c)
西洋なしに似た果実の先端にできる、まがたま形の種子の仁。食感がやわらかく、ほのかな甘みがある。

◎ 製菓用アーモンド
お菓子に最もよく使われる、バラ科の木の実。アーモンドにはスイートとビターがあり、食用とされるのはスイート。ビターは強い苦みがあるため食用に適さないが、アーモンドらしい香りが強いことから、エッセンスやリキュールに使われる。スライス／薄切り(a)、ダイス／刻み(b)、ホール／丸粒(c)など形状も多種ある。

◎ アーモンドパウダー
皮なしアーモンドを粉末状にしたもの。アーモンドプードルともいわれる。焼き菓子の生地に加えることが多く、小麦粉だけで作る生地に比べてコク、香り、しっとり感のある仕上がりになる。ダマになることはないので、小麦粉のようにふるわずに使うことができる。

◎ マジパンローマッセ
アーモンドパウダーと砂糖を2対1の割合で練り混ぜたもの。別称ローマジパン。1対1で合わせるマジパンよりアーモンドが多いので、香り高く味わいも濃厚。粉生地に混ぜ込んだり、ボンボンショコラのセンターなどに使う。

◎ プラリネ
香ばしくローストしたナッツにカラメルを絡め、ローラーで挽きつぶしてペースト状にしたもの。アーモンドやヘーゼルナッツで作ることが多い。凝縮されたナッツの風味や香りを生かして、生地やクリームに加える。

◎ 栗の渋皮煮
渋皮付きの栗を糖液でじっくり煮込んだもの。栗の風味、香りが楽しめる。クリームに混ぜたり、生地に加えて焼いたり、トッピングなどにも用いる。

◎ マロンクリーム
フランス語でクレーム・ド・マロン。マロンペーストをシロップでやわらかく調整したもの。モンブランのクリームに欠かせない栗加工品。

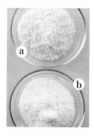

◎ ココナッツ
ココナッツの種子の中にある胚乳を削り取って乾燥させたもの。1〜2cm長さに細切りにしたココナッツロング(a)、粗びきにしたココナッツファイン(b)がある。シャキシャキとした歯応えと独特な風味が特徴。クッキーの生地などに混ぜたり、トッピングなどに使う。

[フルーツ加工品]

旬の味わいを閉じ込めたドライフルーツ、シロップ漬け、ピュレ、ジャムなどフルーツの加工品。フレッシュとはひと味違うおいしさを生かして使います。

◎ ドライアプリコット
あんずの実を半割りにして種を取り除いてから乾燥させたもの。ほどよい酸味と甘さがあり、刻んでクリームや生地に混ぜたり、そのままタルトのフィリングなどに使う。

◎ レーズン
完熟したぶどうを乾燥させたもの。濃厚な甘みとほどよい歯応えがある。ノンオイルコーティングのものがおすすめ。小粒のカレンズ、淡いグリーン色をしたグリーンレーズンなど種類も豊富。

◎ ミックスフルーツ
数種のドライフルーツを合わせてラム酒やブランデーに漬けたもの。メーカーによってミックスするフルーツの種類、数は異なる。

◎ オレンジコンフィ
輪切りにしたオレンジを数日かけてシロップの糖度を上げながら煮込み、じっくり浸透させたもの。チョコレートとの相性がよい。

◎ 洋梨シロップ漬け

半割りにして芯を取り、シロップ漬けにしたもの。上品な甘みの中にほどよい酸味があり、フルーティな香りとなめらかな食感が特徴。小麦粉との相性がよく、独特なフォルムを生かしてタルトやパイなどに使う。生地に水分が染み込まないように、汁気を拭き取ってから使う。

◎ サワーチェリー水煮

甘みがなく酸味が強い品種のさくらんぼを水煮にしたもの。使うときは砂糖やシロップで甘みを補う。クラフティやパイに使う。

◎ ラズベリージャム

木いちごのジャムで、フランボワーズジャムとも呼ばれる。甘酸っぱさと鮮やかな色合いを生かして、タルトのフィリング、デザートソースなどに使う。

◎ フランボワーズピュレ

ラズベリーのピュレ。ピュレとは果実を生または加熱調理後にすりつぶし、さらに裏ごししてとろりとなめらかな状態にしたもの。水分を多く含み、冷凍状態で販売されている。製品によって、10％前後の砂糖を加えたものと無糖のものがある。

[デコレーション用]

見た目のおいしさ、華やかさを演出する材料。

◎ ナパージュ・アプリコット

ナパージュは、ケーキやタルト、デコレーションしたフルーツの表面につやを出し、乾燥を防ぐために塗るジャム状の上がけ素材。無色透明のもの、フルーツの風味を生かしたものなどがある。なかでもあんずと砂糖を煮詰めて作られるナパージュ・アプリコットは味が穏やかで使いやすい。そのまま使える製品もあるが、水を加えて塗りやすい濃度に調整し、沸騰させてから使う。

◎ 食用金箔

仕上げに少量使うだけで華やかさが増し、グレードアップする。食べた金は体内に吸収されず、そのまま排出される。

◎ 食用色素(液体)

食欲をそそる色をつけたり、素材の色調を維持するために使用する。色素には天然色素と合成色素があり、さらに粉末と液体タイプがある。水や液体で溶いてから使う粉末に比べ、そのまま使用できる液体は手軽で便利。

[洋酒]

主材料の味や香りを引き立て、余分な香りや臭みを消してくれる貴重な存在。お菓子作りにはブランデーなどの蒸留酒、フルーツなどで香りをつけたリキュールをよく使う。開封すると香りは抜けていくので、ミニチュア瓶や製菓用のミニボトルがおすすめ。

◎ ブランデー

フランス語でオー・ド・ヴィ(命の水)。ブランデーはフルーツから造られる蒸留酒の総称で、一般的にぶどうを原料とするものをブランデー、それ以外のフルーツから造られるものをフルーツブランデーと呼ぶ。シロップやクリームの香りづけ、フルーツの漬け込みなど、お菓子作りのさまざまな場面で使う。ブランデーの代表格はフランス産のコニャック、アルマニャック。

◎ ラム酒

サトウキビから造る蒸留酒。風味を基準としたライト、ミディアム、ヘビー、色を基準としたホワイト、ゴールド、ダークに大別され、タイプによって風味や香りが異なる。すっきりとした甘みにしたいときはライト、コクをつけたいときはヘビー、濃厚な味わいのお菓子にはダーク、ほんのりと香りをつけたいときはホワイトなど、使い分けも楽しい。フルーツ、栗、チョコレート、乳製品と相性がよい。

◎ グラン・マルニエ

ビターオレンジ(橙)をアルコールにつけて抽出したエキスをコニャックに加え、オーク樽で熟成させたオレンジリキュール。同種でコアントローがあるが、こちらはオレンジの果皮をアルコールに漬け込んで蒸留し、糖分を加えたもの。製法の違いからグラン・マルニエは琥珀色でオレンジの苦みが感じられるのに対して、コアントローは無色透明で、苦みはなく甘みが強い。

◎ キルシュ

さくらんぼを種ごとつぶして発酵させ、蒸留・熟成させたフルーツブランデー。無色透明でさくらんぼをはじめとするフルーツやナッツと相性がよい。ドイツ語ではキルシュヴァッサーという。

◎ クレーム・ド・ミント(グリーン)

ミントの風味を生かしたリキュール。ミントリキュールには透明と緑色の2タイプがあるが、色が違うだけで味や香りはほぼ同じ。色をつけたいときは、こちらのグリーンを使う。名前にクレーム・ド・と付いているものは、1ℓあたり250g以上の糖分を加えていることを表し、ついていないものに比べて甘みが強い。ゼリーやアイスクリーム、シャーベットなどに使う。

229

[スパイス・香料]

食べた瞬間、口の中でふわっと広がる香りはお菓子の楽しみの一つ。スパイスや香料は、お菓子の味を引き立てる風味をつけ、よりおいしく、本格的に仕上げるために重要な存在です。

◎ バニラビーンズ(a)

ラン科のつる植物であるバニラの種を、細長いさやごと発酵と熟成を繰り返してバニラ特有の甘い香りを引き出したもの。バニラ棒ともいう。甘い芳香成分はさやに含まれていて、もともとは黒い種に香りはない。使う際は、さやを縦に切り開き、中にびっしり詰まっている種を取り出す。産地によって香りに違いがあり、マダガスカル産は上品な甘い香り、タヒチ産は力強くエキゾチックな香りが特徴。全体に肉厚で、表面につやとしっとり感のあるものを選ぶとよい。長期保存はラップで包み、さらに冷凍用保存袋に入れて冷凍庫へ。

◎ バニラエキストラクト(b)

バニラビーンズをアルコールなどにつけて芳香成分を抽出した天然香料。バニラの香料には、比較的安価で入手できる合成香料のバニラオイル、バニラエッセンスなどもある。油性香料のオイルは耐熱性があるので焼き菓子に、水溶性のエッセンスは冷菓などに使われる。

◎ シナモンパウダー

セイロン肉桂の樹皮を乾燥させて粉末状にしたもの。甘味のある爽やかな香りをもつ。ケーキやクッキーの生地に混ぜて使う。スティック状のものもある。

◎ ナツメグ

ニクズクの種子の仁を乾燥させたもの。刺激的な香りとほのかな苦みをもつ。使うときはそのつどすりおろす。ケーキやクッキー、パイ生地に加える。シナモン、クローブと相性がよく、ミックスして使うこともある。

[その他]

お菓子作りの幅を広げてくれる材料。

◎ グレナデンシロップ

ざくろの果汁と砂糖から作られるノンアルコールの赤いシロップ。最近ではいちごやカシスなどの果汁が原料となっていることが多い。甘みと色づけにクリームやフィリングに加える。

◎ ミックスシード

オーツ麦フレーク、ひまわりの種、ごま、亜麻仁など、風味豊かな雑穀類をブレンドしたもの。コリコリ、プチプチとした食感と独特な味わいを生かして、生地に混ぜ込んだりトッピングに使う。

◎ ビスケット

牛乳とバターの味わいが広がるシンプルなビスケット。サクサクとした食感と風味を生かし、細かく砕いてチーズケーキの底生地などに利用する。

◎ 抹茶

日光を避けるために覆いをして育てた茶葉を、蒸したのち揉まずにそのまま乾燥させた「碾茶(てんちゃ)」を粉末状にしたもの。青のりに似た独特な香りがあり、主に茶道のお手前用に使われる。ダマになりやすいので、砂糖や粉と合わせてから水分を加えて混ぜる。製菓用などに、被覆せずに育てて適度な渋みをもつ茶葉で作った抹茶もある。

本書で使う道具

失敗なく、効率よくおいしいお菓子を作るには、道具によるサポートも必要です。
作業に合った道具があれば、手順もスムーズに進み、失敗も少なくなります。
まずは必要なものを揃え、徐々に買い足していくとよいでしょう。道具を揃えるのもお菓子作りの楽しみの一つです。

[はかる]

お菓子作りはまず計量から。目分量や勘では材料の配合が変わってしまい、失敗の原因となります。材料や分量に応じて適切な道具を使って、正確にはかりましょう。

Ⓐ 小ボウル

計量する材料を入れるために、直径5〜15cmのボウルがいくつかあると重宝する。耐熱ガラスだとバターなどをそのまま電子レンジにかけられて便利。

Ⓑ 計量カップ

主に、液体の体積をはかるときに使う。1カップは200㎖だが、500㎖、1ℓ のカップもある。中身の見えて、レンジ対応の耐熱ガラス製のものがおすすめ。50㎖以下がはかれるミニ計量カップもあると便利。

Ⓒ 計量スプーン

粉末、顆粒状、液体などを少量はかるときに使う。大さじは15㎖、小さじは5㎖。粉類はすりきりで、液体は盛り上がるまで入れてはかる。

Ⓓ デジタルスケール

はかり。ひと目で1g単位までわかり、最大1kgまではかれる、誤差の少ないデジタル式がよい。小数点以下(0.1g単位)まではかれるタイプがベスト。容器をのせて0gに設定でき、容器に入れた材料の正味量だけが表示される風袋機能付きがおすすめ。一つのボウルに材料を加えていく場合も、そのつど0gにリセットすれば、加える材料の重さのみはかれる。

Ⓔ ステンレススケール(30㎝)

のばした生地の厚さや長さ、絞り出した生地の直径や高さの確認、生地やケーキを等分にカットするなど、お菓子作りに定規は必需品。ステンレス製は適度に重みがあるので安定感があって使いやすく、使用後は食器用洗剤で丸洗いできて衛生的。

Ⓕ 製菓用温度計

牛乳や水、チョコレートなどは100℃計(写真右)、沸点の高いシロップやジャムには200℃計(写真左)が必要。数値が読みやすいデジタルタイプは便利だが、耐熱強化ガラス製の棒状タイプの方が誤差は少なくおすすめ。1本だけ選ぶなら200℃計を。

[ボウル・バット・鍋]

お菓子作りのさまざまな場面で活躍するボウルやバット、生地
やチョコレートを温めたり溶かしたりする片手鍋も必需品。

Ⓐ ボウル

やわらかいベースに粉を合わせるスポンジ生地、ボウルに両手を入れ
て作業をするタルトやパイ生地用に、直径27cmくらいの広口で浅いボ
ウル、泡立てや液体生地、かたい生地用に直径24cm(中)と20cm(小)
の深型ボウルを揃えるとよい。材質は熱伝導率がよく、洗いやすくて耐
久性もあるステンレス製が使いやすい。

Ⓑ バット

準備した材料を並べたり、生地やクリームを広げて冷ましたり、プリンの
ように湯せんをしながら焼くときにも使う。24×18、27×21cmくらい
のものが1枚ずつあると便利。熱伝導率が高い、ステンレス製、アルミ
製がよい。

Ⓒ 片手鍋

酸に強いステンレスやホーロー製で直径15〜21cmくらいの片手鍋が
おすすめ。湯せんするときは、ボウルと同じか少し小さいサイズが作業
しやすい。焦がしバターやシロップなど、少量のものを加熱するソース
パンのような小さいサイズもあるとよい。

Ⓓ コンロ用セーフティープレート

底の小さい小鍋をガスコンロにのせる際に安定させるために使う、直
径15cmほどの網。手持ちの焼き網などで代用可能。

[ふるう・こす]

粉をふるったり、生地やソースをこすことは、仕上がりや味わ
いを左右する重要な行程です。お菓子を作る頻度や量を考え、
扱いやすく手入れが簡単なものを選びましょう。

※ここでは本書で使用していない道具も紹介します。

Ⓐ 万能こし器

裏ごし器と粉ふるいに兼用でき、材料の水気を切るときにも使える万
能タイプ。ボウルや鍋の縁にかけられるフック付きが便利。

Ⓑ シノワ

円錐形をしたシノワは液体の材料をこすときに使うこし器。目の細かい
ものを選ぶとよい。

Ⓒ 茶こし

少量の粉や液体をふるう、こすときに便利。目の細かいものがおすすめ。

Ⓓ ざる

お菓子専用のふるいがあると便利だが、毎日の料理で使っているざる
でも十分。本書では直径17cmほどの小さめのざるを使用。

Ⓔ ふるい兼用裏ごし器

円筒状で底だけ網になっている平面タイプのふるい。ざるタイプと違っ
て側面から粉が落ちにくく、一度に多くの粉をふるうことができる。網目
が細かく、裏ごし器としても使える。

Ⓕ こし網

本来は網の取り替えができる裏ごし器用の替え網。本書ではこの網を
ボウルなどにのせて使っている。薄い網1枚なので収納に便利。

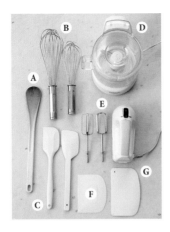

[混ぜる]

作るお菓子によって混ぜ方は大きく異なり、その混ぜ方は、使う道具によって変わります。目的に応じて道具を使い分けることが大切です。

Ⓐ へら

かたい材料や生地を混ぜるとき、クリームやジャムなど加熱しながら混ぜるとき、また裏ごしなどに使う。先端が丸くなっているへらは、ボウルや鍋の丸みに沿い、まんべんなく混ぜることができる。木は臭いがつきやすいので、料理用とは分けること。本書では特殊プラスチックで製造されたへらを使用。

Ⓑ 泡立て器

卵白や生クリームを泡立てるとき、材料を混ぜ合わせるときなどに使う。茶せん形で、ワイヤーの数が多く弾力のあるものがよく泡立つ。ステンレス製で柄やワイヤーがしっかりしたものを選ぶこと。泡立て用には27～30cm長さのものがおすすめ。使うボウルの直径とほぼ同じ長さが使いやすい。

Ⓒ ゴムべら

材料をさっくり混ぜ合わせたり、ボウルの中身を集めて無駄なく取り出すときなどに使う。熱に強いシリコン製で、柄とへらが一体型に成形されたタイプが衛生上もおすすめ。へら部分に弾力があってしなるタイプと、へらと同様に使えるかたいタイプがある。

Ⓓ フードプロセッサー

材料を細かく刻む、タルト生地やクッキー生地を作るなど、お菓子作りの一部を素早く行うことができる。

Ⓔ ハンドミキサー

手立てよりはるかに攪拌力が強く、スピーディーに泡立てることができる。各レシピに表示されている回転数に従って使うのが基本だが、メーカーによっては羽根の形や大きさ、パワーが異なるので、様子を見ながら作業をする。

Ⓕ スクレーパー（ハードタイプ）

プラスチック製の薄板。カードと似ているが材質がかたく、生地を切り分けたり、裏ごしするときや、型に流した生地を平らにならすときなどに使う。

Ⓖ カード（ドレッジ）

プラスチック製、シリコン製の薄板。丸い方は材料を混ぜ合わせたり、ボウルに残った生地をまとめるなどゴムべらのように使い、直線の方は切り混ぜたりするときに使う。

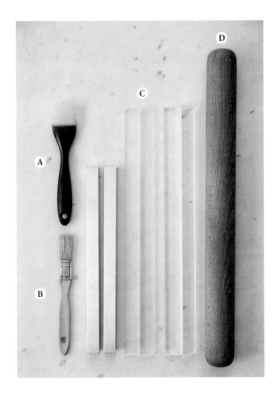

[のばす]

生地を均一の厚さに平らにのばすのは、かなり高度なテクニックが求められる作業。そんなとき助けになってくれるのが、使いやすく便利な道具です。

Ⓐ シリコン製の刷毛

シリコン製は弾力があり、熱に強く抜け毛もない。少しかためなので、生地にシロップを打ったり、加熱したナパージュを塗るときなどに使う。天然毛に比べて毛の乾燥が早く、食洗器も使えるので、手入れはとても簡単、衛生面も優れている。ただし、素材の含みが弱いので、繰り返し塗る必要があったり、粘度が低いと塗りづらいことがある。

Ⓑ 天然毛の刷毛

山羊、豚、馬など動物の毛を使った刷毛。毛がやわらかく弾力もあるので、生地に残った余分な打ち粉を払う、やわらかい生地に卵液を塗るなど繊細な作業に向く。毛が抜けやすいので、使うときは十分気をつける。購入時は、毛を折り曲げても毛が抜けないものを選ぶ。

Ⓒ カットルーラー（添え棒）

生地を均一の厚さにのばしたり、切ったりするときの補助具。2本1セットで、用途に合わせてサイズを選ぶ。素材はアルミ、アクリルなどがある。ホームセンターなどで販売している同素材の棒を選び、50cm長さで2本切ってもらってもよい。

Ⓓ めん棒

ある程度の重さがあって、太いものがおすすめ。長さは肩幅くらいが目安。本書で使用しているのは、直径6.5cmのめん棒。かたい生地も余分な力を入れずにのばすことができる。使用後はかたく絞ったぬれ布巾で拭く。特に汚れたときは食器用洗剤で洗い、水分をきちんと拭き取って陰干しでしっかり乾かす。

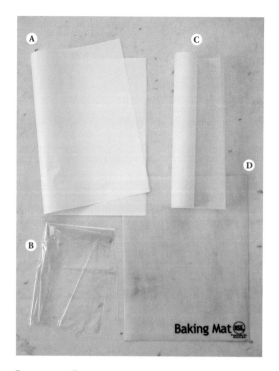

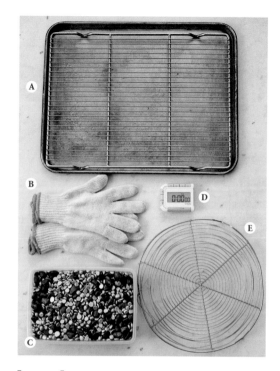

[シート]

焼き型や天板に敷き込んだり、コルネを作るなど、お菓子作りにはちょくちょく紙が登場します。種類が多く、加工の仕方で名称もさまざま。何を使えばいいか悩まないための確認を。

Ⓐ 純白ロール紙

包装紙としてよく使われている、表面に特殊加工を施していない薄紙。型や天板には、光沢がありつるつるしている面を上にして敷き込む。市販されている型用の敷き紙の多くはこの紙が使われている。

Ⓑ 厚手のポリシート

シュクレ生地などやわらかい生地をのばすときに、くっついてもはがしやすく、上部で繰り返し使える厚手のポリシートを使う。本書では漬け物用など、厚手のポリ袋を切り開いてシート状にしている。

Ⓒ クッキングシート

表面にシリコン樹脂加工した紙。クッキングペーパー、オーブンペーパーとも呼ばれる。耐熱性があり、天板や型に敷き込むことで生地がくっつかず、スムーズに取り出すことができる。フッ素樹脂加工を施したオーブンシート、ベーキングシートと呼ばれるものもある。クッキングシートは使い捨てだが、こちらは洗って繰り返し使える。

Ⓓ シリコンマット

グラスファイバー（ガラス繊維）にシリコン加工が施された、半永久的に使える厚手の天板用マット。ベーキングマット、シルパットとも呼ばれる。耐久性が高く、食品用洗剤を使って水洗いすれば繰り返し使える。

[焼く]

オーブンに入れると劇的に変化するお菓子。このプロセスがお菓子の仕上がりを大きく左右します。おいしく、きれいに焼き上げるために、適切な道具を揃えましょう。

Ⓐ 天板と天板用網

スポンジケーキやバターケーキ、タルトなど、底のある焼き型を使用した場合は、必ず天板に付属の天板用網または脚付きの網を置く。その上にのせて焼成するときれいに、おいしく焼き上がる(p.24参照)。

Ⓑ 軍手

オーブンに入れた型や天板を出すときなどに使用。5本の指が自由に動かせる軍手が作業しやすく効率的。綿100％で厚手のものを2枚重ねにして使う。あればオーブン用手袋でよい。

Ⓒ 重し

ブリゼ生地やパイ生地を空焼きするときに、浮きを押さえるために使用。本書では、アルミ製のウエイトと、きれいに洗った園芸用の玉砂利をミックスして使っている。

Ⓓ デジタルタイマー

生地を休ませる時間、発酵・焼成時間を正確にはかるために使う。いくつかの作業を平行して行っているときに便利。表示がひと目でわかるデジタル式がおすすめ。

Ⓔ ケーキクーラー

焼き上がったケーキ、クッキーをのせて冷ます。脚付きなので置いたお菓子の底回りの風通しがよくなり、熱がこもらず早く冷める。

［ 型 ］

型が一つ増えるごとに、お菓子作りの世界は広がっていきます。そして、使うほどに扱いやすくなっていく型は、大切なパートナーであり宝物です。

Ⓐ シフォン型

中央の円筒は内側からも火を入れて熱の回りを早くするためと、軽い生地の膨らみを支える役割をする。底のはずせるタイプが一般的で、熱伝導率のよいアルミ製がおすすめ。表面加工を施したものは生地が滑り膨らみにくくなる。

Ⓑ マフィン型

一度に同じ大きさのマフィンが6個焼けるトレイタイプの型。カップ部分の内側にバターを薄く塗るか、専用のグラシンケースを敷いて焼く。

Ⓒ グラシンケース

敷き紙としてマフィン型に入れて生地を流して焼くと、焼き上がったマフィンを簡単に取り出せ、型に生地もこびりつかず手入れも簡単。そのままラッピングもできる。

Ⓓ マフィンカップ

手軽に使える紙製マフィン型。サイズや個数を自由に選べ、プレゼントにも便利。

Ⓔ 抜き型

クッキーやパイなどの生地に当て、上から押して抜く型。パテ（生地）抜きともいう。シンプルな丸型と縁が波状の菊型が基本。サイズや形はいろいろある。

Ⓕ クグロフ型

フランス・サヴォワ地方の伝統菓子ビスキュイ・サヴォワ(p.48)は専用の陶器の型が使われる。しかし、昔ながらの型は今日入手が難しく、またサヴォワ型の扱いも少ないため、本書ではオーストリアやフランス・アルザス地方の伝統郷土菓子クグロフ専用の陶器型で代用。

Ⓖ フラワーケーキ型

本書ではパン・ド・ジェーヌ(p.34)で使用している花の形の型。花びらの凹凸がきれいに出るように、バターをムラなく塗る。

Ⓗ マドレーヌ型

シェル（貝殻）型とも呼ばれるマドレーヌ専用の焼き型。1度に9個焼けるトレイタイプ。本書では、ころんと丸いほたて貝の形を模したコキーユ型を使用。

Ⓘ セルクル（直径6cm）

底のない枠状の型。角形やハート形などもあり、サイズも豊富。型から取り出しにくいケーキを作る際に、クッキングシートなどを敷いた天板やセルクル専用の金属製の薄板（底天板）に置いて底のある型と同様に使う。でき上がりは上に引き抜くようにして枠をはずす。写真はマロンパイ(p.128)で使用している直径6×高さ3.5cmのセルクル。

Ⓙ クッキー型

星や花、動物などいろいろな形に生地などを抜くための抜き型。クッキー生地を抜く以外に、パイ生地やチョコレートなどを抜く。本書では、アップルパイ(p.124)で星型を使って生地を抜いている。

Ⓚ フィナンシェ型

金の延べ棒を意味するインゴット型とも呼ばれる。この形の型で焼いてこそのフィナンシェ。一度に複数焼けるトレイタイプもあるが、本書ではタルトレット型の一種でもある単体タイプを使用。写真は長年使い続けているブリキの型。油が染み込んでこの色になっている。

Ⓛ 紙製の丸型

直径15cmの紙製の型。本書ではガトーショコラ(p.170)で使用。焼成時に膨らんだ生地が紙型の縁部分に具合よく引っかかり、立ち上がりを支える働きをする。

Ⓜ マンケ型

立ち上がりが浅く、底面より上面の方が少し広くなっていて側面が傾斜している型。マンケは「できそこない」の意で、失敗したできそこないのお菓子をおいしくリメイクするために考えられた型といわれている。フランスの家庭でよく使われている型の一つ。

Ⓝ 抜き型

ドーナツ(p.198)の生地を抜く際に使う直径8cmと3cmの抜き型。

Ⓞ セルクル（直径15cm）

クラフティ(p.98)、キッシュ(p.103)、ピティヴィエ(p.130)、レアチーズケーキ(p.180)に使っている直径15×高さ5cmのセルクル。

Ⓟ プリン型（容量120ml）

フォンダンショコラ(p.100)の焼き型として使っている容量120mlのプリン型。

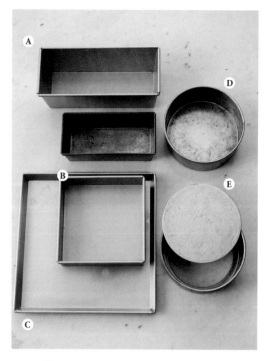

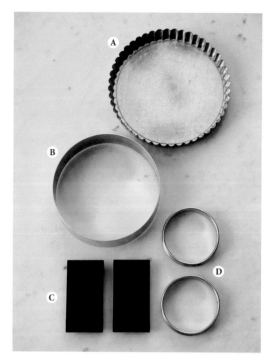

［型］❷

Ⓐ パウンド型

バターケーキやフルーツケーキなど、いわゆるパウンドケーキと呼ばれる焼き菓子の型。サイズは大小いろいろある。本書ではバター生地のケーキ(p.58〜75)で17×7×高さ6cmの型を、バナナケーキ(p.190)で24×10×高さ8.5cmの型を使用。

Ⓑ 角型

ブラウニー(p.166)やフロランタン(p.111)を作るときに使う正方形の型。隅に生地などが残りやすいので気をつける。底抜けタイプもある。

Ⓒ ロールケーキ用天板

ロールケーキ用の生地を薄いシート状に焼くための天板。本書では27cm四方の天板を使っている。

Ⓓ 丸型

丸いスポンジ生地などを焼く型。スポンジ型ともいう。生地がくっつかず、焼き上がったケーキが取り出しやすいに紙を敷き込んで使う。本書では直径15cmのブリキ製を使用。

Ⓔ 丸型(底抜けタイプ)

焼き上がった生地をひっくり返したりしないで型からはずせる、底の抜けるタイプもある。使い方は丸型とほぼ同じ。本書では直径15cmのブリキ製を使用。

［型］❸

Ⓐ タルト型

立ち上がりが浅く、上面は広がっていて側面が波形になっているものが一般的。底の抜けるタイプは崩れやすい生地をきれいにはずせる。本書では直径18cmのものを使用。

Ⓑ タルトリング(直径15cm)

高さが1.5〜2cmほどの、底がないリング状のタルト型。のばした生地を敷き込み、シートを敷いた天板に直接置いて焼く。本書では直径15×高さ2cmのタルトリングをダックワーズ(p.160)で使用。

Ⓒ タルトレット型

タルトレットと呼ばれる10cm以下の一人用タルトを焼く型。p.235のフィナンシェ型と同じもの。

Ⓓ タルトリング(直径7.5cm)

レモンタルト(p.106)に使っている直径7.5×高さ1cmのタルトリング。

☑ 型の手入れ法

焼き型は材質や表面加工によって手入れの仕方が違います。代表的な焼き型の特徴と手入れのポイントを紹介します。

フッ素樹脂加工／鉄やアルミの表面をフッ素樹脂で加工したもの。型離れがよく、錆びにくい。やわらかいスポンジを使って中性洗剤で洗い、水気を拭き取って保管する。食器洗浄機、乾燥器を使用すると加工が劣化する。

ステンレス／錆びにくく丈夫。耐酸性があり、冷菓にも使える。手入れはフッ素樹脂加工と同じ。

ブリキ／鉄板に錫メッキを施したもの。熱伝導率がよく、使っていくうちに油がなじみ、型離れもよくなる。使用後は布などで汚れを拭き取り保管する。洗いたい場合は洗剤を使わず水でサッと洗い、オーブンの余熱で十分に乾燥させる。錆びやすいので、新聞紙などで包んで保管するとよい。

アルタイト／鉄にアルミコーティングしたもの。鉄の熱伝導率のよさと、アルミの錆びにくさをもつが、最初に使う前に空焼きが必要。手入れはブリキと同じ。

アルミニウム／鉄よりも熱伝導率がよく、軽くて錆びにくい。シフォン型によく使われている。汚れがついていると腐食するので、中性洗剤でしっかり洗い、水気を拭き取って保管する。

［型］④

Ⓐ 保存容器

アイスクリームやシャーベットを冷凍庫で凍らせ、休ませるために使う、容量500mℓのプラスチック製保存容器。コンテナ型など冷凍保存に対応しているプラスチック製保存容器ならどんなものでもよい。

Ⓑ アイスクリームディッシャー

アイスクリームなどをすくって半球形に盛りつける道具。一定量、一定の形に盛りつけられることから、クッキーの成形に使うこともある。本書ではクロッカン(p.150)で直径2.8cm／容量10mℓのもの(写真右)、シャーベット(p.210)で直径約5.5cm／容量50mℓのもの(写真左)を使っている。

Ⓒ フラワー型

ゼリー、ババロア用フラワー型(容量650mℓ)。水分が多い生地で冷やし固めるお菓子には、酸に強く錆びにくいステンレス製がおすすめ。

Ⓓ プリン型（容量150mℓ）

スタンダードなしっかりとしたかためのプリンを作る場合は、熱伝導率の高いアルミ製がおすすめ。

Ⓔ エンゼル型（直径18cm）

中央に穴の開いたリング状の型。冷気が回りやすく、早く冷やすことができる。本書ではモザイクゼリー(p.208)で使用。

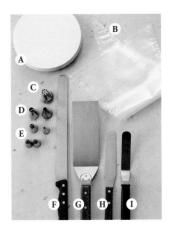

［絞る・塗る］

生地を絞る、クリームを塗るなどの作業は、専用の道具を正しく上手に使えることが仕上がりの美しさにつながります。

Ⓐ 回転台

回転させながらクリームを絞ったり塗ったりできるので、ケーキを動かしたり体の向きを変えたりすることなくスムーズに作業が進められる。また、クリームを塗ったケーキにパレットナイフを当てて回転させると、なめらかな表面に仕上がる。サイズはスポンジケーキの直径より10cm程度大きいものを選ぶとよい。

Ⓑ 絞り袋

生地やクリームを中に入れて絞り出す袋。材料が全て入るように、長さ30cmくらいのものがよい。繰り返し使えるナイロンやビニール製があるが、ポリエチレン製の使い捨てタイプが衛生的でおすすめ。

Ⓒ モンブラン口金

先端に複数の小さな穴があいていて、細い麺状に絞れる。モンブランの表面を覆うクリームはこの口金で絞る。

Ⓓ 丸口金

お菓子作りでよく使われる口金。口径の大きいものは生地を絞り出すときにも使う。小さいものは、シュークリームにクリームを詰めるときに使用。

Ⓔ 星口金

デコレーションによく使う口金。菊口金ともいう。サイズと切込みの数はいろいろあり、その違いで絞り出しの印象が変わる。使う際は、爪を開いて好みの太さに調整する。

Ⓕ ケーキナイフ（波刃）

パイなど崩れやすい生地を切るときに使う包丁。刃が薄く、刃渡りが30〜35cmあり、刃先が波状になっている。スポンジ生地などをスライスする直刃(平刃)のものもあるが、手持ちの包丁でOK。

Ⓖ ターナー

横幅が8cmほどの幅広のへら。フライ返しの一種で、料理を返したり、器に移したりするときに使う。お菓子作りでは、作業台でかための生地を混ぜるときや、作業台に付着した生地などをはがすときなどに使う。ケーキの移動にも便利な道具。

Ⓗ パレットナイフ

クリームなどを塗ったりならしたりする道具。スパチュラとも呼ばれる。刃の幅がほぼ変わらず、刃渡り部分がよくなるものがよい。直径15〜18cmのケーキであれば、刃渡りが20cmくらいのものが使いやすい。実際に使う部分は先端側から半分〜2/3の範囲。根元から全体を使って塗ると、厚さが均一にならならないので、意識して使うとよい。

Ⓘ アングルパレットナイフ

L字パレットナイフとも呼ばれる、刃の根元がL字型に曲って段差のあるパレットナイフ。タルト型や天板などの縁より低い生地の表面をならすときに作業がしやすい。また、ケーキの底に差し込みやすく抜きやすい形状なので、ケーキの移動にも便利。

COLUMN

絞り袋の使い方

絞り袋を上手に使えるようになると、お菓子作りの楽しさはさらに広がります。
クリームや生地を絞り出すのは少しハードルの高い作業ですが、
繰り返し練習をしてコツを覚えましょう。

❶ 使用する口金を絞り袋(ポリエステル製の使い捨てタイプ)に入れて先端まで送り、口金の長さの⅓のところに印をつける。いったん口金を取り出し、印をつけたところで袋をカットする。

POINT 口金は、絞り袋から出すぎていると抜けてしまい、逆に、少ししか出ていないと袋と口金の間から中身が飛び出してしまうことがあります。先端を適当なところで切り落とすのではなく、使う口金に合わせて切ることが重要です。

❷ 口金を絞り袋に戻し、袋の先端部分の接着面(ひらひら部分)を左右とも切り落とす。

POINT この部分が絞り出したクリームなどに触れて形が崩れたりするので、切り落としておきます。

❸ 口金を切り口から出し、絞り袋との間に隙間ができないように軽く引っ張ってぴっちりとはめる。袋を口金のすぐ後ろで少しねじって口金の中に指でギュッと押し込む。

POINT 口金の中に袋をねじって押し込んでおくと、クリームや生地を入れたときに流れ出ない。

絞り袋の準備完了。

❹ ❸の絞り袋を1ℓの計量カップなどに入れ、袋の口をカップの外に折り返してクリームや生地を入れる。ゴムべらなどに残った材料(生地やクリーム)は、袋の折り返しのところでこそげて加える。

POINT 容器に絞り袋を入れておくと、クリームや生地をらくに入れられます。容器は何でもよいが、1ℓの計量カップは高さのある筒形なので、絞り袋を支えるのにちょうどいいです。

❺ 材料を全部入れたら、口金の1cm手前あたりまでカードで寄せる。

POINT クリームや生地を全量入れずに絞り袋の中身が少なくなったところで詰め足したりしていると、ボウルに残した分が乾燥などして状態が変化してしまうので、材料は全量絞り袋に入れます。

❻ 袋を材料が入っているすぐ上(材料の終わりの部分)でぐるぐるっとねじり、ねじったところを利き手の親指と人差し指で挟むようにして持つ。口金を上にして持ち、口金に詰めた部分をひき出して元に戻す。

❼ 利き手に力を入れて材料を口金の先端まで送り、絞り袋がピンと張った状態で絞り始める。袋に入れた材料が多くて絞りにくい場合は、材料がこぼれないようにギリギリのところを袋留めクリップなどで留め、絞りやすい位置で❻と同様に持つ。

POINT 生地を分けて絞る際は、握った下の材料を絞りきったら上の材料を移動します。

❽ ケーキや天板の正面に立ち、少し前かがみになって絞る。利き手でゆっくり絞り、もう一方の手は軽くつまむように口金に添えて絞る方向に誘導する。絞り始めは力を入れ、絞り終えたら利き手の親指と人差し指を残し、他の指の力を抜く。

COLUMN

コルネの作り方と使い方

飾り用に少量のクリームやアイシングなどを絞るときは、
手のひらサイズの絞り袋＝コルネを使います。
コルネは使うたびに手作りします。

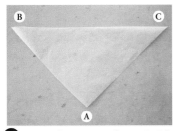

① 20cm四方のクッキングシートを用意し、対角線でカットして直角二等辺三角形の紙を作る。

② 頂点Ⓐを手前にして持ち、ⒷをⒶに重ねるように、内側に向かってくるっと巻き込む。

③ Ⓒも同様にⒶに重ねるように巻き込む。

④ Ⓑ、Ⓒをすり合わせるようにして内側に動かし、先端を尖らせ、全体を巻き締める。

⑤ Ⓐ、Ⓑ、Ⓒが重なる部分を内側に3回折り込み、巻きがゆるまないように固定する。

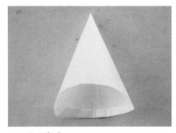

コルネの完成。

⑥ コップなどに立てて、クリーム、アイシングなどを6〜7分目まで入れる。

⑦ コップから出してコルネの巻き終わりを手前にし、入れ口を手前に水平に2回折り込む。

⑧ 折り込みがゆるまないように、左右を向こう側に折る。

⑨ 絞る直前にコルネの先端を少し切る。

藤野貴子 ふじのたかこ

菓子研究家。フランス料理のシェフの父と、料理研究家の母の影響で幼いころからお菓子作りに興味を持つ。小学4年生のころには、父の店「カストール」で製菓の手伝いを始める。大学卒業後カストールを経て渡仏。老舗レストランでパティシエールを務める傍ら、フランス各地を巡り郷土菓子を学ぶ。帰国後「本場のフランス菓子」と「家庭のおやつ」の2つのアプローチでお菓子教室を主宰。また雑誌などでレシピを提供している。著書に『LEMON DESSERT レモンで作るおいしいデザート』(小社刊)がある。

カストール&ラボラトリー
東京都港区南青山6-13-5-203
TEL　03-3409-1512
http://2castor.com/

STAFF
撮影　木村 拓(東京料理写真)
スタイリング　西﨑弥沙
アートディレクション　中村圭介(ナカムラグラフ)
デザイン　伊藤永祐、鈴木茉弓(ナカムラグラフ)
調理アシスタント　吉田 愛、有馬ほのか、伊藤芽衣
編集協力　三上雅子
校正　関根志野
編集・構成　関澤真紀子
企画・編集　川上裕子(成美堂出版編集部)

これがほんとのお菓子のきほん

著 者　藤野貴子
　　　　ふじ の たか こ

発行者　深見公子

発行所　成美堂出版
　　　　〒162-8445　東京都新宿区新小川町1-7
　　　　電話(03)5206-8151　FAX(03)5206-8159

印 刷　大日本印刷株式会社

©SEIBIDO SHUPPAN 2020 PRINTED IN JAPAN
ISBN978-4-415-32798-3
落丁・乱丁などの不良本はお取り替えします
定価はカバーに表示してあります